东北大学教材建设项目
东北大学"双一流"学科建设类项目

土地管理学专题教程

吕晓　主编

南京大学出版社

图书在版编目(CIP)数据

土地管理学专题教程 / 吕晓主编. --南京：南京
大学出版社，2025.1. -- ISBN 978 - 7 - 305 - 28313 - 0

Ⅰ. F301.2

中国国家版本馆 CIP 数据核字第 2024F5K482 号

出版发行　南京大学出版社
社　　　址　南京市汉口路 22 号　　　　　　邮　编　210093
书　　　名　**土地管理学专题教程**
　　　　　　TUDI GUANLIXUE ZHUANTI JIAOCHENG
主　　　编　吕　晓
责任编辑　田　甜
照　　　排　南京紫藤制版印务中心
印　　　刷　苏州市古得堡数码印刷有限公司
开　　　本　787 mm×960 mm　1/16　印张 18.75　字数 315 千
版　　　次　2025 年 1 月第 1 版　2025 年 1 月第 1 次印刷
ISBN 978 - 7 - 305 - 28313 - 0
定　　　价　78.00 元

网　　　址：http://www.njupco.com
官方微博：http://weibo.com/njupco
官方微信：njupress
销售咨询：(025) 83594756

编写人员名单

主　　编　吕　晓

副 主 编　高　佳　刘蜀涵　牛善栋　于昊辰

编写人员　吕　晓　高　佳　刘蜀涵　牛善栋

　　　　　于昊辰　杨　俊　李文博　张启岚

　　　　　彭文龙　王亚男　薛　萍　孙晓雯

　　　　　刘　源　谷国政

前　言

　　万物得其本者生，百事得其道者成。土地是一种天然客观存在且具有使用价值（主要用以提高公众当前及未来福利）的资源基础、自然要素和环境因素的总和，整体上具有直接有用性（生产功能、经济功能）、受纳功能和服务功能等若干功能属性。因此，人地之间"相互作用""有机联系""协同进化"等典型关系的多样态是土地管理的重要出发点，即遵"本"以管、循"道"以理便形成了土地管理。土地是民生之本、发展之基、生态之依，经济社会高质量的根基在土地、血脉在土地、动力在土地，土地管理始终与江山社稷、人民福祉息息相关。"一土二用三生空间，千古城池全在理管"，反映出不同历史时期的土地管理始终服务于国家工作大局，为巩固国家政权、发展国民经济、保障民生安全、维系社会稳定、建设生态文明发挥着重要的支撑作用。进入社会主义新时代，土地管理面临的新需求和综合挑战日益复杂，其责任也更加重大。在中国式现代化进程中，社会公众对于土地载体（空间）的功能关联与价值创造，以及土地利用对生态环境问题先导作用的认识不断加深，深化土地管理以解决城乡、区域、代际之间土地资源错配问题成为新的共识。

　　土地是人类赖以生存和发展的重要物质基础，是支撑高质量发展、实现中国式现代化的重要保障。习近平总书记站在中华民族和中华文明永续发展的战略高度，坚持战略思维、历史思维、辩证思维、系统思维、创新思维、法治思维、底线思维，对保护耕地、节约资源、促进人与自然和谐共生等发表一系列重要讲话，作出一系列重要指示批示，部署一系列重大战略举措，为前瞻性思考、全局性谋划、整体性推进人与自然和谐共生的现代化的各项任务提供了科学思想方法。党的二十大报告明确提出，推动绿色发展，促进人与自然和谐共生。土地是人类生存发展的重要自然资源，土地管理学为人们认识土地、利用土地、保护土地打开了一扇窗口，为中国式现代化提供了坚实的资源支撑。这也就意味着，土地管理学是一门综合性管理学科，是指国家在一定的环境条件下，综合运用行政、经济、法律、技术方法，将土地资源、资产、资本和管理重新组合进行的决策、计划、组织、协调和控制等综合性活动。为此，我们要以更强的自觉和更高效的行动，先学一步，深学一层。坚持目标导向，既要满足人民日益增长的美好生活需要，也要满足人民日益增长的优美生态环境需要；坚持问题导向，始终聚焦深层次问题，推进土地制度改革，确保土地领域改革在不发生系统性风险的前提下实现高质量发展。

区别于土地管理领域传统的知识型教材，本书摒弃了面面俱到的知识罗列方式，更加注重对土地管理热点议题的探析，力图在系统梳理理论与案例的基础上，精选一系列土地管理领域的热点与难点问题，通过实践剖析与理论创新，加深读者对土地管理问题的理解，提升其创新思维和研究素养。本书旨在为土地资源管理专业的青年学子、从业者、研究者提供理论支撑与实践指导，共促土地管理事业发展。本书共分为五章，在坚持目标导向和问题导向相统一的前提下，采用理论探究与案例阐释相结合的方法，沿着"依据权籍安排、深化利用模式、发挥市场机制、推进生态建设、聚焦重点任务"的逻辑进路，设置了绪论、土地权籍管理、土地利用管理、土地市场管理、土地生态管理专题的章节顺序，进而系统阐释了土地管理的基本理论与相关方法。总之，本书围绕"土地管理"这一核心议题，先"立"后"破"，旨在为中国式现代化进程中以土地高水平保护、高效率利用助推经济社会高质量发展探索可能的方向。既从管而不用、用而不管、用而不实所共同编织的思想桎梏和理论藩篱中实现突围，又为"严守资源安全底线、优化国土空间格局、促进绿色低碳发展、维护资源资产权益"的新时期土地管理工作提供支撑。通过本书的探索，希望能够基于管用、实用、好用的"智""治"融合之理论建构和案例诠释，归纳总结并阐释转化"中国之治"在土地管理领域的生动演绎和时代发展，为新时代国土空间治理现代化提供一个坚实的共识基础。

本书由吕晓主编，副主编为高佳、刘蜀涵、牛善栋、于昊辰。分工如下：

第一章由吕晓、牛善栋编写；第二章由吕晓、张启岚编写；第三章由吕晓、王亚男、孙晓雯、杨俊编写；第四章由吕晓、高佳、彭文龙、薛萍、刘源编写；第五章由刘蜀涵、于昊辰、吕晓编写。全书由吕晓撰写大纲，并由吕晓、牛善栋、于昊辰负责统稿和定稿。参与本书撰写的还有李文博、谷国政。本书撰写中参阅了大量国内外专业书刊和文献资料，在此谨向有关学者和专家致以诚挚的感谢。书中尚有诸多不足之处，十分欢迎各位读者和同行不吝赐教。

目　录

第一章 绪 论

第一节 土地管理的基础概念

长期以来，土地管理研究和实践都是基于特定的国家政治体制和经济社会背景，一体化统筹政治、经济、社会、法律、政策、技术方法等，对土地资源及其由此衍生的资产资本组合等进行价值决策、制度选择、计划规划、组织协调和调节控制等的综合性活动，从而彰显土地管理是一门具有系统性、整体性、协同性特征的综合性管理学科。本章着重阐释与土地及土地管理相关的基本概念，探讨国家治理体系和治理能力现代化背景下土地管理的发展脉络、演进轨迹，以及相关目标、任务、内容等。

一、土地、自然资源与国土空间

（一）不同学科对土地概念的侧重点

从土地要素观到土地资源系统观、整体观和空间观的转向，土地始终是一种由多要素构成、多维度嵌套、多目标耦合的复杂系统，具有典型的自然—经济双重特征。尽管不同学科各个领域均出现或使用过土地这一概念，但是诸如地理学、农学、生态学、经济学、法学或国际组织等，与管理学意义上的侧重点及其内涵界定存在一定差异。主要的概念内涵区别如图1-1所示，可以看出，不同理论背景下的土地内在属性认知差异反映出鲜明的学科特征，并且地理学、农学、生态学等关注土地的自然属性，而管理学、经济学、法学等侧重土地自然属性和经济属性的关联性，不同学科对于土地属性的聚焦点表明了自然层面属性与经济层面属性的综合成为土地概念的核心基础。

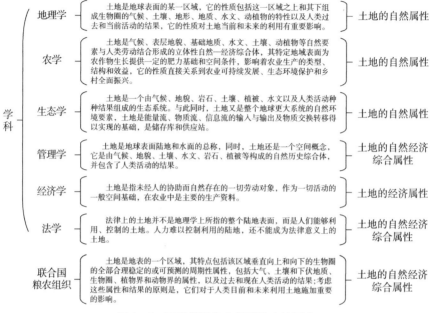

图 1-1　不同学科各个领域的土地概念

（二）土地、自然资源与国土空间的异同点

土地作为国家治理体系和治理能力现代化的资源要素客体，对于国民经济发展和区域可持续发展发挥着重要作用。在此背景下，土地概念的内涵和外延随着理论发展与科学进步得以深化拓展，使得土地概念体系日益丰富。较为典型的是，伴随着党和国家机构改革的进程，由"土地利用总体规划"向"国土空间规划"的转变，本质上是为了适应经济社会高质量发展需要以及更好推进中国式现代化建设。实际上，自《全国主体功能区规划》[①] 提出"国土空间"概念以来，有关国土空间的概念和理论基础受到政府和学界的广泛关注。从土地、自然资源与国土空间的内容和构成要素上看，物化的土地不仅包含自然界的"土"，还包括抽象意义的"地"；自然资源包括土地、矿产、森林、草原、

---

① 　https://www.gov.cn/xxgk/pub/govpublic/mrlm/201106/t20110608 _ 63894.html.

湿地、水、海洋等;国土空间则是由领陆、领水、领空三者构成。三者之间的区别与联系在图1-2中进行简要概括。需要指出的是,土地可概括为"土"和"地"两个部分[①]。"土"是由岩石在风化作用下形成的大小悬殊的颗粒,主要由地表一定范围内各类自然要素构成,从地上到地下的植被、陆地、水域、土壤、岩石、矿藏均属于土地的自然属性范畴。"地"则具抽象意义,并非指具体的某一或某些物质实体,因此很难准确具体地说明什么是地。但地与天是相对的一个区域范围,是承载人类生存、生产、生活各项行为活动的空间载体。土与地所包含的内容也就形成了土地的理论边界,而在这些内容之外的事物如海洋、空气等明显不属于土地的范畴。

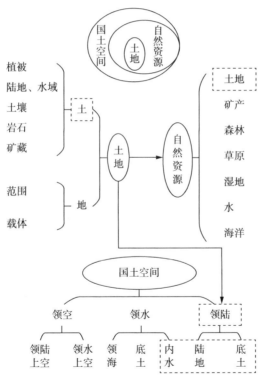

图1-2　土地、自然资源与国土空间的区别与联系

————————

① 吴秋菊,杨子生.土地和国土概念与边界的区别初探[J].国土与自然资源研究,2022(5):22-26.

二、土地管理的人口、资源与环境

人口、资源和环境是一个复合生态系统，土地管理在这一系统中发挥了非常重要的协调作用。通过土地管理不断促进人口与自然资源、经济增长与环境保护、社会各子系统平衡发展、社会发展与人的发展、当代人的发展与后代人的发展等关系，保证系统持续、稳定、健康地发展。因此，人口与资源、环境协调成为实现可持续发展的基本条件（图1-3）。

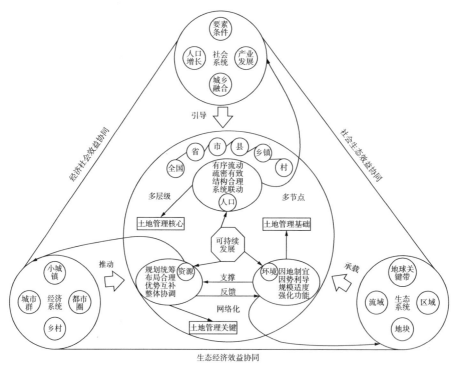

图1-3 土地管理中人口、资源与环境可持续发展的互动方式

人口增长与迁移流动过程中的人类活动是诱发资源环境危机的主导因素。2000年以来，我国年均出生人口仍在1600万以上。2006年年底，我国人口总数超过13亿（不含香港特别行政区、澳门特别行政区和台湾省），约占世界总人口的22%；2023年年初，全国人口（包括22个省、5个自治区、4个直辖市的人口，不包括居住在22个省、5个自治区、4个直辖市的港澳台居民和外籍人员）达14亿。人口增多与结构变化导致对物质资源的多元需求随之增多。

但由于资源的稀缺性，自然界能为人类提供的生存空间和各种资源十分有限，对人的生存和发展所带来的废弃物、恢复自身平衡的能力也是有限的，甚至需要一个较长周期来消解它们。这种无限的发展需求与有限的资源供给之间的矛盾演化到一定阶段就会以各类资源环境与生态问题等形式表现出来。

从人类文明发展史来看，人们开展经济活动总是以自然界为基础。人类赖以生存和发展的农业经济资源的获取，是在生态环境中实现的。比如，农业内部也存在着相互关联的生态关系，整个农田生态系统的平衡决定着农业生产分工环节的综合效率，从而决定和影响着农产品的数量和质量。换言之，自然界的生态平衡规律，也能够在社会经济效益中表现出来。生态关联着经济，经济是社会的基础。因此，生态系统是人类生存活动最根本的前提。从本质上看，农产品既是经济资源，更是自然资源。这是因为农业的经营对象主要是生物资源，而生物资源与生态环境之间存在着物质、能量、信息的转换规律。可见，农业产出品与其他有生命的自然资源具有共同性，都属于可更新资源。为此，利用农业资源的这一可更新性特点，大力发展农、林、牧、副、渔各类行业，将对于人类生存与发展以及解决人口结构变化与迁移流动带来的问题都有着重大意义。

土地是财富之母，也是人类最重要的生存条件和根本。除能够支撑城市建设发展和承载工业设施外，土地更重要的是构成农产品生产条件的土壤资源，而土地生产的各种产品所消耗的能量大部分来自土地。而且，生物圈的几乎所有因素，如水、空气、动植物、气候因素等，都与土地产生相互作用，整个生物圈活动都依赖于土地资源。一旦土地条件恶化，人类将失去生存之本，可持续发展更无从谈起。我国是一个拥有 14 亿人口的农业大国，用 7% 的耕地养活了占世界 22% 的人口，其中约有 4.9 亿农村人口。我国的耕地面积约为 1.27 亿 hm^2[①]，森林面积约为 2.31 亿 hm^2[②]，水资源约为 25782.5 亿 m^3[③]。人均耕地面积约为0.088 hm^2，人均森林面积约为 0.16 hm^2，人均水资源占有量

---

① 耕地面积数据：《2022 年中国自然资源统计公报》。
② 森林面积数据：《2022 年中国国土绿化状况公报》。
③ 水资源面积数据：《中国水资源公报 2023》。

约为 1790 m³。人均面积不及世界人均的 13％；人均占有草地面积约为世界人均水平的 1/3①。在此国情背景下应重点关注环境问题，该问题主要指地理环境中出现的影响人类生产生活的种种问题，包括自然原因和人为原因造成的环境问题②。究其原因，主要是巨大的人口压力、资源的不合理利用、片面追求经济增长等。譬如，全球突出的环境问题主要有全球变暖、臭氧层被破坏、土地荒漠化、水土流失、酸雨、水污染、生物多样性锐减等。可见，环境问题的实质是高质量发展与科学管理土地的问题。

三、其他相关概念

（一）土地管理

土地管理是国家的基本职能之一，国家通过立法机构将国家意志的表达进行规范化，并以法律与制度形式固定下来，国家管理机关即各级人民政府及自然资源管理部门来保证法律法规的贯彻执行，从而达到实现土地管理国家职能的目的。

管理的定义一般包括三项内容："谁在管理"——管理者（主体），"管理什么"——管理的对象和范围，"如何管理"——管理的方式和方法。土地管理可概述为：国家综合运用行政、经济、法律、技术等手段，为维护土地所有制、调整人地关系、保证土地开发利用的合理性与科学性而进行的计划、组织、指挥、协调、控制等综合性活动。其本质是对土地的行政管理。土地管理的主要内涵如下：① 国家作为土地管理的主体，可以授权各级人民政府负责本行政区的土地管理；② 土地作为土地管理的客体，涉及土地利用活动中产生的人与人、人与地、地与地之间的关系；③ 土地管理的目的是维护土地社会主义公有制、调整土地关系和合理组织土地利用，其目标是促进经济社会的可持续发展；④ 行政、经济、法律和技术等是土地管理的重要手段；⑤ 土地管理的职能是计划、组织、指挥、协调与控制；⑥ 土地管理的目的和特点受社会制度、土地制度等社会环境的制约。

---

① 时聪，姜承红. 人口、资源、环境与中国可持续发展 [J]. 西北人口，2004（1）：2-6.
② 张娟. 人口、资源、环境的可持续发展初探 [J]. 科技信息，2009（3）：777.

（二）自然资源管理

自然资源管理是基于自然资源的物理、生物、经济和社会等特征，对自然资源进行合理开发、利用、保护和恢复的过程，以实现资源的可持续利用和人与自然的和谐共生。该过程不仅管理人与自然资源的交互关系，也管理自然资源本身的安全和健康。自然资源管理需要遵循价值和供求关系规律、整体性规律、区域性规律与适应性原则、分区分类原则。

（三）国土空间治理

国土空间治理聚焦以工业化、城镇化和农业生产等为主的国土空间及所依附的自然资源载体，对国土空间要素进行控制和引导等一系列制度安排，使之全方位地体现出国家在优化国土空间开发格局、促进经济社会可持续发展的战略意图和价值取向，是国家治理体系的重要组成部分、经济高质量发展的重要工具。国土空间治理连同资源治理、环境治理和生态治理，构成生态文明建设的主体内容。此外，从空间和时间的双重属性来看，国土空间规划是通过总体规划、详细规划和相关专项规划对一定时期内特定区域的国土空间开发与保护做出的统一安排。可以说，国土空间规划不仅为国家空间发展提供了指引，还为社会经济可持续发展设定了远景目标，是各类开发保护建设活动的基础。

第二节　土地管理与国家治理体系

一、土地管理与治理结构体系

广义的国家治理体系涵盖了"党、政、企、社、民、媒"六位一体的结构体系，土地管理应遵循该逻辑关注的两个重要问题——"治理主体是什么""治理主体之间的关系是什么"[①]。

多元化的治理主体。六位一体的结构体系具有中国特色国家治理结构的特征之一，包含党（中国共产党）、政（国务院及各级地方政府）、企（市场企

---

① 陶希东. 国家治理体系应包括五大基本内容 [J]. 理论参考，2014（2）：2.

业）、社（各类社会组织）、民（广大人民群众）、媒（各类媒体）等不可或缺的六大主体。

协同性的治理主体[①]。政府与市场、政府与社会不仅需要厘清各自的权限边界，而且要关注这两大核心关系在形成多元化治理过程中的主体互动及实践形式。特别是，在由权威型政府向服务型政府转型的过程中，政府应进一步履行好宏观调控、公共服务、维护公平、促进发展等职能，其他微观经济管理职能则要还权于社会与市场。

二、土地管理与治理功能体系

一般而言，国家治理功能体系涵盖了动员、组织、监管、服务、配置等五个核心功能。土地管理应遵循该逻辑已解决的问题——"治理体系何以发挥作用"，主要包括以下五个方面。

社会动员功能旨在最大程度地实现社会共识以形成社会合力，从经济、政治、文化、社会、生态、党建等多个领域发挥社会动员功能，从而形成良好完备的治理体系。

社会组织功能旨在实现个人、集体和国家利益的协调和统一，以提升社会组织化程度，主要将个体化、原子化的社会主体[②]（企业、个人等）有序融入特定类型、一定目的的各类组织体系中，进而形成良好的国家治理体系。

社会监管功能旨在长久保障国家政治、经济发展和社会和谐稳定，从不同地区各种类型的经济主体、政治主体和社会主体的宏观监控与科学管理等方面，形成一套完备的监督方式及手段。

社会服务功能旨在最大程度地向公众提供规模化、优质化、多样化的公共服务和社会保障，以顺应经济社会发展的趋势和要求，通过持续满足人民群众日益提高的多元化物质与精神需求，来夯实国家治理体系的运维基础[③]。

---

① 周佑勇. 推进国家安全治理现代化的法治逻辑［J］. 江汉论坛，2023（10）：5-12.

② 桂华. 乡村治理的"共同体"传统与当代建设——农村集体经济组织的视角［J］. 国家治理，2023（15）：67-72.

③ 翁鸣. 我国乡村治理的时代要求、创新特征和现实挑战［J］. 中州学刊，2023（10）：92-98.

社会配置功能旨在全面提升资源要素配置效率以深化国家发展活力，通过统筹社会服务资源的社会化配置与经济资源的市场化配置，正确处理好政府与市场之间的关系，构建科学化的资源配置机制。

三、土地管理与治理制度体系

治理制度体系致力于解决"如何保障治理结构与治理功能协同运转"问题，制度建设在一定程度上直接关联着国家治理体系的成败①。土地管理应依据国家治理制度体系包含的法制、激励与协作等基础制度，明确治理主体、治理结构与治理功能，建构一套适合国情的法律法规和制度体系来保障治理体系的有效运转。

法制体系旨在以严格执法来严厉杜绝非法犯罪活动的产生和蔓延，通过将政党建设、经济建设、社会建设、文化建设、生态建设等领域内的各类政治活动、经济活动、社会活动、文化活动、生态活动纳入统一的法律框架体系之下，形成成套且适时更新的法律制度体系。

激励制度体系旨在在合法前提下最大限度地激发和释放内在潜能和发展活力以协同推动社会进步，主要通过制定科学、有效的激励体系来调动所有领域的多元治理主体，形成发展合力。

协作制度体系旨在互动合作中寻求整体利益最大化以化解冲突和矛盾，在关注纵横交叉协作的同时也兼顾各领域、各条线的依法高效运转，无论大到全球治理或区域治理，还是小到主体功能区治理、地方治理、城市治理、特定问题治理等，均需制定一套完备的国际间、政府间、部门间、公私间的跨界协作制度体系，这也是国家治理体系的根本要义之一。

四、土地管理与治理方法体系

治理方法体系主要致力于解决"依靠何种手段实施治理"的问题，相应地，国家治理方法体系涵盖了法律、行政、经济、道德、教育、协商等若干种方法，土地管理应该遵循该方法体系开展土地开发利用与优化管理，具体如下。

首先，要建设更高水平的社会主义法治国家，通过法律手段依法严厉打击

---

① 杜黎明. 中国式现代化理论体系的实践性特征研究 [J]. 人民论坛，2023（19）：30-33.

和制止一切违法行动。其次,在法治轨道上对经济、社会、生态等多领域适时适度实施行政命令、指示、规定等相关措施,以良法促发展、保善治。此外,可以通过财政、税收、货币、价格等符合价值规律、市场规则与政府管理的经济手段,不断地引导宏观经济的协调发展与高质量发展①。再次,要深刻理解和把握"第二个结合"的时代价值与历史意义,不断传承和发扬中国传统文化的德治精髓,以社会公德建设引导公众自我约束,进而促进社会和谐。另外,坚持解放思想、坚持实事求是,在各行各业开展继续教育和民众社会教育以发挥个体潜能、提升治理能力。最后,要持续扩大民主参与以深化多元利益诉求的表达渠道,从政治、经济、社会、文化、生态等领域建立健全多主体协商机制,从而有效促进社会公平发展。

五、土地管理与治理运行体系

治理运行体系致力于解决"采取什么方式且基于何种路径运行"的问题,国家治理运行体系具体包括自上而下、自下而上、横向互动等三类运行方式,土地管理应该依据相应的方式进行。

自上而下的方式②主要依靠顶层设计的统筹谋划,坚决贯彻落实好顶层设计出台的有益政策,处理好央地、府际之间的责权利关系,从根本上消除"上有政策、下有对策"的运动式做法,确保政策执行不走样、不变味。

自下而上的方式主要通过改革创新的积极推动,理顺地方试点经验转换为政策示范模式的逻辑,依靠地方层面的先行先试来掌握规律,并向全国推行和推广可复制的优势经验,从而有效降低改革风险与试验成本。

横向互动的方式③主要基于多元主体的良性互动,具体表现在利益相关者在互动、走访、学习等过程中借鉴不同领域的可取之处,形成协同效应、整合效应、创新效应(图1-4)。

---

① 陈雅静. 把握好基层治理的温度与精度 [N]. 中国社会科学报,2023-09-28 (002).

② 丁志刚,熊凯. 中国式国家治理现代化的三重逻辑分析 [J]. 中南大学学报(社会科学版),2023,29 (5):162-174.

③ 陈振明. 党和国家机构改革与国家治理现代化——机构改革的演化、动因与效果 [J]. 行政论坛,2023,30 (5):57-65.

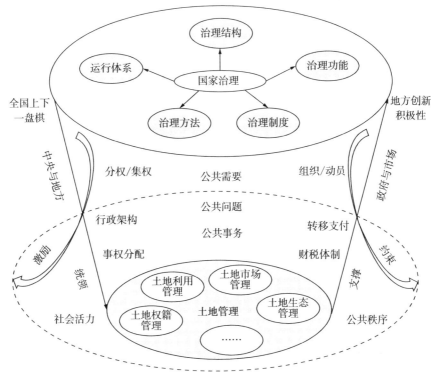

图 1-4 土地管理与国家治理体系的内在关联

第三节 土地管理的目标、任务与内容

一、土地管理的基本原则

（一）以土地的社会主义公有制进行土地统一管理的原则

土地管理必须始终遵循土地公有制作为土地制度的基础和核心这一基准原则，这是各级人民政府及其自然资源管理部门代表国家统一行使土地管理职权的内在依据。一方面，对国家所有和集体所有的土地进行统一管理；另一方面，对城镇与农村的土地进行统一管理。在此背景下，各级人民政府及其自然资源管理部门依据相关法律法规对所辖区域的土地资源实施管理。

（二）合理开发利用土地与切实保护耕地的原则

《中华人民共和国宪法》（以下简称《宪法》）与《中华人民共和国土地管理法》（以下简称《土地管理法》）是土地开发与保护过程中最直接相关的两部法律，两部法律中的相关表述也能反映出合理开发利用土地有益于提升土地利用效率及其产品有效供给。例如，《宪法》规定"一切使用土地的组织和个人必须合理地利用土地"；《土地管理法》规定"国家鼓励单位和个人按照土地利用总体规划，在保护和改善生态环境、防止水土流失和土地荒漠化的前提下，开发未利用的土地；适宜开发为农用地的，应当优先开发成农用地"。值得指出的是，我国人口较多、耕地资源相对短缺，使得人地矛盾长期存在。为此，《土地管理法》规定："国家保护耕地，严格控制耕地转为非耕地""国家实行占用耕地补偿制度""省、自治区、直辖市人民政府应当严格执行土地利用总体规划和土地利用年度计划，采取措施，确保本行政区域内耕地总量不减少、质量不降低""国家实行永久基本农田保护制度"，彰显出耕地保护是土地管理制度的核心目标之一。

（三）土地有偿使用与土地用途管制的原则

土地资源兼具资源、资产、资本等多重属性，在社会主义市场经济条件下成为城乡统一大市场的特殊商品之一。而且，土地的市场流通有利于促进土地资源优化配置。但是，需要理顺土地所有者和土地使用者之间的经济关系——土地有偿使用，这是合理利用土地的基础准则。与之相匹配的是，《土地管理法》规定："国家实行土地用途管制制度。"顶层设计为保障合理利用土地，促进经济社会发展和生态环境保护，统一编制实施各级各类国土空间规划，科学合理地确定土地使用条件，要求土地所有者及其使用者严格按照国家确定的土地用途使用土地。目前，土地用途管制制度已成为全球广泛采用的土地利用管理制度。

（四）保护土地所有者、使用者合法权益并正确处理相关利益分配关系的原则

土地财产权是《宪法》和《中华人民共和国民法典》（以下简称《民法典》）的基本原则在土地管理中的具体体现，即土地财产权一经依法取得之后，其合法权益必然受到法律保护，一般包括土地所有权、土地使用权和土地承包经营

权等。同时，土地管理必须正确处理好各行各业与各个部门及公民、法人、经济组织和社会团体之间的关系，既要保障国家利益不受损失，也要保证当事人的合法权益不受侵犯。

二、土地管理的目标任务

（一）土地管理的总体目标

在宏观层面上，土地管理旨在切实保护耕地并促进土地资源的可持续利用，主要通过提高土地生产能力和土地利用的经济、社会与生态效益，使得有限的土地持续地满足人们日益增长的多元需求以达到土地供求的动态平衡。因此，国家需要对耕地实施特殊保护，即规定了县级以上地方人民政府应当依法对建设所占用耕地耕作层的土壤利用做出合理安排，并且明确了耕地保护的责任主体是省级人民政府、要建立健全耕地保护补偿制度等，这些规定体现出从严管理与放权赋能结合对于强化监管和价值激活的重要意义。例如，《土地管理法》第一条内容为"为了加强土地管理，维护土地的社会主义公有制，保护、开发土地资源，合理利用土地，切实保护耕地，促进社会经济的可持续发展，根据宪法，制定本法"。

在中观层面上，土地管理旨在协同实现土地可持续利用与区域经济社会可持续发展。具体包括区域耕地保有量、永久基本农田保护面积、土地整治补充耕地面积、历史遗留矿山地质环境治理恢复面积，以及新增建设用地规模与国土开发强度等。

在微观层面上，土地管理旨在为各级各类土地利用单位的土地管理分层目标提供指引，包括市县级的自然资源部门、农业农村部门、生态环境部门、城建部门、水利部门等。

（二）土地管理的主要任务

长期以来，维护社会主义土地公有制，维护土地所有者和使用者的合法权益，科学保护与合理利用土地资源，在促进社会经济高质量发展的同时提升土地利用的生态效益、经济效益和社会效益，是我国土地管理的基本任务。具体任务包括以下几个方面：

（1）坚决维护土地权益。土地管理的根本任务是保障土地权利人的合法权益不受侵犯，包括土地所有者和土地使用者的合法权益。依法保护所有者、使用者及相关权利人合法权益的关键在于加强土地登记管理、组织协调重大权属纠纷、严格查处重大违法案件。

（2）切实保护土地资源。土地管理的重点任务之一是保护好土地资源，这是由我国人口众多、优质耕地较少、后备资源不足、空间分布不均衡的基本国情所决定的。为了实现土地可持续利用和经济社会可持续发展，势必需要在开发利用土地的过程中将土地保护理念前置，以寻求土地开发与保护的最优解。

（3）科学合理利用土地。在满足国民经济发展对土地利用需求的同时，应尽力防止乱占耕地及浪费土地现象的发生，以科学合理的土地利用方式提升土地的经济、社会和生态效益，从而促进经济社会可持续发展。

（4）有效规范利用行为。维护土地权益、切实保护土地、合理利用土地等管理任务的顺利实现，需要借助法律法规、制度政策、技术方法、经济行政等方式来规范土地利用行为，从而确保各项开发利用活动最终有益于土地管理的宏观、中观与微观目标。

（5）建立健全管理制度。一项完善健全的管理制度是土地开发与保护的基础。依据不同时期各个区域的土地利用需求，不断建立健全相应的土地管理制度，保障土地管理有章可循、有法可依。

三、土地管理的内容体系

（一）土地管理的主体

土地管理的主体是各级政府的土地行政主管部门及其公务人员。从享有行政权力和具体行使行政权力的角度分析，土地管理的主体又可以分为四种：

（1）政府包括中央政府和各级地方政府。

（2）土地行政主管机关。

（3）行政首长。土地行政主管机关的主要领导无论在名义上还是在实际执行中都是行政权力的一种主体。

（4）土地行政主管部门的普通公务员。他们是土地管理的又一主体。该群体人数众多，由法律保障其身份和规定其职责。他们的主要职责是处理部门的大量日常事务，具体执行既定的政府政策和首长决定，他们是技术作业层上土地管理的主体。依据"管理就是决策"的观点，他们以其独特的方式、专长和优势，直接影响土地管理的过程和时效性，通过他们对国家政策的贯彻落实，土地管理才能转化为社会过程，产生社会效应。

（二）土地管理的对象

土地管理的对象是指土地保护和开发利用活动中的社会公共事务。这些社会公共事务的自然载体是土地，社会载体是从事资源保护和开发利用的社会组织和个人，具体见图1-5。

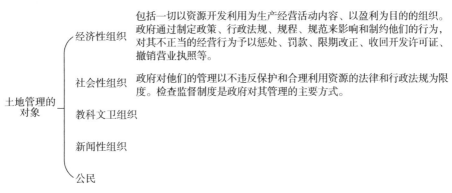

图1-5 土地管理的对象

（三）土地管理的特点

土地管理的主要特点是：

（1）全面性。土地管理强调耕地保护的重要性，守牢耕地保护红线。

（2）法制性。维护社会主义土地公有制，依法管理。

（3）统一性。统一管理。

（4）系统性。深化自然资源部土地管理的领导权能，保证土地管理落实到位。

（5）服务性。合理利用土地、培育土地市场。

（四）土地管理的主要内容

土地管理是国家为维护土地制度、调整土地关系、合理组织土地开发和利用活动，进而采取的行政、经济、法律和技术等综合措施。一般而言，国家把土地管理权授予政府及其自然资源管理部门。因此，土地管理也是政府及其自然资源管理部门依据法律和运用法定职权，对社会组织、单位和个人占有、使用、利用土地的过程或者行为所进行的组织和管理活动。根据我国的国情，土地管理的内容主要包含地籍管理、土地利用管理、土地市场管理、耕地保护管理、土地法制管理和土地科技教育管理等（图1-6）。

土地管理的内容	地籍管理	中心任务是摸清土地家底和土地权属，包括土地利用现状调查、地籍调查、土地利用动态监测、土地登记、土地统计、土地权属管理和地籍档案管理等内容。
	土地利用管理	土地利用管理是土地管理的核心内容和目标。建设用地管理，包括农地转用审批和各类建设用地审批管理、各类建设临时用地管理、征用土地管理、建设用地指标管理等。任务是合理组织土地利用，实施土地用途管制和建设用地总量控制，保证耕地面积总量平衡，实现土地宏观控制和微观管理。
	土地市场管理	包括基准地价、标定地价评测，土地估价机构和土地估价人员从业资格审核和确认，土地价格评估和确认，土地分等定级，土地使用权出让、转让、出租、抵押、作价出资和土地收购管理，农村集体非农土地使用权流转管理，国有土地划拨使用目录的制定与实施管理等。
	耕地保护管理	包括基本农田保护区管理，耕地总量控制管理，耕地占补平衡、进出平衡管理，闲置、荒芜耕地管理，建设占用耕地管理，耕地质量和环境保护管理，农地整理等。
	土地法制管理	包括土地法规的制定与实施管理、土地执法监察、土地违法案件的查处、土地法规贯彻执行情况的监督检查等。
	土地科技教育管理	包括土地管理科技政策与专项规划的制定，以及科技项目的立项、实施和成果验收、鉴定、奖励、交流、应用与推广等。

图1-6 土地管理的内容

第四节 土地管理的演进与发展

一、土地管理的源起与变革

1662年，威廉·配第在《赋税论》中提出："劳动是财富之父，土地是财富之母。"实际上，土地还是人类生存发展的民生之本与生态之依。作为国家基础性制度的重要组成部分，土地制度不仅是经济制度和政治制度的基础体现，还是推进社会经济高质量发展和生态文明建设的重要支撑，与江山社稷、人民福祉息息相关①。中国共产党在带领人民百年奋斗的历程中，深刻把握社会主要矛盾变化与土地关系适应性调整，高度重视土地问题，将土地制度作为推动各个历史阶段社会发展的重要手段，适时开展土地制度改革，不断完善法规政策。

（一）土地革命为新民主主义革命伟大胜利奠定了深厚的群众基础

在土地革命时期，中国共产党根据革命斗争需要，把握新民主主义革命时期的社会矛盾，及时制定并调整土地政策以推动重大社会变革，在赢得民心的同时奠定了革命胜利的基础。革命根据地率先开展"打土豪、分田地"运动，顺利瓦解和消灭了封建时期的地主土地所有制制度。例如，毛泽东同志在 1928年 12 月主持制定了《井冈山土地法》，该法规定了"没收一切土地""平均分配土地"的政策。在 1929 年 4 月总结了赣南土地革命经验的基础上，毛泽东制定了《兴国县土地法》，以做出更加符合土地革命实际的原则性规定，即把"没收一切土地"修改为"没收公共土地及地主阶级土地"。1930 年，中国共产党决定成立中华苏维埃共和国，1931 年，《中华苏维埃共和国土地法》顺利颁行。可见，土地革命实践成功将封建土地所有制变为农民土地所有制，通过依靠贫农、雇农，联合中农，限制富农，消灭地主阶级等方式，形成了一套切实可行的土地革命路线。

在抗日战争时期，民族矛盾日益突出使得土地政策发生重大转变，全国各地的抗日根据地根据主要矛盾适应性调整了生产关系和阶级关系，以"地主减租减息、农民交租交息"来巩固抗日民族统一战线，为夺取抗战胜利奠定基础。在解放战争时期，中共中央为推动土地政策向变革封建土地关系、废除封建剥削制度过渡，于 1946 年 5 月发布《关于土地问题的指示》，正式实行"耕者有其田"。1947 年 7 月至 9 月，全国土地会议在河北省石家庄市西柏坡召开，此次会议在《中国土地法大纲》中直接明确规定了"废除封建性及半封建性剥削的土地制度，实行耕者有其田的土地制度"。在此背景下，大约 1 亿人口的区域在

---

① 自然资源部党史学习教育领导小组办公室. 党领导土地管理事业的历史经验与启示［N］. 中国自然资源报，2022 - 01 - 05（001）.

1948 年 9 月实现了"耕者有其田",既充分发动了群众、壮大了人民力量,也为革命胜利提供了重要支撑。

（二）土地公有为社会主义革命和建设提供了基础保障

中华人民共和国成立是我国土地管理事业开启历史新篇章的重要节点。其中,《中华人民共和国土地改革法》(以下简称《土地改革法》) 于 1950 年颁布实施,标志着长期存在的封建土地所有制被彻底推翻,以农民土地所有制为主体的社会主义土地制度的建立,也昭示着中华人民共和国土地制度进入重大变革。此次土地改革完全打破了旧时期土地长期不平等占有的局面,帮助 3 亿无地、少地农民获得了 7 亿亩土地,为国家的农业互助合作和工业化发展夯实了基础。此后,农村土地的公有化在农业合作化运动中逐渐推行开来,建立了实行至今的农村土地劳动群众集体所有制。需要指出的是,国家针对建设用地采取多种方式探索了城市存量用地的公有制改造。特别是从 1953 年的"一五"规划开始,面对国家发展、百业待兴,政务院①通过颁布《国家建设征用土地办法》推动土地征收以增加可支配建设用地,在无偿划拨给用地单位的同时也注重妥善安置被征地者的生产生活,一定程度上促进了国家建设。可见,我国基本实现了土地的社会主义公有制,该时期构建了与计划经济相适应的土地使用制度,使得社会主义经济制度日益稳固,同时也为后续的土地使用制度改革拉开了帷幕。

（三）土地使用制度改革为改革开放和社会主义现代化建设注入了强大动力

党的十一届三中全会吹响"改革开放"号角,大力推动了社会主义现代化建设。特别是土地使用制度改革在党的领导下取得历史性新突破,该时期的土地管理事业坚持解放思想、求真务实,逐步构建起以耕地保护和节约用地为主线,以产权保护、用途管制和土地有偿使用为核心,以公有制为基础的中国特色土地管理制度体系。例如,从 1978 年的安徽小岗村等地"包产到户""包干到户",到 1979 年的第五届全国人民代表大会第二次会议通过《中华人民共和国中外合资经营企业法》,国务院做出配套规定,对中外合资企业计收场地使用

---

① 中华人民共和国初期国家政务的最高执行机构。

费，对内搞活经济、对外实行开放的时代条件，既开创了土地所有权与使用权分离的先河，充分解放和发展了农村生产力，也拉开了城镇土地有偿使用的序幕。1982 年，为构建适合中国国情和发展要求的土地社会主义公有制，《宪法》在修改时对土地制度做了专门安排：土地的国家所有和集体所有制度体系。此后，中共中央、国务院决定建立健全土地管理机构，正式成立国家土地管理局，并在 1986 年 3 月颁布的《中共中央、国务院关于加强土地管理、制止乱占耕地的通知》中，首次提出"十分珍惜和合理利用每寸土地，切实保护耕地，是我国必须长期坚持的一项基本国策"。1986 年 6 月 25 日，第六届全国人大常委会第十六次会议通过《土地管理法》，从土地登记制度、土地利用规划制度、城乡土地统一管理制度、耕地保护制度和建设用地管理制度等方面，勾勒出土地管理制度的"四梁八柱"基本框架，助推土地管理事业顺利迈入法治化轨道。同年，国家土地管理局开始负责全国土地、城乡地政的统一管理工作。

我国国有土地使用权公开拍卖"第一槌"源自 1987 年 12 月的深圳，这是土地使用权转让的首次探索。1988 年 4 月，七届全国人大一次会议审议通过《中华人民共和国宪法修正案》，为土地使用权的转让提供了法律基础。土地真正作为一种生产资料进入要素市场流通，标志着我国市场经济制度建设取得重大进展。实际上，中国土地市场发端于 1990 年国务院发布的《中华人民共和国城镇国有土地使用权出让和转让暂行条例》（以下简称《城镇国有土地使用权出让和转让暂行条例》）。可见，党领导下的土地使用制度改革深入践行了"发展是第一要务"的理念，通过靠计划和行政指令配置土地及其土地无偿、无期限、无流动使用，合理转向土地资源市场化配置、土地市场规范化建设的路径，促进了改革开放和经济社会发展。例如，我国在 1993 年 2 月制定了第一部土地利用总体规划，即经国务院批准的《1986—2000 年全国土地利用总体规划纲要》。该时期的土地管理制度为土地要素市场化改革提供了引领与支撑，形成了土地调查登记、分等定级、土地利用规划，以及土地征收、储备、供应、估价等相关制度。特别是在 1997 年 4 月《中共中央、国务院关于进一步加强土地管理切实保护耕地的通知》印发之后，土地用途管制与耕地占补平衡等长期实行的核心制度逐渐成为新时期土地管理事业的重要内容。随后，《土地管理法》在1998年得以全面修订，标志着以土地利用总体规划为统领、耕地保护和节约集约用地为目标、用途管制为核心的土地管理基本制度正式形成。同年，为了在全国土地与城乡地政统一管理上实现更高层次的目标，国土资源部正式组建成立。《全国土地利用总体规划纲要（1997—2010年）》颁布于1999年4月，以耕地保护为主题在全国开展了新一轮土地利用总体规划编制实施。2001年，国家为杜绝国有土地资产流失浪费现象，切实规范土地市场管理秩序，专门发文《国务院关于加强国有土地资产管理的通知》，提出实行国有土地有偿使用制度，严格控制建设用地供应总量。2003年，中共中央、国务院针对经济运行中出现的矛盾和问题，在全国范围内开展土地市场治理整顿，并且改革省级以下国土资源管理体制，从收紧土地和信贷两个"闸门"来加强和改善宏观调控。此后，国务院在2004年与2005年分别印发《国务院关于深化改革严格土地管理的决定》《省级政府耕地保护责任目标考核办法》，深化了耕地保护责任制度。然而，低成本工业用地过度扩张等问题屡禁不止，国家为遏制增长过快的建设用地总量，在2006年正式建立并实施国家土地督察制度，并发布《国务院关于加强土地调控有关问题的通知》以强化对土地利用行为的监督。2007年，十届全国人大五次会议审议通过《中华人民共和国物权法》（以下简称《物权法》）①，该法首先从法律角度肯定了我国土地管理的改革成果，并从基本经济制度与财产权制度两个层面为新时期土地管理提供了依据，包括土地权利、土地登记、耕地保护、土地征收、城乡建设用地等相关制度。2008年，国务院先后印发了《国务院关于促进节约集约用地的通知》《全国土地利用总体规划纲要（2006—2020年）》，明确提出要探索一条建设占地少、利用效率高的土地利用新路子，并且再次强调土地利用总体规划是实施最严格土地管理的纲领性文件，也是落实土地宏观调控、规划城乡建设的重要依据。

党的十七届三中全会在2008年10月胜利召开，国家围绕农村土地制度改革提出一系列重要方针。长久保持现有土地承包关系稳定以完善承包经营权，

---

① 《物权法》已于2021年1月1日废止。

坚决守住18亿亩耕地红线，严格界定公益性和经营性建设用地，等等。这些关于推进农村土地改革的重要方针为推进城乡统筹发展提供了巨大保障，切实规范了我国土地管理。该时期的国土资源管理部门积极实行基本农田特殊保护制度，不断夯实耕地占补平衡制度，有序开展土地整治等相关工作，不折不扣地落实最严格的耕地保护制度和最严格的节约集约用地制度。在守住18亿亩耕地红线的同时，国土资源管理部门建立了符合我国基本国情的土地利用规划体系，强化了建设用地标准控制、节地评价考核、完善土地供应政策等手段，利用卫星遥感和信息技术实施土地资源"批、供、用、补、查"全流程监管，形成"党委领导、政府负责、部门协同、公众参与、上下联动"的土地督察机制。可见，严格规范土地管理事业，不仅在于维护土地利用者权益，更在于促进国家经济社会发展。

二、土地管理的新形势

党的十八大以来，以习近平同志为核心的党中央高瞻远瞩、运筹帷幄，开展了一系列根本性、开创性、长远性的自然资源管理工作。其中，最为关键的是将生态文明建设纳入中国特色社会主义"五位一体"总体布局和"四个全面"战略布局，明确要求统一行使全民所有自然资源资产所有者职责、统一行使所有国土空间用途管制和生态保护修复职责，为全面加强新时期土地管理事业提供指引，并于2018年正式组建中华人民共和国自然资源部。党领导下的土地管理事业坚持人与自然和谐共生，统筹保护和发展，从"生态文明建设"和"国家治理体系和治理能力现代化"两个维度推动土地管理实现历史性变革、系统性重塑、整体性重构。

（一）严守耕地保护红线，推进耕地"三位一体"保护，有力保障"藏粮于地，藏粮于技"战略实施

土地管理的突出贡献表现在长久保障国家粮食安全，即完成了以全球9%的耕地养活约占世界20%人口的伟大壮举。2017年，国家为统筹推进耕地数量、质量、生态"三位一体"保护，印发了《中共中央、国务院关于加强耕地保护和改进占补平衡的意见》。一方面，管理好利用好耕地是一个基础性、全局性和战略性问题，需要不断强化最严格的耕地保护制度，以"零容忍"态度严

厉打击、坚决遏制土地违法行为，坚决遏制耕地"非农化"现象，严格控制"非粮化"行为，以求真务实的科学态度开展永久基本农田划定工作，规范完善耕地占补平衡制度，探索建立耕地保护补偿制度，建立耕地和永久基本农田动态监测监管机制，落实地方各级政府耕地保护责任。另一方面，依托全域土地综合整治赋能城乡融合发展。全域土地综合整治是新时代土地管理事业的新创举，发端于浙江"千村示范、万村整治"工程，即以优化生产、生活、生态空间格局为目标，在乡镇单元部署、开展试点工作，一体化推进农用地整理、建设用地整理和乡村生态保护修复等工作。此外，国家为尽快建立健全生态、农田、城镇等生态系统保护修复激励机制，在 2021 年专门发布了《国务院办公厅关于鼓励和支持社会资本参与生态保护修复的意见》。

（二）健全国土空间用途管制制度，开创国土空间开发保护新格局

当前，从"两规合一"到"多规合一"的国土空间规划体系总体形成，标志着新时代国土空间规划体系的顶层设计基本完成。中共中央为全面提升国土空间治理体系和治理能力现代化水平，着力推动土地利用规划、城乡规划、主体功能区划等融合，并于 2019 年 5 月印发《中共中央、国务院关于建立国土空间规划体系并监督实施的若干意见》。该文件明确要求建立全国统一、责权清晰、科学高效的国土空间规划体系，逐步建立规划编制审批体系、实施监督体系、法规政策体系和技术标准体系。其中，自然资源部积极推动"五级三类四体系"国土空间规划体系加快建立，指导全国各地编制各级各类国土空间总体规划、专项规划、详细规划等，先后组织开展了《全国国土空间规划纲要（2021—2035 年）》和《长江经济带—长江流域国土空间规划（2021—2035年）》《全国海岸带综合保护与利用规划》等规划编制实施工作。该项工作旨在积极落实国家发展意志，守牢粮食安全、资源安全、生态安全等安全底线，统筹永久基本农田、生态保护红线、城镇开发边界的划定。与此同时，自然资源部按照党的十九届四中全会提出的推进要素市场制度建设等相关要求，不断完善国土空间用途管制制度，从多个方面建立健全覆盖全域全类型、统一衔接的国土空间用途管制规则。这样既以真实有效的项目落地作为配置计划依据来深化原有管理方式，也通过规划用地审批"多审合一、多证合一"来优化流程与

缩短周期。

三、土地管理的新挑战与新任务

（一）全面深化节约集约用地制度，以高效土地利用促进高质量发展

推进土地资源总量管理、增量控制、存量挖潜、流量配置的全面节约集约利用，日益成为自然资源部开展土地管理的主攻方向。

一方面，系统完善既有的节约集约用地制度。有序推动资源要素向中心城市和城市群等优势地区集聚，以合理确定建设用地增量需求，纵深推进城乡统一建设用地市场的土地要素市场化配置改革，以节约集约、安全生产、拓展功能为目标调整完善产业结构、基础设施、公共服务领域建设用地的使用标准。

另一方面，科学提升土地节约集约利用水平。探索建立"增量安排与存量消化"相挂钩机制，积极实施建设用地的总量和强度双控路径。例如，我国在"十三五"期间的单位国内生产总值建设用地使用面积下降超过 20%，其中，仅 2018—2020 年间就消化了批而未供土地 1041.3 万亩、闲置土地再利用290.1 万亩，城镇低效用地再开发初见成效。

（二）全面推进土地产权制度改革，保障土地权益，人民群众的获得感、幸福感、安全感持续提升

土地权益是人民群众最关心、最直接、最现实的问题，不断完善土地产权制度旨在确保土地产权人的合法权益能够得到长久且有效的保障。

1. 积极探索自然资源资产管理工作

2021 年 10 月，全国人大常委会对国家自然资源资产管理情况进行审议和监督，组织听取了国务院关于国有自然资源资产管理情况的专项报告。2022 年 3 月，国家为统一行使全民所有自然资源资产所有者职责、维护所有者权益、积累实践经验，印发了《全民所有自然资源资产所有权委托代理机制试点方案》。在此背景下，自然资源部积极研究自然资源资产统一配置规则，聚焦国有建设用地使用权配置重点，探索自然资源领域生态产品价值实现机制，扎实开展全民所有自然资源资产清查，推进资产核算研究，深化土地储备业务创新管理，探索构建国家级价格体系。

2. 有序开展确权登记发证工作

不动产统一登记是让群众吃下"定心丸"的关键环节，我国自 2013 年开始建立不动产统一登记制度，在 2014 年颁布《不动产登记暂行条例》，2015 年与 2016 年分别开展不动产登记机构整合和"颁发新证、停发旧证"工作，并在 2017 年全面实现登记机构、登记簿册、登记依据和信息平台"四统一"的目标，成功将全国所有省、市、县级不动产登记机构接入国家级信息平台。同时，为了推动不动产登记工作提质增效、持续优化营商环境，国务院办公厅在 2019 年 2 月印发了《关于压缩不动产登记办理时间的通知》，进一步优化了办理流程，促进了信息共享集成、流程集成或人员集成。目前，全国 2350 个市县建成网上"一窗办事"平台并接入"一窗办事"门户，大部分地区能够依托"一窗受理、并行办理""互联网＋不动产登记"实现一般登记和抵押登记的办理时间压缩至 5 个工作日以内。值得指出的是，确权登记工作保障了亿万群众的合法财产权益，仅 2021 年就化解了近 1400 万群众因历史遗留问题导致的"登记难"问题房屋 645 万套，助推全国易地扶贫搬迁安置住房不动产登记顺利完成，夯实了我国现代产权制度的发展道路。

3. 坚持以农村土地制度改革赋能乡村振兴

国家部署开展的农村土地征收、集体经营性建设用地入市、宅基地制度改革等"三块地"试点成果先后纳入新修订的《土地管理法》。在土地征收方面，深化以农民意愿为核心价值的新型征地程序；在集体经营性建设用地入市方面，积极融入城乡统一的建设用地市场；在宅基地制度改革方面，探索宅基地所有权、资格权、使用权"三权分置"，对农村宅基地规划、审批、有偿退出、权益保障等做出明确规定。这些改革措施为乡村振兴夯实了土地之基。

4. 多层次合理增加住宅用地实现住有所居

稳定合理增加住宅用地的供应方式及渠道，关键在于坚决贯彻中共中央、国务院提出的"房子是用来住的、不是用来炒的"定位，按照"稳地价、稳房价、稳预期"部署开展相关工作。一方面，以优化竞拍规则来维护市场公平，将各类住宅用地存量信息和土地出让过程中的关联地块重要信息向城乡统一建设用地市场全面公开；另一方面，锚定居者有其屋的目标，探索利用集体建设用地和企事业单位自有闲置土地建设租赁住房，对保障性租赁住房应保尽保及单列租赁住房用地计划。

5. 科学决策、综合施策决胜全面小康

持续发挥土地政策在决胜全面小康中的关键作用。例如，在脱贫攻坚中，自然资源部专门出台光伏发电、乡村旅游等扶贫产业用地政策，每年安排新增建设用地计划指标用以支持深度贫困地区发展新产业新业态，先后对 832 个贫困县进行专项用地保障。此外，筹集 4400 多亿元资金以支持脱贫攻坚，并有序实施增减挂钩节余指标跨省域调剂和省域内流转。

（三）良法与善治"双轮驱动"，国土空间治理体系和治理能力现代化水平显著提升

近年来，我国土地管理效能大幅提升，自然资源部自觉贯彻落实国家部署，积极推进国土空间治理体系和治理能力现代化。

第一，土地管理的法律法规体系日臻完善。我国形成了以《宪法》为统领，以《民法典》等为基础，以《土地管理法》等专门法律为主体，以《中华人民共和国土地管理法实施条例》（以下简称《土地管理法实施条例》）和《基本农田保护条例》《不动产登记暂行条例》等为细化，以近 20 部部门规章和 200 多部地方性法规、政府规章为补充的制度体系。这也体现出依托立法机关完成《土地管理法》和《土地管理法实施条例》修改的重要性，亟待稳步推进耕地保护法、国土空间开发保护法、国土空间规划法等立法工作。

第二，土地现代化治理效能大幅提升。例如，自然资源部充分利用遥感、卫星定位和地理信息系统等技术，推动构建反映地下资源、地表基质、地表覆盖和管理要素的自然资源调查监测体系，集成整合基础地理、土地、林业、地质、矿产、海洋等数据，形成自然资源三维立体"一张图"。在土地执法方面，坚持"早发现、早制止、严查处"，利用卫星遥感、大数据等推动执法关口前移、重心下移。先后开展维护被征地农民合法权益专项督察、全面划定永久基本农田落实情况专项督察、不动产登记职责机构整合情况专项督察、"大棚房"问题整治、农村乱占耕地建房专项整治、围填海问题整治、"三调"督察、耕地保护督察等工作。

第三，以公有制为核心的中国特色土地制度日益成为我国重要的制度和政治优势。土地制度历来是中国特色社会主义制度的重要组成部分，坚持社会主义土地公有制是推动土地制度改革不可逾越的底线。特别是，土地集体所有制不能随着现代农业的发展而有所弱化或虚化，应当采取多种措施予以强化与实化。

第四，坚持把市场配置和政府管控的"双管齐下、宽严相济"作为土地制度改革方向。针对部分地区建设用地无序扩张或闲置低效的现象，探明市场体系、地价调节、用途管制、政府监管之间的协同逻辑。例如，新版《土地管理法》及条例修订更加注重集体经营性建设用地入市与优化建设用地审批流程，有利于促进用地节约集约，有序推进土地要素市场化配置和扩大地方用地自主权。此外，还有助于规范土地市场秩序、强化国土空间规划和用途管制。

第五，统筹发展，严守耕地红线和生态保护红线。坚守粮食安全始终是"国之大者"，对于一个 14 亿多人口的发展中国家来说，耕地保护始终是土地管理的首要任务，要坚决遏制耕地"非农化"、防止"非粮化"。同时，为更好应对全球气候变化和资源环境问题，持续推进生态系统保护修复，筑牢生态安全屏障体系，是国家发展建设的重大战略任务①。

【复习思考题】

1. 请简要阐述土地管理的目标、任务与主要内容。

2. 我国土地管理面临着哪些新形势和新问题？

---

① 董祚继，程雅淇. 我国土地治理的改革方向和发展趋势——新《土地管理法实施条例》分析与思考 [J]. 中国土地，2021（10）：12－15.

第二章 土地权籍管理专题

土地权籍关系是反映土地关系的基础和前提，而土地权籍管理是土地管理的重要基础性内容，也是土地使用制度改革的前提条件和管理土地市场的重要手段。

本章主要介绍土地制度与土地产权的概念内涵、土地权属管理的法律与政策依据、土地权属管理的任务和内容；介绍土地征收的含义和特征、梳理我国土地征收管理的历史沿革、讨论现行土地征收管理的内容、探讨目前我国土地征收管理存在的问题；重点介绍不动产登记的内涵和法律依据、我国不动产登记制度的历史沿革、现行不动产登记的内容与程序、目前不动产统一登记存在的问题。

第一节 土地权籍管理概述

一、土地制度与土地产权

（一）土地制度

土地制度作为一种制度安排，是一定社会制度下土地关系的总和，是关于土地这一基本生产资料的所有、使用的制度，反映了土地利用中人与人、人与地之间的社会经济关系，包括土地所有制度和土地使用制度。

在土地制度两大构成部分中，土地所有制决定着土地使用制，土地使用制是土地所有制的反映和体现，又是实现和巩固土地所有制的一种形式和手段。

1. 土地所有制度

土地所有制度是指人们在一定的社会经济条件下拥有土地的经济形式。它表明土地这一生产资料的分配问题，谁应当享有土地所有权及其责、权、利，是整个土地制度的核心与土地关系的基础。迄今为止，人类历史上经历了五种土地所有制：原始公社土地公有制、奴隶主土地所有制、封建地主土地所有制、资本主义土地所有制和社会主义土地所有制。它们基本上属于两大类型：土地私有制和土地公有制。土地所有制的法律表现形式是土地所有权，即土地所有者对其土地享有占有、使用、收益和处分的权利。

我国实行土地的社会主义公有制，分为全民所有制和劳动群众集体所有制两种形式。土地的全民所有制具体采取的是国家所有制，该种所有制的土地被称为国家所有的土地，简称国有土地。土地的劳动群众集体所有制具体采取的是农民集体所有制，该种所有制的土地被称为农民集体所有的土地，简称集体土地。

2. 土地使用制度

土地使用制度是整个土地制度的另一个重要组成部分，它是人们在一定的土地所有制下使用土地的形式、条件和程序的规定，表明人们如何对土地加以利用和取得收益，谁应当享有土地使用权及其责、权、利。其核心内容是确定独立于土地所有权的土地使用权，以解决土地资源的合理与有效利用问题。土地使用权是依法对土地进行占有、使用并取得收益的权利，是土地使用制度的法律表现形式。

我国城市土地使用制度以 20 世纪 80 年代城市土地使用制度改革为分水岭，此前实行"无偿""无限期""无流动"的传统土地使用制度，之后则实行现行的土地使用制度，城市国有土地使用权采取"有偿""有限期"的方式提供给土地使用者。1998 年修订的《土地管理法》确立了国有土地有偿使用制度，1998年《土地管理法实施条例》明确规定国有土地有偿使用的方式包括出让、租赁、作价出资或入股四种。

（二）土地产权

土地产权是土地制度的核心问题。土地产权是指有关土地财产的一切权利的总和，包括土地所有权、使用权、租赁权、抵押权、继承权、地役权等多项权利。土地产权也像其他财产权利一样，必须经法律认可并受到法律的保护，即土地产权只有在法律的认可下才能产生。

1. 土地产权的基本特性①

（1）具有排他性。土地产权可以是个体独自拥有，也可由某些人共同享有，排斥所有其他人对该项财产的权利。因此，界定产权十分必要。

（2）土地产权客体必须具备可占用性和价值性。土地产权客体指能被占用而且可以带来利益的土地。在全球陆地上有近50％的面积是永久冰盖地、干旱沙漠地、岩石、沼泽、高寒地区等难以利用或无法利用的土地，这些土地不能被视为财产，自然状态下的空气无法行使排他权利，也不能被称为财产。因此，必须明晰土地产权客体。

（3）土地产权必须经过登记，才能得到法律的承认，并受到法律的保护。如果某人通过欺诈、暴力或其他非法手段获得，只能说明他具有了非法占有权，而不能说明他获得了产权。因此，在土地产权合法流转时，必须依照法定程序，到土地产权管理部门办理产权变更登记手续，否则，土地产权无法律保护凭证。

（4）土地产权的相对性。产权具有排他性，但不是绝对的权利，它要受到来自法律或国家的最高权力机关的控制和制约。如在私有制国家，土地所有权主体即使享有完全所有权，即在法律意义上有权支配、使用其拥有的土地，也必须受到政府的行政管理限制和约束。因此，明晰土地产权权能十分必要。

2. 我国土地产权体系

不同国家和地区的土地产权体系的设置往往不同；同一国家和地区，在不同的社会制度下，或在不同的社会经济发展阶段，其土地产权体系的设置也不一样。我国土地产权可划分为土地所有权和土地他物权，而土地他物权又可分为土地用益物权（包括土地承包经营权、建设用地使用权、宅基地使用权和地役权）和土地担保物权。

（1）中国土地所有权的主体、客体、内容

土地所有权是土地所有制的核心，是土地所有制的法律表现形式，是土地

---

① 陆红生. 土地管理学总论（第六版）［M］. 北京：中国农业出版社，2015.

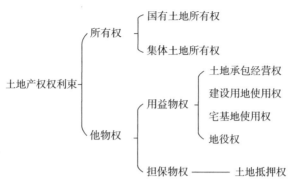

图 2－1　我国土地产权体系构成

所有者在法律规定范围内自由使用和处分其土地的权利。土地所有权包括土地占有权、土地使用权、土地收益权和土地处分权四项内容。土地占有权指对土地的实际占有、控制的权利；土地使用权指按土地性能和用途进行事实上的利用和使用的权利；土地收益权指从土地上获得收益的权利（获取孳息），土地收益权是一项独立的权能；土地处分权指在法律允许的范围内对土地进行处置的权利，它决定土地的归属，是土地所有权的核心。

　　我国国有土地所有权的主体是国家，法律规定国家土地所有权的代表是国务院，国务院可以通过制定行政法规或者发布行政命令授权地方人民政府或其职能部门行使国家土地所有权。地方各级政府无权擅自处置国有土地，只能依法根据国务院的授权处置国有土地。我国国有土地所有权的客体是一切属于国家所有的土地。

1998 年《土地管理法实施条例》　第二条　下列土地属于全民所有即国家所有：

　　（一）城市市区的土地；

　　（二）农村和城市郊区中已经依法没收、征收、征购为国有的土地；

　　（三）国家依法征用的土地；

　　（四）依法不属于集体所有的林地、草地、荒地、滩涂及其他土地；

　　（五）农村集体经济组织全部成员转为城镇居民的，原属于其成员集体所有的土地；

（六）因国家组织移民、自然灾害等原因，农民成建制地集体迁移后不再使用的原属于迁移农民集体所有的土地。

国家土地所有权的行使是指国家通过法律授权国务院和地方各级人民政府以及自然资源部和地方各级土地行政主管部门（地方自然资源主管部门）行使国有土地的所有权。

根据我国现行立法的规定，集体土地所有权的主体为农村集体经济组织。

2019 年《土地管理法》　第十一条　农民集体所有的土地依法属于村农民集体所有的，由村集体经济组织或者村民委员会经营、管理；已经分别属于村内两个以上农村集体经济组织的农民集体所有的，由村内各该农村集体经济组织或者村民小组经营、管理；已经属于乡（镇）农民集体所有的，由乡（镇）农村集体经济组织经营、管理。

集体土地所有权的客体是集体所有的土地，是指除法律规定属于国家所有的以外的农村和城市郊区的土地。

2019 年《土地管理法》　第九条　农村和城市郊区的土地，除由法律规定属于国家所有的以外，属于农民集体所有；宅基地和自留地、自留山，属于农民集体所有。

（2）中国土地他物权的主体、客体、内容

土地用益物权。该权利是用益物权人对他人所有的土地依法享有占有、使用和收益的权利。其主体为依法享有用益物权的单位和个人，客体为他人所有的土地。用益物权包括土地承包经营权、建设用地使用权、宅基地使用权、地役权四种主要形式。

土地承包经营权。土地承包经营权的主体是依法承包农民集体所有和国家所有土地的单位和个人。土地承包经营权的客体是土地承包经营权主体依法取得的承包地等。土地承包经营权人依法对其承包经营的耕地、林地、草地等享有占有、使用和收益的权利，有权从事种植业、林业、畜牧业等农业生产。同时，土地承包经营权人有保护、管理和合理利用土地的义务。

建设用地使用权。建设用地使用权的主体为依法取得国家所有土地使用权的单位和个人。建设用地使用权的客体是国家依法提供给单位和个人使用的国有土地。建设用地使用权人依法对国有土地享有占有、使用和收益的权利，有权利用该土地建造建筑物、构筑物及其附属设施。同时，建设用地使用权人有保护、管理和合理利用土地的义务，以及按有偿使用合同的约定或者土地使用权划拨批准文件的规定使用土地。

宅基地使用权。宅基地使用权的主体为农村集体经济组织内部成员，客体为依法拨给农户建造住宅的集体所有土地。宅基地使用权人依法对集体所有土地享有占有和使用的权利，有权利用该土地建造住宅及其附属设施。

地役权。地役权是以他人土地提供自己土地便利的权利，如通行权、引水权、排水权等。他人的土地为供役地，自己的土地为需役地。地役权的主体为需役地的所有人或利用人，即凡需役地的土地利用人，在其权利存续期间均为地役权的主体。地役权的客体为供役地，地役权人应按照合同约定的利用目的和方法利用供役地，尽量减少对供役地权利人物权的限制。

土地担保物权。该项权利是指担保物权人在债务人不履行到期债务或者发生当事人约定的实现担保物权的情形，依法享有就担保土地优先受偿的权利。担保物权包括土地抵押权。

土地抵押权。土地抵押权是指为担保债务的履行，债务人或者第三人不转移土地的占有，将该土地抵押给债权人的，债务人不履行到期债务或者发生当事人约定的实现抵押权的情形，债权人有权就该土地优先受偿。该项权利的主体为债权人，即抵押权人，客体为债务人提供担保的土地，即抵押土地。

二、土地权属管理

土地权属管理是国家为合理组织土地利用、调整土地关系而依法对土地所有权和物权进行的科学管理，是土地管理中十分重要的内容。

（一）土地权属管理的法律与政策依据

土地权属管理主要依据我国《宪法》《土地管理法》《中华人民共和国农村土地承包法》《中华人民共和国城乡规划法》《中华人民共和国农业法》《中华人民共和国渔业法》《中华人民共和国矿产资源法》《中华人民共和国文物保护法》，以及《中华人民共和国城市房地产管理法》（以下简称《城市房地产管理法》）、《中华人民共和国森林法》（以下简称《森林法》）、《中华人民共和国草原法》（以下简称《草原法》）、《中华人民共和国环境保护法》（以下简称《环境保护法》）、《中华人民共和国水法》（以下简称《水法》）等相关法律。土地行政法规、部门规章及政策性文件也是土地权属管理的重要依据。

> **2018 年《中华人民共和国宪法》 第十条**　城市的土地属于国家所有。
>
> 　农村和城市郊区的土地，除由法律规定属于国家所有的以外，属于集体所有；宅基地和自留地、自留山，也属于集体所有。
>
> 　国家为了公共利益的需要，可以依照法律规定对土地实行征收或者征用并给予补偿。
>
> 　任何组织或者个人不得侵占、买卖或者以其他形式非法转让土地。土地的使用权可以依照法律的规定转让。
>
> 　一切使用土地的组织和个人必须合理地利用土地。

（二）土地权属管理的任务

（1）巩固、维护和不断完善社会主义土地公有制。我国《宪法》及《土地管理法》中都明确规定，我国实行土地的社会主义公有制，即全民所有制和劳动群众集体所有制。因此，土地权属管理的首要任务就是巩固、维护和不断完善社会主义土地公有制。

（2）保护土地所有者和使用者的合法权益，调动其合理开发、利用土地和不断改善土地使用条件的积极性。《土地管理法》第十二条规定："依法登记的土地的所有权和使用权受法律保护，任何单位和个人不得侵犯。"第十条规定：

"使用土地的单位和个人，有保护、管理和合理利用土地的义务。"因此，依法保护土地产权人的合法权益，调动其合理用地的积极性就是土地权属管理的重要任务之一。

（3）调整土地关系。《土地管理法》第二条规定："任何单位和个人不得侵占、买卖或者以其他形式非法转让土地。土地使用权可以依法转让。国家为了公共利益的需要，可以依法对土地实行征收或者征用并给予补偿。"因此土地权属管理的任务之一，便是及时调整在经济发展过程中产生的各种土地关系。

（三）土地权属管理的内容

土地权属管理主要包括以下几个方面：

（1）依法确认土地权属。国家对每宗地的土地权属要经过土地申报、地籍调查、审核批准、登记发证等法律程序，进行土地权属的确认。为推进农业、农村改革发展，保障农民权益，2013年中央1号文件提出全面开展农村土地确权登记颁证工作。截至2018年6月底，全国31个省（区、市）均开展了土地承包经营权确权工作，确权面积13.9亿亩，超过二轮家庭承包地（账面）面积。2020年5月14日，自然资源部印发《关于加快宅基地和集体建设用地使用权确权登记工作的通知》，围绕全国宅基地数量大、情况复杂，一些地方还存在农村地籍调查基础薄弱、登记资料管理不规范和信息化程度低等问题，提出了针对性解决措施。

案例

农村宅基地使用权和房屋所有权登记程序

第一步：调查。农村地籍调查按照工作流程分为准备工作、权属调查、地籍测量、房屋调查和成果归档与建库等内容。

第二步：审核。以先行村所属镇为单位逐村、逐片进行确权调查资料审核。重点审核申请人是否是本集体经济组织成员、宅基地是否符合土地利用总体规划、是否"一户一宅"、是否超占面积、是否有土地及房屋的权属来源材料等情况，梳理出符合登记条件的不动产单元。对于历史形成无审批手续但符合登记条件的不动产单元，由村镇审核出具认定证明后登记。

第三步：权属公示。各镇将上述相关内容进行汇总后在村集体进行公示（公示照片需留存），公示 15 日内无异议或者异议不成立的，经村、镇两级审核，再以村为单位形成确权登记花名册，以户为单位包含该户家庭成员姓名（身份证号码）、宅基地及房屋坐落、宅基地及房屋面积、用途等基本信息，报上级主管部门审定。

第四步：首次登记公告。对符合登记条件的不动产单元，在政府网站进行公告。公告期不少于 15 个工作日。

第五步：受理登记发证。根据各镇政府审定结果，以镇为单位逐村、逐片通知农户到镇级便民服务中心提交登记申请，通过市不动产登记延伸服务系统完成受理、审核、登簿并核发不动产权属证书。

对违法违规占用的耕地、城市居民非法购买的宅基地、小产权房等一律不予确权登记。农村违法违规用地未依法处理的，不得办理不动产登记手续。

（根据安徽省无为市政府网站信息整理）

https://www.ww.gov.cn/index.html

（2）依法管理土地权属变更。土地权属变更主要有以下几种情况。① 土地所有权变更。主要是国家征收集体土地，除此之外，还有国家与集体、集体与集体之间调换土地等。② 土地使用权变更。主要形式有：土地划拨，土地使用权出让、转让，因赠与、继承、买卖、交换、分割地上附着物而涉及土地使用权变更的，以及因机构调整、企业兼并等原因而引起土地使用权变化的，他项权利变更及主要用途变更等。

土地权属及主要用途变更要向县级以上土地管理部门申报变更登记，经过批准，方具有法律效力。

（3）依法调查、处理土地权属纠纷。为保护土地所有者、使用者的合法权益，保障土地的合理利用，当发生土地权属纠纷时，要依法调查和处理。

案例 1

宜城成功化解一起村组土地权属纠纷

王集镇田畈村下辖 8 个村民小组。该村在汉江滩涂有西洲和南洲两处洲田，其中南洲土地面积 480 亩，西洲面积 111 亩。有争议的为西洲土地，原属该村 1、2、8 组，但各组土地面积和界址不清。据原村组干部和部分群众回忆，在西洲土地中 1 组有 60 亩，6 组有 10 亩（6 组原在西洲没有土地，后与 1 组换田所得），2 组和 8 组（1982 年以前同为 2 组，1982 年分田到户时分为 2、8 两个组）共有 41 亩。8 组部分群众对此有异议，认为西洲所有土地应归 8 组所有，但又不能提供确凿的证据证明。同时，在 1990 年以前，由于西洲离村较远，交通又不便，耕种损害大不好管理，村民都不愿耕种，有的组将洲田发包给他人耕种，而 8 组是以农户拈阄轮流耕种的方式经营，未分到各家各户经营。1990 年，田畈村响应上级号召，将西洲土地收归村集体统一种植杨树，后因杨树被毁，6 组一村民自行耕种上述土地。为了规范管理，2006 年，田畈村以村委会名义将西洲所有土地全部发包，签订了 3 个承包合同。上述争议问题是，田畈村 8 组群众认为西洲 111 亩土地所有权应归 8 组所有，而村里认为 1990 年该土地已收归到村里统一管理，至今 26 年，8 组并未提出异议，土地所有权应归村集体所有。

为了切实有效调处上述土地权属纠纷，7 月 13 日，在市政府法制办支持下，王集镇人民政府邀请国土资源、农村经济管理等部门专家及法律顾问，对上述土地争议问题进行深入分析和探讨，最终形成以下处理意见。一是田畈村 8 组部分群众要求将西洲土地归还 8 组，由 8 组村民确权的理由不能成立。因为西洲土地原属 1、2、6、8 四个组，而村里早在 1990 年即纳入村集体管理，时间长达 26 年，相关权利应由村里主张，并且村里已按照规定对该土地进行了发包，签订了承包合同，目前合同均未到期。二是严格依据《宪法》《土地管理法》《物权法》和《中华人民共和国农村土地承包法》等法律规定，滩涂所有权属国家所有，法律另有规定的除外。田畈村 8 组和村主张的西洲 111 亩土地，都没有明确的土地权属来源，而所述土地属于汉江河道滩涂土地，依据相关法律规定，土地所有权应属国家所有。三是西洲土地承包合同到期后，在土地再进行发包时，在同等条件下，可以由1、2、6、8四个组村民优先承包。上述处理意见得到8组群众和村里认可，目前，该宗土地纠纷得到成功化解。

（宜城市人民政府新闻中心 2016 年 07 月 31 日）

http://yc.xiangyang.gov.cn/xwzx/zwyw/201607/t20160731_1674540.shtml

案例 2

土地权属争议调处

事项名称	土地权属争议调处	事项类型	行政裁决
基本编码	CJ11001000	实施机关	省自然资源厅
实施机构（科）室	自然资源确权登记局	服务对象	自然人　营利法人　非营利法人　非法人组织　特别法人
法定办结时限	6 个月	承诺办结时限	6 个月
到场办理原因	1. 提交书面申请书和有关证据材料。2. 对当事人争议的事实情况进行调查。3. 在查清事实、分清权属关系的基础上先行调解，促使当事人以协商方式达成协议。		
审批结果名称	土地权属争议案件调解书或土地权属争议案件决定书		

申请条件

《土地权属争议调查处理办法》（于 2003 年 1 月 3 日公布，中华人民共和国国土资源部令第 17 号）

第七条　省、自治区、直辖市国土资源行政主管部门调查处理下列争议案件：

（一）跨设区的市、自治州行政区域的；

（二）争议一方为中央国家机关或者其直属单位，且涉及土地面积较大的；

（三）争议一方为军队，且涉及土地面积较大的；

（四）在本行政区域内有较大影响的；

（五）同级人民政府、国土资源部交办或者其他部门转送的。

申报材料

土地权属争议案件申请书、土地权属争议案件授权委托书。

办理流程

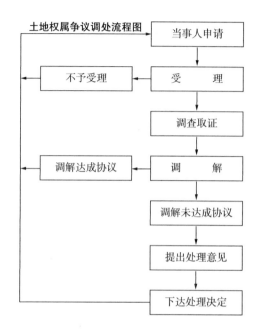

土地权属争议调处流程图

设定依据

(1)《土地管理法》第十四条 土地所有权和使用权争议，由当事人协商解决；协商不成的，由人民政府处理。单位之间的争议，由县级以上人民政府处理；个人之间、个人与单位之间的争议，由乡级人民政府或者县级以上人民政府处理。当事人对有关人民政府的处理决定不服的，可以自接到处理决定通知之日起三十日内，向人民法院起诉。在土地所有权和使用权争议解决前，任何一方不得改变土地利用现状。

(2)《土地权属争议调查处理办法》（国土资源部令第17号）第四条 县级以上国土资源行政主管部门负责土地权属争议案件（以下简称争议案件）的调查和调解工作；对需要依法作出处理决定的，拟定处理意见，报同级人民政府作出处理决定。县级以上国土资源行政主管部门可以指定专门机构或者人员负责办理争议案件有关事宜。

第五条　个人之间、个人与单位之间、单位与单位之间发生的争议案件，由争议土地所在地的县级国土资源行政主管部门调查处理。前款规定的个人之间、个人与单位之间发生的争议案件，可以根据当事人的申请，由乡级人民政府受理和处理。

（根据陕西省政务服务网信息整理）

https://zwfw.shaanxi.gov.cn/sx/icity/proinfo/index? code＝01fc492b92f04a0cf08d94d3d05d736

第二节　土地征收管理

一、土地征收管理的概述

（一）土地征收的含义

1954 年《宪法》规定："国家为了公共利益的需要，可以依照法律规定的条件，对城乡土地和其他生产资料实行征购、征用或者收归国有。"1998 年《土地管理法》规定："国家为公共利益的需要，可以依法对集体所有的土地实行征用。"

2004 年 3 月 14 日，十届全国人大二次会议对《宪法》进行修正，对关于"土地征收与征用"的条款进行了修改："国家为了公共利益的需要，可以依照法律规定对土地实行征收或者征用并给予补偿。""征收"的概念首次在《宪法》中得到了明确规定。2004 年《土地管理法》规定："国家为了公共利益的需要，可以依法对土地实行征收或者征用并给予补偿。"

2007 年《物权法》规定："为了公共利益的需要，依照法律规定的权限和程序可以征收集体所有的土地和单位、个人的房屋及其他不动产。"

土地征收，指国家为了社会公共利益的需要，依据法律规定的程序和批准权限，依法给予农村集体经济组织及农民补偿后，将农民集体所有土地所有权收归国有的行政行为。土地征收权，一般是指由宪法授予政府有强制取得土地所有的一种权力，该权力以实现公共利益为目的，以公正补偿作为征地条件，且需依宪法和法律法规的相关规定程序来执行。

土地征用，是指国家为了社会公共利益的需要，依据法律规定的程序和批准权限，依法给予农村集体经济组织及农民补偿后，将农民集体所有土地使用权收归国有的行政行为。

土地征收和征用的关系：共同点是都具有强制性，都是为了公共利益的需要，都要经过法定程序，都要进行依法补偿。不同点是征收的实质是强制收买，主要是土地所有权的改变，不存在返还的问题；征用的实质是强制使用，只是使用权的改变，被征用的土地使用完毕后应当及时返还被征用人，这是一种临时使用土地的行为。

（二）土地征收的特征

（1）公益性　国家动用征地权，征收农民集体土地，必须是为了公共利益的需要。

（2）强制性　由于土地征收是基于公共利益的需要，从公共利益的全局出发，无论被征地单位是否愿意，政府都可以依法动用征地权。

（3）有偿性　国家征收农民集体的土地，按照《宪法》和《土地管理法》的规定，必须给予补偿。

（4）合法性　为了保障征地行为的合法性、公正性、透明性，保障被征地人的合法权益，征收土地必须按照法定程序进行。

二、中国土地征收管理的历史沿革[①]

（一）初步形成阶段（1949—1977 年）

中华人民共和国成立初期，土地改革以及经济建设过程中均不可避免地涉及征地问题，《铁路留用土地办法》（已废止）、《城市郊区土地改革条例》等法律法规中均就征地问题进行了初步规范，标志着征地制度的萌芽产生。

1953—1964 年，无偿征用制度确立，征地审批和补偿政策相对宽松，以提高经济效率为重点。该时期国民经济各项建设处于起步阶段，国家建设对土地

---

① 牛善栋，吕晓，赵雲泰. 我国征地制度演进的政策文献量化分析 ［J］. 中国农业大学学报（社会科学版），2017，34（4）：102－110.

的需求大幅增加，1953 年出台的《国家建设征用土地办法》标志着征地制度的初步形成，确立了无偿征用制度。1954 年《宪法》确立了征地的法律地位，标志着征地制度的正式形成。1958 年修正的《国家建设征用土地办法》比较详细地列举了征地用途和范围，并按年产值计算补偿，强调被征地农民的农业安置。该阶段初步形成了较完整的征地制度体系。据不完全统计，1965—1977 年中央层面未再发布涉及征地制度的政策文件，可以认为该阶段征地制度基本处于停滞状态。

（二）调整完善阶段（1978—2003 年）

该阶段，国家以经济建设为中心，征地制度方面体现出有偿强制征地、公共利益模糊界定等主要特点。

1982 年《国家建设征用土地条例》的出台标志着有偿征地的开始，强调征地的强制性与单一性。该阶段将公共利益用地范围相对模糊地界定为"经济、文化、国防建设以及兴办社会公共事业"。此外，在原用途补偿的基础上，提高征地安置补偿标准；完善征地分级限额审批制度，增值收益归政府所有。

1986—2003 年为征地制度的提高阶段，以加强征地补偿安置、维护农民权益为重点。该阶段是经济体制由传统计划经济向社会主义市场经济转变的过渡时期，征地制度的深度、广度和内容均有增加。

1986 年《土地管理法》的颁布，将征地制度的核心表现形式由行政规章上升为法律，标志着我国征地制度正式进入法制化轨道。

1998 年修订的《土地管理法》再次提高征地补偿安置标准，确立"两公告一登记"制度，增强征地工作的透明度。同时，取消市县级征地审批权，依据土地利用总体规划实行农用地转用审批。规定增值收益归政府，并提出征地的社会保障制度。但并未对公共利益用地的范围做出具体规定。

2003 年《国土资源听证规定》确立的征地听证是征地制度的一次重大变革，在保障被征地农民的权益方面有了实质性突破。

（三）深化阶段（2004—2011 年）

该阶段在补偿安置标准、征地程序方面持续、小幅突破。基本原则是被征地农民生活水平不下降、长远生计有保障。

2004 年宪法修正案继续强调征地必须是为了公共利益，同时对征收和征用进行了明确区分，明确可以依照法律规定对土地实行征收或者征用并给予补偿。同年 10 月 21 日，《国务院关于深化改革严格土地管理的决定》发布，规定各省（区、市）人民政府要"制订并公布各市县征地的统一年产值标准或区片综合地价"。该决定还进一步规定："土地补偿费和安置补助费的总和达到法定上限，尚不足以使被征地农民保持原有生活水平的，当地人民政府可以用国有土地有偿使用收入予以补贴。"

由于征地补偿问题的普遍性和社会性，2004 年 11 月 3 日，原国土资源部发布《关于完善征地补偿安置制度的指导意见》，对有关征地补偿标准、被征地农民安置途径、征地工作程序和征地实施监管等问题进行了明确规定，以进一步保障被征地农民和集体的权益以及保证失地农民的现有生计和长远生计。

2004 年 12 月 31 日，《中共中央、国务院关于进一步加强农村工作提高农业综合生产能力若干政策的意见》发布，提出要"加快推进农村土地征收、征用制度改革"。2005 年 7 月 23 日，原国土资源部发布《关于开展制订征地统一年产值标准和征地区片综合地价工作的通知》，其中规定，"东部地区城市土地利用总体规划确定的建设用地范围，应制订区片综合地价；中、西部地区大中城市郊区和其他有条件的地区，也应积极推进区片综合地价制订工作；其他暂不具备条件的地区可制订统一年产值标准"。全国各地要"力争在 2005 年年底完成本地区征地统一年产值标准和区片综合地价的制订及公布工作"。

2006 年 8 月 31 日，《国务院关于加强土地调控有关问题的通知》发布，其中规定"社会保障费用不落实的不得批准征地"。2005 年 12 月 31 日，《中共中央、国务院关于推进社会主义新农村建设的若干意见》发布，其中规定要"完善对被征地农民的合理补偿机制，加强对被征地农民的就业培训，拓宽就业安置渠道，健全对被征地农民的社会保障"。2006 年 6 月，原国土资源部发布《关于加快推进征地补偿安置争议协调裁决制度的通知》，以征地补偿安置争议协调裁决制度的建设及时化解因征地补偿安置引发的矛盾和纠纷。

2007 年《物权法》对征地的实施要件、征地补偿的范围和标准以及征地补偿费的给付进行了明确规定，从更高的法律层次对被征地农民和集体权益进行了保护[①]。2007 年 4 月 28 日，劳动和社会保障部、原国土资源部联合发布《关于切实做好被征地农民社会保障工作有关问题的通知》，要求"各地要尽快建立被征地农民社会保障制度""确保被征地农民社会保障所需资金"。

2008 年 6 月 22 日，原国土资源部发布《关于切实做好征地统一年产值标准和区片综合地价公布实施工作的通知》，通知要求"切实做好新的征地补偿标准公布实施工作"。同时规定各地应该建立征地补偿标准的更新、调整机制。对于征地补偿标准的更新、调整周期，通知规定："征地补偿标准原则上应每 2—3 年更新一次，逐步提高；经确认补偿标准不需要进行调整的，也要予以重新公布。"同年 10 月 12 日，《中共中央关于推进农村改革发展若干重大问题的决定》中进一步强调，要"严格界定公益性和经营性建设用地，逐步缩小征地范围，完善征地补偿机制"，要求按照"同地同价原则"进行征地补偿，并妥善"解决好被征地农民就业、住房、社会保障"。

2010 年 6 月 26 日，原国土资源部下发《关于进一步做好征地管理工作的通知》，引入"征地补偿标准动态调整机制"，要求"每 2 至 3 年对征地补偿标准进行调整"。按照新标准，征地补偿标准将普遍提高平均为 20％至 30％的幅度。

2011 年《国土资源部办公厅关于切实做好征地拆迁管理工作的紧急通知》提出要严格征地拆迁管理，维护被征地农民利益，及时化解矛盾纠纷，妥善处理征地拆迁突发事件，开展全面检查，坚决纠正违法违规征地拆迁行为。

（四）探索转型阶段（2012—2019 年）

这个阶段的特点是缩小范围、规范程序、探索多元补偿机制。2012 年，党的十八大明确提出"改革征地制度，提高农民在土地增值收益中的分配比例"。2013 年，中共十八届三中全会决定，赋予农民更多财产权利，推进城乡要素平等交换和公共资源均衡配置。

---

① 刘新华. 我国征地补偿标准的制度演进分析 [J]. 商业时代，2011（32）：93 - 95.

> **2013 年《中共中央关于全面深化改革若干重大问题的决定》**
>
> 　建立城乡统一的建设用地市场。在符合规划和用途管制前提下，允许农村集体经营性建设用地出让、租赁、入股，实行与国有土地同等入市、同权同价。
>
> 　缩小征地范围，规范征地程序，完善对被征地农民合理、规范、多元保障机制。扩大国有土地有偿使用范围，减少非公益性用地划拨。建立兼顾国家、集体、个人的土地增值收益分配机制，合理提高个人收益。
>
> 　完善土地租赁、转让、抵押二级市场。

针对当时个别地方相继发生的暴力征地事件，2013 年 5 月 13 日，《国土资源部办公厅关于严格管理防止违法违规征地的紧急通知》要求防止违法违规征地，杜绝暴力征地行为，保护被征地农民的合法权益。

2014 年中共中央、国务院印发《国家新型城镇化规划（2014—2020 年）》，该规划提出要深化征地制度改革。缩小征地范围，规范征地程序，完善对被征地农民合理、规范、多元保障机制；建立兼顾国家、集体、个人的土地增值收益分配机制，合理提高个人收益，保障被征地农民长远发展生计；健全争议协调裁决制度。同年 9 月《国土资源部办公厅关于进一步做好市县征地信息公开工作有关问题的通知》发布，要求进一步提高做好征地信息公开工作的认识，切实落实市县征地信息公开的主体责任，全面及时公开征地信息，保障被征地农民的知情权。同年 12 月中共中央办公厅、国务院办公厅印发《关于农村土地征收、集体经营性建设用地入市、宅基地制度改革试点工作的意见》，提出完善土地征收制度。缩小土地征收范围，探索制定土地征收目录，严格界定公共利益用地范围；规范土地征收程序，建立社会稳定风险评估制度，健全矛盾纠纷调处机制，全面公开土地征收信息；完善对被征地农民的合理、规范、多元保障机制。

2015 年《深化农村改革综合性实施方案》关于农村土地征收制度改革的基本思路是：缩小土地征收范围，规范土地征收程序，完善对被征地农民合理、规范、多元保障机制，建立兼顾国家、集体、个人的土地增值收益分配机制，合理提高个人收益。

　　2016 年《中华人民共和国国民经济和社会发展第十三个五年规划纲要》中提出加快建立城乡统一的建设用地市场，在符合规划、用途管制和依法取得前提下，推进农村集体经营性建设用地与国有建设用地同等入市、同权同价。健全集体土地征收制度，缩小征地范围，规范征收程序，完善被征地农民权益保障机制。

　　2019 年《土地管理法》对为公共利益需要而征收土地的征收范围进行了严格限定；土地征收审批制度进行了微调；通过程序公正强化农民的话语权、参与权和监督权；明确了土地征收补偿原则，提高了土地征收补偿标准。

　　2020 年《国务院关于授权和委托用地审批权的决定》发布，主要内容是将国务院可以授权的永久基本农田以外的农用地转为建设用地审批事项授权各省、自治区、直辖市人民政府批准；试点将永久基本农田转为建设用地和国务院批准土地征收审批事项委托部分省、自治区、直辖市人民政府批准，进一步深化"放管服"改革，改革土地管理制度，赋予省级人民政府更大用地自主权。

　　（五）中国现行土地征收管理内容（2020 年至今）

　　1. 征地范围

　　为了公共利益的需要，国家可以依照法律规定对土地实行征收或者征用并给予补偿。

> **2019 年《土地管理法》第四十五条**　为了公共利益的需要,有下列情形之一,确需征收农民集体所有的土地的,可以依法实施征收:
>
> （一）军事和外交需要用地的;
>
> （二）由政府组织实施的能源、交通、水利、通信、邮政等基础设施建设需要用地的;
>
> （三）由政府组织实施的科技、教育、文化、卫生、体育、生态环境和资源保护、防灾减灾、文物保护、社区综合服务、社会福利、市政公用、优抚安置、英烈保护等公共事业需要用地的;
>
> （四）由政府组织实施的扶贫搬迁、保障性安居工程建设需要用地的;
>
> （五）在土地利用总体规划确定的城镇建设用地范围内,经省级以上人民政府批准由县级以上地方人民政府组织实施的成片开发建设需要用地的;

（六）法律规定为公共利益需要可以征收农民集体所有的土地的其他情形。

前款规定的建设活动，应当符合国民经济和社会发展规划、土地利用总体规划、城乡规划和专项规划；第（四）项、第（五）项规定的建设活动，还应当纳入国民经济和社会发展年度计划；第（五）项规定的成片开发应当符合国务院自然资源主管部门规定的标准。

2. 征地补偿

2019 年《土地管理法》关于"征地补偿"的内容修订：新《土地管理法》在补偿安置上作出了改革，以区片综合地价取代产值倍数法，将农民住房视作农民财产进行补偿，并且要求建立失地农民社会保障制度，而不再作为征地补偿安置的一部分内容。

2019 年《土地管理法》第四十八条　征收土地应当给予公平、合理的补偿，保障被征地农民原有生活水平不降低、长远生计有保障。

征收土地应当依法及时足额支付土地补偿费、安置补助费以及农村村民住宅、其他地上附着物和青苗等的补偿费用，并安排被征地农民的社会保障费用。

征收农用地的土地补偿费、安置补助费标准由省、自治区、直辖市通过制定公布区片综合地价确定。制定区片综合地价应当综合考虑土地原用途、土地资源条件、土地产值、土地区位、土地供求关系、人口以及经济社会发展水平等因素，并至少每三年调整或者重新公布一次。

征收农用地以外的其他土地、地上附着物和青苗等的补偿标准，由省、自治区、直辖市制定。对其中的农村村民住宅，应当按照先补偿后搬迁、居住条件有改善的原则，尊重农村村民意愿，采取重新安排宅基地建房、提供安置房或者货币补偿等方式给予公平、合理的补偿，并对因征收造成的搬迁、临时安置等费用予以补偿，保障农村村民居住的权利和合法的住房财产权益。

县级以上地方人民政府应当将被征地农民纳入相应的养老等社会保障体系。被征地农民的社会保障费用主要用于符合条件的被征地农民的养老保险等社会保险缴费补贴。被征地农民社会保障费用的筹集、管理和使用办法，由省、自治区、直辖市制定。

第四十九条　被征地的农村集体经济组织应当将征收土地的补偿费用的收支状况向本集体经济组织的成员公布，接受监督。

禁止侵占、挪用被征收土地单位的征地补偿费用和其他有关费用。

案例

沈阳市人民政府关于公布实施沈阳市征地区片综合地价的通知

沈政发〔2023〕5号

各区、县（市）人民政府，市政府有关部门、有关直属单位：

为贯彻落实《中华人民共和国土地管理法》，做好土地征收工作，保障建设用地需要，维护被征地农民合法权益，根据《辽宁省自然资源厅办公室关于开展征地区片综合地价调整工作的通知》（辽自然资办发〔2022〕65号）和《辽宁省自然资源厅关于公布实施征地区片综合地价的通知》（辽自然资发〔2023〕24号）要求，结合我市实际，现将征地区片综合地价有关事项通知如下：

一、本征地区片综合地价适用于沈阳市行政区域范围内（沈抚改革创新示范区管理范围除外）的土地征收补偿。

二、按照《中华人民共和国土地管理法》第四十八条规定，本征地区片综合地价是征收农民集体农用地的土地补偿费和安置补助费标准，不包括法律规定用于社会保险缴费补贴的被征地农民社会保障费用、地上附着物和青苗等的补偿费用。以此为基础，按照永久基本农田1.2、建设用地1.0、未利用地0.8系数进行调整。在实施征收中不得降低补偿标准。

三、被征收土地上有附着物和青苗的，对地上附着物和青苗的所有权人另行补偿，补偿标准按照有关规定执行。

四、征地区片综合地价按照主要用于被征地农民的原则，土地补偿费和安置补助费的比例为4∶6。

五、依法收回国有农场土地使用权的补偿和职工安置，按照《国土资源部农业部关于加强国有农场土地使用管理的意见》（国土资发〔2008〕202号）有关规定执行。

六、建设项目施工和地质勘查需临时使用集体土地、国有农用地和未利用地，每年按照征地区片综合地价的 15% 给予补偿。

七、各区、县（市）政府应当通过多种方式公布本征地区片综合地价，加强政策宣传解释工作，妥善解决实施过程中的有关问题。

八、本征地区片综合地价自 2023 年 1 月 1 日起实施。过渡期衔接政策按照辽宁省自然资源厅相关规定执行。

沈阳市人民政府
2023 年 3 月 30 日

附件 1

沈阳市征地区片综合地价分类表

单位：万元/亩、%

序号	地区	平均价	区片Ⅰ	区片Ⅱ	区片Ⅲ	区片Ⅳ	区片Ⅴ	区片Ⅵ	区片Ⅶ
	沈阳市	4.77							
1	和平区	12.5	12.5						
2	沈河区	48.1	48.1						
3	大东区	14.82	22.6	14.9	11.6	7.8			
4	皇姑区	30.39	44.1	41	30.8	21.9	14.6		
5	铁西区	4.56	5.1	3.9					
6	苏家屯区	6.17	12.4	8.7	6.1	4.5			
7	浑南区	8.5	12.5	10.4	10.1	9	8.5	7.4	6.6
8	沈北新区	6.32	9.6	6.7	5.8				
9	于洪区	7.61	42	29.4	18.1	12.3	10.4	6.2	5.6
10	辽中区	3.76	5	3.7					
11	新民市	3.94	4.7	4.3	3.7				
12	法库县	3.63	4.5	3.6					
13	康平县	3.31	4	3.3					

附件2

沈阳市征地区片综合地价明细表（部分）

地区	区片	地价（万元/亩）	乡、镇、街道办事处（村名称）
和平区	I	12.5	长白街道、沈水湾街道、浑河站西街道
沈河区	I	48.1	东陵街道、马官桥街道、南塔街道、泉园街道
大东区	I	22.6	前进街道（榆林村、二台子村、东山村、沈海村、望花村、畜牧场）
大东区	II	14.9	前进街道（王家村、后陵村、山梨村、赵家村、辛家村）
大东区	III	11.6	前进街道（皮台村、大志村、大洼村）、文官街道（朱尔村、木匠村）
大东区	IV	7.8	文官街道（前詹屯社区、柳岗屯社区）
皇姑区	I	44.1	陵东街道（北陵农场）
皇姑区	II	41	陵东街道（东窑村、西窑村、上岗子村、陵东村、柳条湖村）
皇姑区	III	30.8	鸭绿江街道（观音村、田义村）
皇姑区	IV	21.9	鸭绿江街道（文官村）
皇姑区	V	14.6	四台子街道（北四台子村、方溪湖村）
铁西区	I	5.1	翟家街道、大潘街道、彰驿站街道、高花街道、大青中朝友谊街道、昆明湖街道（张士村、高明村、团结村、安乐村、弓匠堡村、四台子村、王兴村）、胡台镇（大牤牛村、二牤牛村、徐家林子村、南山村）
铁西区	II	3.9	长滩镇、四方台镇、新民屯镇、杨士岗镇（火石岗村、八三堡村）、刘二堡镇（罗圈泡村）

https://www.shenyang.gov.cn/zwgk/zcwj/zfwj/szfwj/202303/t20230331_4441910.html

3. 征地安置

> **2019 年《土地管理法》第五十条** 地方各级人民政府应当支持被征地的农村集体经济组织和农民从事开发经营，兴办企业。

现行法规对被征地农民安置措施的规定很不全面，缺乏操作性，很难保证生活水平不降低、长远生计有保障。

实践中，各地方探索了多元安置方式，有效化解了征地拆迁矛盾，保障了农民权益。

货币安置。安置补助费一次性发放给被征地农民，让其自谋出路。操作简单，容易接受，但不足以解决长远生计。

重新择业安置。应当积极创造条件，向被征地农民提供免费的劳动技能培训，安排相应的工作岗位。在同等条件下，用地单位应优先吸收被征地农民就业。征收城市规划区内的农民集体土地，应当将因征地而导致无地的农民纳入城镇就业体系，并建立社会保障制度。

农业安置。征收城市规划区外的农民集体土地，应当利用农村集体机动地、承包农户自愿交回的承包地、承包地流转和土地开发整理新增加的耕地等，使被征地农民有必要的耕作土地，继续从事农业生产；在集体经济组织内部调整土地，土地补偿费和安置补助费都留于集体经济组织内部。

异地移民安置。本地区确实无法为因征地而导致无地的农民提供基本生产生活条件的，在充分征求被征地农村集体经济组织和农户意见的前提下，可由政府统一组织，实行异地移民安置。

社会保险安置。社会保险安置是将征地补偿费用中的安置补助费和部分或全部的土地补偿费用于为被征地农民购买养老、失业、医疗等社会保险。

住房安置。住房安置既可解决被征地农民的安居问题，又能靠出租多余房子增加收入。湖南长沙按照 80 m²/人的指标和 1200 元/m² 的优惠价格（市场价格约为 3000～4000 元/m²）提供保障住房；成都市每人 35 m²，被拆迁的农民在基本住房建筑面积内不支付购房费用；厦门、杭州一般一户一套自住房、一套出租公寓；西安市住房安置的比例已经为 90% 以上。

留物业安置。主要是指留给集体经济组织或者被征地农民的经营用房，通过经营或者出租，为被征地集体和农民提供长远生计。湖南长沙按照人均 5 m² 和 1500 元/m² 的价格提供商业用房，天津则按人均建筑面积 15 m²、绵阳人均 2 m²、西安人均 10 m²，无偿给被征地集体和农民提供经营用房。

投资入股安置。对于有长期稳定收益的项目用地，在农户自愿的前提下，被征地农村集体经济组织经与用地单位协商，可以以征地补偿安置费用入股，或以经批准的建设用地土地使用权作价入股。农村集体经济组织和农户通过合同约定以优先股的方式获取收益。

留粮安置。河北邯郸为被征地农民建立长期补贴制度，在一次性货币补偿的基础上，每年给失地农民每亩 2000 斤粮食实物或折款补贴的"吨粮田"补偿，且世代可以继承，使所有失地农民"一次金钱补偿、几代口粮不断"，保障了失地农民的长远生计。

变一次性补偿为逐年、长期补偿。广西、贵州、福建等省份有多个水库、水电站项目移民安置实行了长期补偿：对移民的房屋、圈舍、零星果树、林地等其他征占用地类仍按国家相关标准进行一次性补偿，随迁移民被淹没的零星果树、林地等仍按国家相关标准进行一次性补偿；但直迁和随迁移民被占用的水田和旱地，都不再按其年产值 16 倍的标准进行一次性补偿，而是从耕地被实际占用时起，由业主根据相关部门核定的耕地年产值分年补偿。

留地安置。在给予被征地农民一定的现金补偿的基础上，按照城市规划确定的土地用途，在被征收土地中留出一定比例的土地或非农建设用地指标。

4. 征地程序

2019 年《土地管理法》第四十七条对土地征收程序进行了调整，将原来的"告知、确认、听证"三步程序调整为"调查、评估、公告、听证、登记、协议"。新修订的《土地管理法实施条例》进一步细化了征地程序和要求，特别是增加了征地预公告程序以及对抢栽抢建不予补偿，对阻挠征地由法院强制执行，对侵占、挪用征地费用的依法追究刑事责任或给予行政处分等新的规定。土地征收流程可以归纳为以下 8 个步骤：

2019年《土地管理法》第四十七条 国家征收土地的,依照法定程序批准后,由县级以上地方人民政府予以公告并组织实施。

县级以上地方人民政府拟申请征收土地的,应当开展拟征收土地现状调查和社会稳定风险评估,并将征收范围、土地现状、征收目的、补偿标准、安置方式和社会保障等在拟征收土地所在的乡(镇)和村、村民小组范围内公告至少三十日,听取被征地的农村集体经济组织及其成员、村民委员会和其他利害关系人的意见。

多数被征地的农村集体经济组织成员认为征地补偿安置方案不符合法律、法规规定的,县级以上地方人民政府应当组织召开听证会,并根据法律、法规的规定和听证会情况修改方案。

拟征收土地的所有权人、使用权人应当在公告规定期限内,持不动产权属证明材料办理补偿登记。县级以上地方人民政府应当组织有关部门测算并落实有关费用,保证足额到位,与拟征收土地的所有权人、使用权人就补偿、安置等签订协议;个别确实难以达成协议的,应当在申请征收土地时如实说明。

相关前期工作完成后,县级以上地方人民政府方可申请征收土地。

发布征收土地预公告。征收土地预公告应当包括征收范围、征收目的、开展土地现状调查的安排等内容。征收土地预公告应当采用有利于社会公众知晓的方式,在拟征收土地所在的乡(镇)和村、村民小组范围内发布,预公告时间不少于十个工作日。自征收土地预公告发布之日起,任何单位和个人不得在拟征收范围内抢栽抢建,违反规定抢栽抢建的,对抢栽抢建部分不予补偿。

开展土地现状调查。土地现状调查应当查明土地的位置、权属、地类、面积,以及农村村民住宅、其他地上附着物和青苗等的权属、种类、数量等情况。

开展社会稳定风险评估。社会稳定风险评估应当对征收土地的社会稳定风险状况进行综合研判,确定风险点,提出风险防范措施和处置预案。社会稳定风险评估应当有被征地的农村集体经济组织及其成员、村民委员会和其他利害关系人参加，评估结果是申请征收土地的重要依据。

拟定征地补偿安置方案。县级以上地方人民政府应当依据社会稳定风险评估结果，结合土地现状调查情况，组织自然资源、财政、农业农村、人力资源和社会保障等有关部门拟定征地补偿安置方案。征地补偿安置方案应当包括征收范围、土地现状、征收目的、补偿方式和标准、安置对象、安置方式、社会保障等内容。

发布征地补偿安置公告。征地补偿安置方案拟定后，县级以上地方人民政府应当在拟征收土地所在的乡（镇）和村、村民小组范围内公告，公告时间不少于三十日。征地补偿安置公告应当同时载明办理补偿登记的方式和期限、异议反馈渠道等内容。多数被征地的农村集体经济组织成员认为拟定的征地补偿安置方案不符合法律、法规规定的，县级以上地方人民政府应当组织听证，并根据法律、法规的规定和听证会情况修改方案。

签订征地补偿安置协议。县级以上地方人民政府根据法律、法规的规定和听证会等情况确定征地补偿安置方案后，应当组织有关部门与拟征收土地的所有权人、使用权人签订征地补偿安置协议。征地补偿安置协议示范文本由省、自治区、直辖市人民政府制定。

对个别确实难以达成征地补偿安置协议的，县级以上地方人民政府应当在申请征收土地时如实说明。

申请征收土地审批。县级以上地方人民政府完成规定的征地前期工作后，方可提出征收土地申请，依照《土地管理法》第四十六条的规定报有批准权的人民政府批准。有批准权的人民政府应当对征收土地的必要性、合理性，是否符合《土地管理法》第四十五条规定的为了公共利益确需征收土地的情形以及是否符合法定程序进行审查。

发布征收公告、组织实施。征收土地申请经依法批准后，县级以上地方人民政府应当自收到批准文件之日起十五个工作日内在拟征收土地所在的乡（镇）和村、村民小组范围内发布征收土地公告，公布征收范围、征收时间等具体工作安排，对个别未达成征地补偿安置协议的应当作出征地补偿安置决定，并依法组织实施（图 2-2）。

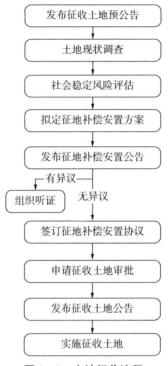

图 2 - 2　土地征收流程

三、我国征地管理的问题探讨

（一）我国土地征收管理存在的问题①

1. 焦点一：征地范围—公共利益

界定征地范围是对城乡发展利益格局的权衡。在中国当前征地制度下，农村土地通过征收转为城市土地。如何界定政府可以行使征收土地权力的范围，是城市发展利益与农村发展利益的权衡，它一直是征地制度改革中争论的焦点。对中国法律中"为了公共利益的需要可以征收土地"以及"城市土地属于国有"的条款所造成的事实上公共利益的泛化问题，文献中有关征地范围一直存在着"全面缩小论"和"总体合理论"的争论。对公共利益的认识，土地管理部门一直秉持征地制度的功能是为国家工业化、城镇化发展用地提供保障的思路。

---

① 唐健. 从经济政策到社会政策：征地制度变迁解释 ［J］. 中国土地科学，2021，35（5）：1 - 7.

2. 焦点二：补偿安置—农民权益

补偿安置方式改革是对农民利益的权衡。土地作为农民赖以生存的最基本的生产资料，在征地制度改革过程中，地方政府如何在满足财政支出以及各项建设需要的前提下，履行好再分配调节职能，让农民集体共享到更多的土地增值收益，缩小收入分配差距，维护社会稳定，助力稳步实现全体人民共同富裕，是当前中国特色社会主义发展背景下改革的一大难点。

3. 焦点三：征地程序—权力规范

严格征地程序是对地方政府权力的规范。如何在法治的框架下规范地方政府的权力，表面上是对地方行使公权力的规范，本质上也是对农民土地权利和个人利益的进一步尊重。因此，征地制度迫切需要探索出更符合经济社会发展需求的土地征收程序，扩大公民行政参与，促进政府与公民之间的协商合作，保障失地农民平等参与的权利。

（二）我国土地征收管理改革的未来展望

1. 建立以公共利益为目的的认定与审查机制

尽管 2019 年《土地管理法》重申了土地征收的"公共利益需要"原则，并首次通过列举条目的方式给出了满足这一原则、可以依法实施土地征收的六种情形，在框定土地征收范围方面向前迈进一步，但公共利益这一概念的模糊化仍可能导致实践背离压缩征地规模的改革取向。未来应加快建立土地征收公共利益认定机制，在国家层面应适当明确公共利益认定的程序机制，地方按程序进行论证，并注重广泛听取群众意见、保障群众利益，妥善处理与其他征地前期程序的关系，同时推动构建省、市、县土地征收公共利益认定配套体系，健全完善行政决策、司法终裁的土地征收公共利益监管机制①。

2. 提升广大农民在征地治理中的主体性地位

中央政府一直致力于完善以公开、公平、公正、高效为愿景的征地程序设计，但实际操作中地方政府整体上强调管理、注重效率，决策机制呈现封闭性的特征，少受甚至不受包括被征收人和社会公众在内的其他主体的影响，这使得土

---

① 周忠. 土地征收公共利益范围的界定问题［J］. 中国土地，2021（3）：36 - 37.

地征收程序呈现向公权力倾斜的特点。未来需要进一步落实以人民为中心的发展思想，支持农民通过合理合法途径广泛参与征地事务，引导在征地场域中形成"强国家—强社会"的国家与社会关系形态，提升广大农民在征地治理中的主体性地位，推动地方政府重视与公众参与真正有关的征地环节，并使听证等协商程序发挥实效，避免发生程序悬置和被征地农民冷漠对待程序性要求的局面①。

3. 多措并举完善征地补偿机制

我国在征地补偿方面仍存在补偿标准低，补偿方式单一，国家与集体、集体与农民之间补偿款分配比例不明确，以及争端解决机制与救济方式不够完善等问题。未来要构建土地征收全流程监督体系，依法严谨把控征地流程，保证征地程序合法合理有序推行；重视制度创新和激励相容，调动各方力量参与式治理，微观上充分发挥村镇干部在农地确权、颁证、协调被征迁家庭补偿安置等方面的作用，中观上留足社会组织空间，允许基层经济组织、宗族力量、新乡贤、新农人等参与公共服务和社会治理，宏观上优化新时代征地补偿模式相关制度设计②。另外，需要综合考量征地补偿的空间异质性，各地要充分结合实际，采取差别化、灵活化和多样化的征地补偿模式。

第三节　不动产统一登记管理

一、不动产登记制度概述

（一）不动产登记的内涵

1. 不动产登记的概念

不动产登记，是指不动产登记机构依法将不动产权利归属和其他法定事项记载于不动产登记簿的行为。这里的不动产，是指土地、海域以及房屋、林木

---

① 王斯亮. 征地制度改革的"三元悖论"及其破解 [J]. 农业经济问题，2023（12）：72-84.
② 柴国俊. 新时代征地补偿模式考量：逻辑、评估与保障 [J]. 中国软科学，2019（10）：103-111.

等定着物。不动产登记的目的在于公示，即通过登记，使潜在的交易当事人能清晰地识别标的物上的权利内容，向社会公示不动产之本身的状态（标示状态——面积、位置等）与不动产物权的变动情况等（物权的设立、移转、变更和消灭等），确定不动产权利归属，保护合法产权、防范交易风险。

2. 不动产登记的特点

（1）不动产登记是依当事人申请的行为。不动产登记法以申请原则为其基本原则。只有与待登记的不动产权利具有直接利害关系的人，才能依法定程序向不动产登记机关提出登记申请。除非有法律的明确授权或受到其他国家公权力机关的嘱托，否则登记机构不得在没有当事人申请的情况下进行不动产登记活动。

（2）不动产登记是由登记机构依法定程序从事的活动。一方面，只有国家依法设立或确定的不动产登记机构才能负责不动产登记事务，其他的任何国家机关或单位均无权从事不动产登记活动。另一方面，不动产登记机构应按照法定的权限和程序进行不动产登记活动，不得违法进行登记，否则要承担相应的民事责任、行政责任乃至刑事责任。

（3）登记的实质在于登记机关将有关不动产物权设立、移转、变更等情况登录、记载于登记簿上，登记的内容应能够为人们所查阅，意味着登记的事实要向社会公开。如果登记的事实属于不宜向社会公开的，也不构成登记。

3. 不动产登记的功能[①]

（1）有利于保护不动产权利人合法财产权。不动产登记可以保证各类不动产物权归属和内容得到最全面、统一、准确的明晰和确认，以不动产登记较强的公示力和公信力为基础，实现保护不动产权利人合法财产权的目的。

（2）有利于维护不动产交易安全。不动产登记使信息完全公开化，进行不动产交易的当事人只需查询登记簿等登记资料，就可以准确地判断作为交易标的物的不动产上的物权归属与内容，极大地减少交易费用，保障交易安全，提高交易效率。

（3）有利于国家对不动产进行管理和宏观调控。不动产登记为国家对不动

---

① 付梅臣，张建军，谢苗苗，等. 不动产登记原理与方法［M］. 北京：地质出版社，2017.

产尤其是土地的行政管理奠定了基础。通过土地登记，确定土地权属的界限、界址位置、面积等，可以为土地用途、土地规划、用地审批、征地补偿、耕地保护等土地管理的各个环节奠定基础。在不动产登记过程中，通过登记的实质审查，能够发现土地所有权和土地使用权的非法转让问题，及时纠正土地交易中的违法行为。同时，不动产登记也可以作为为推行各种调控政策提供决策的依据，确保国家对不动产交易市场的宏观调控能力。

4. 不动产登记的性质①

不动产登记的性质是指不动产登记的法律行为的属性。法律行为根据行为的性质，可以分为公法行为和私法行为。在我国学界，关于不动产登记的法律性质主要有以下几种观点。

（1）行政行为说

该说法认为，不动产登记是国家特定的不动产管理机关按照法律规定行使行政职权，对不动产产权变动进行登记的行政行为。主要理由如下：

第一，不动产登记属于不动产登记机关依其职权所实施的一种行政行为，体现了国家对不动产权关系的干预，旨在明晰各种房地产物权，依法保护物权人的合法权益，是国家依法委托特定职能机构就不动产领域进行的国家治理活动。

第二，不动产管理部门与登记申请人之间是管理与被管理关系。在不动产登记过程中，由当事人向登记机关提出申请，登记机关依职权对不动产物权变动登记的内容进行详细审查后才予以登记，对不符合法定条件的申请拒绝登记。在这一过程中，不动产管理部门享有审查登记申请、作出登记决定、对不履行登记义务的不动产权利人进行处罚的职权，而不动产权利人负有及时向不动产管理部门申请不动产权属登记及服从管理的义务。

第三，从不动产登记的固有功能来看，不动产登记是不动产物权变动的公示形式，而物权的公示制度和公信效力需要借助行政行为的公定力、确定力才能得以实现。

---

① 程啸. 不动产登记法研究［M］. 北京：法律出版社，2018.

第四，不动产登记具有法定性与强制性。尽管不动产登记产生的主要是私法上的效果，即不动产物权的变动，但不论物权变动的原因是当事人的民事法律行为还是特定的事实行为，当事人都不是自愿申请而是必须申请登记才能取得物权或实现物权变动的法律效果。登记类型、内容不能由当事人自主决定、自行约定，而必须遵循相关法律规定，也不能自主选择登记机构，而必须遵循属地管辖原则向不动产所在地的登记机构申请办理。

第五，从行政登记错误引发的纠纷解决机制来看，实践中的做法是由人民法院的行政审判庭受理，并审查行政登记行为的合法性。

第六，在立法上，《物权法》第十条规定："国家对不动产实行统一登记制度。"该条规定既可以理解为国家设立了不动产统一登记制度，也可以理解为国家（具体而言为国家机关）对不动产实行统一登记。

（2）民事行为说

此观点认为，不动产登记是当事人之间依据自己内心的真实意思表示变动不动产物权的行为，在性质上属于民事行为，行政机关的登记行为只起到一种公示作用，没有要求申请人必须登记的强制力。主要理由如下：

第一，不动产登记的过程是实现当事人之间物权变动的过程，其目的并不在于行政管理，而是在于要确认物权的变动并把物权变动的结果告诉与之有利害关系的第三人。登记机关介入不动产登记过程也只是在借助不动产登记的官方性这一特征，来确保不动产物权移转的顺利实现，从而增强不动产登记的效力，并保证不动产登记具有真正的公开性。这是一种公权力对私权利的服务性和保障性的管理或干预。

第二，不动产登记是基于当事人的登记请求权而发生的。原则上，不动产登记机构只能基于当事人的请求才能进行登记。因此，当事人的登记意思表示是不动产登记的必要的前提条件。主体之间就不动产权利变动达成协议之后，只要该协议合法、有效，并按《物权法》和相关法律的规定提供了登记所需的材料，不动产登记机关在审查以后对符合条件的不动产物权变动就必须予以登记，以完成不动产物权变动的公示程序，而不能以对不动产进行行政管理为由对符合条件的不动产物权变动不予登记，这一点在《物权法》中得到确认。

（3）双重属性说

此观点认为，将不动产登记的性质界定为行政行为或一般的私法行为，均非妥当，不动产登记兼具行政行为与民事行为双重属性。主要理由如下：

第一，从不动产登记过程来看，登记分为登记申请人的意思表示、登记机关的审查、登记机关决定是否登记三个阶段，其中第一阶段是私法性质，后两个阶段是公法性质。

第二，从不动产登记效力来看，登记行为产生了私法和公法双重效果。在私法角度上，登记确认了静态的权利，为私法提供了保护。在公法角度上，登记体现了国家干预。

第三，从公法、私法划分标准来看，不动产登记具有二重性。权利主体自由决定登记，同时又受公法的约束。

第四，不动产登记的二重属性，有利于保护权利人。登记的二重属性意味着不动产权利人的权利受到损害时可以得到来自私法和公法领域的双重保护。

（4）证明行为说

该说法认为，不动产登记在本质上是国家证明行为，而不是对不动产交易合同的审查和批准。该说法避免公法、私法性质上的判断，将不动产登记直接视为不动产交易之证明行为。有学者从我国的房屋登记进行分析，认为房屋产权管理机关的职责范围只是审查买卖双方是否具备办证（交付）条件，房屋产权变更登记本身也只是对买卖双方履行买卖合同的结果进行确认和公示，而不是对房屋买卖合同的审查和批准，并进一步主张"不动产登记在本质上是国家证明行为，而不是批准行为"，所以不动产登记在本质上是一种国家证明行为。

（二）不动产登记的法律依据①

不动产登记以国家法律、法规、部门规章及技术标准为依据，按照法定要求，记载法定权利，维护合法权利人利益。目前我国不动产登记主要有以下法律依据：

---

① 武立宏. 不动产登记法律制度要论［M］. 北京：中国政法大学出版社，2015.

（1）法律。主要有《宪法》《民法典》《物权法》《土地管理法》《城市房地产管理法》《森林法》《草原法》《中华人民共和国海域使用管理法》《中华人民共和国渔业法》等。

（2）行政法规。主要有《不动产登记暂行条例》《土地管理法实施条例》《中华人民共和国森林法实施条例》等。

（3）地方性法规。《物权法》第二百四十六条规定："法律、行政法规对不动产统一登记的范围、登记机构和登记办法作出规定前，地方性法规可以依照本法有关规定作出规定。"这就为地方制定有关不动产统一登记的法规作出了授权性规定。目前，涉及不动产登记的地方性法规很多，如《重庆市土地房屋权属登记条例》《上海市房地产登记条例》《合肥市房屋权属登记管理条例》《银川市房屋登记条例》等。

（4）部门规章。主要有原国土资源部《土地登记办法》、住房和城乡建设部《房屋登记办法》和《房屋登记簿管理试行办法》、原农业部《水域滩涂养殖发证登记办法》等。

（三）我国不动产登记制度的历史沿革①

1. 早期不动产登记（1912 年之前）

中国古代当政者很早就认识到不动产登记在解决土地纠纷中的重要作用。周朝时期，已经出现了不动产登记的基本雏形。两汉时期清查土地形成报告制度。三国时期，通过屯田制进行土地管理。东晋时期废田收租，开始对房屋买卖征收契税，并逐渐形成了持续至今的契税制度。北魏至隋唐时期，房地权利开始有法律依据。唐代进一步发展了土地登记制度，不仅建立了保障国家税收的土地登记制度，而且初步建立了土地交易登记制度。南宋时期，《经界法》颁布，设立了专门负责土地登记的经界局，要求民户按照统一标准制作砧基簿，记录土地的详细信息，并附地形图。这些砧基簿既是国家征税的依据，也是土地产权的证明。宋代的土地登记制度相对发达，出现了专门管理土地登记的机构，对后世产生了深远影响。元代的《元典章》规定了"经官给据"的制度，

---

① 向明. 不动产登记制度研究［M］. 武汉：华中师范大学出版社，2011.

要求土地交易必须经过官方审查并发放公据。明代初期，为了规范田赋征收，田籍制度被制定，要求田土交易必须记录在册。清朝初期，由于大规模的圈地运动，明代的地籍登记制度受到破坏。直到清末，随着西方法制的引入，不动产登记制度才逐渐在中国建立起来，但随着清朝的灭亡而未能完全实施。历史上，地契虽然作为土地所有权的证明，但其主要作用是权利的附属证明，并非确权证书。地契资料由官方掌握且不对外公开，普通民众无法查询，这与现代不动产登记制度的公示要求有很大差距。因此，在民国之前，中国并没有形成以公示为目的的不动产登记制度。

2. 民国至中华人民共和国成立期间（1912—1949 年）

在 1913 年，北洋政府成立了全国土地调查筹备处，并在 1914 年推出了《契税条例》和《验契条例》，这标志着全国范围内的房地产验契工作正式启动。到了 1915 年，全国土地调查筹备处更名为全国经界筹备处。1922 年，北洋政府司法部发布了《不动产登记条例》，旨在建立一个以公示为核心的不动产登记体系，但由于当时的政治动荡，这一制度未能得到有效执行。1929 年，国民政府发布了民法物权篇，采用了德国的权利登记制度来规范不动产登记。1930 年，国民政府进一步通过《土地法》，明确要求对土地及地上定着物进行登记。1935 年，《土地法施行法》的颁布标志着现代测量技术在地籍测量中的应用，土地登记制度开始规范化，包括公布登记地区、公布登记时限、按照申请收件、审查公告、造册登记、缮发权状等。1946 年，国民政府颁布了《土地登记规则》，引入了兼具权利登记制度和托伦斯登记制度的土地登记制度，进一步推动了土地登记制度的完善。

3. 中华人民共和国成立至改革开放期间（1949—1978 年）

中华人民共和国成立以后，我国依据 1947 年的《中国土地法大纲》和 1950 年的《土地改革法》开展了土地改革运动。在这一过程中，我国对农村土地进行了清丈、划界，政府向农民发放了土地证和房产证。20 世纪 50 年代初，由于土地私有制的存在，登记工作主要针对土地。从 20 世纪 50 年代末开始，随着中央集权的计划经济体制的确立，经济活动政治化，民事关系转向公法化，传统的民法概念如权利和义务被边缘化。在这一时期，我国在理论和实践上都未建立完整的物权体系。在这样的社会环境下，原有的房地产登记工作逐渐松懈。20 世纪 60—70 年代，房地产管理遭受严重破坏，相关机构被解散，登记制度名存实亡，导致产权不明确、产籍混乱，产权纠纷频发。

4. 改革开放以来（1978 年至今）

改革开放以来，随着市场经济体制的逐步建立，中国开始重建和完善各项法律制度。在不动产登记领域，一系列相关法律法规陆续出台。在房产登记方面，1983 年国务院颁布了《城市私有房屋管理条例》。1986 年 2 月，《城乡建设环境保护部关于开展城镇房产产权登记、核发产权证工作的通知》颁布，要求力争在 1988 年年底以前基本完成城镇房产产权登记、核发产权证的工作。1986 年，《土地管理法》通过，确立了土地所有权和使用权必须依法登记的制度。1987 年，《城镇房屋所有权登记暂行办法》发布，对房屋所有权登记进行了规定。1989 年，国家土地管理局发布了《土地登记规则》，规定了土地登记分为初始土地登记和变更土地登记，包括对国有土地使用权、集体土地所有权、集体土地建设用地使用权和他项权利的登记。1990 年，建设部发布了《城市房屋产权产籍管理暂行办法》，对城市房屋所有权及他项权利的登记做出了规定，并明确了"城市房屋的产权与该房屋占用土地的使用权实行权利人一致的原则"。1994 年，《城市房地产管理法》出台，首次以法律的形式确立了国家实行土地使用权和房屋所有权登记发证制度，对城市房地产权属登记的管理进行了规定，并明确了主要运作程序。1995 年，《中华人民共和国担保法》对房地产抵押权登记做出了规定①。1997 年，建设部根据《城市房地产管理法》制定并发布了《城市房屋权属登记管理办法》（2001 年修正），对城市房屋权属登记做了具体规定。此外，各地政府还制定了大量的地方性法规和规章，主要集中在城市房地产权属登记的管理与规范，对其他不动产权利的登记涉及较少。

二、不动产登记的内容与程序

（一）不动产登记的分类

1. 权利登记和其他登记②

根据登记内容的不同，不动产登记分为权利登记和其他登记。

---

① 《中华人民共和国担保法》已于 2021 年 1 月 1 日废止。

② 程啸. 不动产登记法研究［M］. 北京：法律出版社，2018.

（1）权利登记

权利登记是指以不动产权利的变动为登记内容的不动产登记。权利登记有两种不同的分类方法：一是依据登记的不动产权利类型所进行的划分，可以将权利登记分为集体土地所有权登记、国有建设用地使用权及房屋所有权登记、宅基地使用权及房屋所有权登记、土地承包经营权登记、海域使用权登记、地役权登记、抵押权登记、信托登记，以及集体建设用地使用权及建筑物、构筑物所有权登记；二是依据不动产物权变动的形态，可以将权利登记分为首次登记、转移登记、变更登记、注销登记。鉴于第二种分类更为重要，故以下主要对此种分类进行详细介绍。

① 首次登记

首次登记，是指不动产权利的第一次登记，具体来说主要包括总登记和初始登记。总登记是一种大规模、集中性的全面、统一的登记，一般发生在国家政权更替或者实施重大政策调整时期，这种登记业务在实践中相对较少。初始登记则是在总登记之后，针对新增土地、新建建筑物、新产生的其他物权所进行的第一次登记。只有在经过第一次登记以后，后续的登记才可能具备登记的基础。依据登记的不动产权利类型的不同，可以将首次登记分为不动产所有权的首次登记、不动产用益物权的首次登记以及不动产担保物权的首次登记。依据首次登记的启动原因，可以将首次登记分为当事人申请的首次登记与政府组织的首次登记。

② 转移登记

转移登记，也称"转让登记""过户登记"，是不动产权利发生转移时进行的登记，主要是因为不动产权利人发生改变。转移登记适用的情形包括：买卖、继承、遗赠、赠与、互换不动产的；以不动产作价出资（入股）的；不动产分割、合并导致权属发生转移的；共有人增加或者减少以及共有不动产份额变化的；因人民法院、仲裁委员会的生效法律文书导致不动产权发生转移的；因主债权转移引起不动产抵押权转移的；因需役地不动产权利转移引起地役权转移的，以及法律、行政法规规定的其他不动产权利转移情形。不动产权利转移主要是指土地使用权、房屋所有权及其他不动产物权发生转移。

③ 变更登记

变更登记是指在不动产物权发生变更时所进行的登记。不动产物权的变更有广狭义之分。广义的不动产物权变更，是指物权的主体、客体与内容发生变更，包括不动产物权的取得与消灭。狭义的不动产物权变更，仅指不动产物权不变而物权内容、客体等发生变化时所做的登记。一般来说，适用变更登记的主要情形包括：权利人姓名或者名称变更的；不动产坐落、名称、用途、面积等自然状况变更的；不动产权利期限发生变化的；同一权利人分割或者合并不动产的；抵押权顺位、担保范围、主债权数额、最高额抵押债权额限度、债权确定期间等发生变化的；地役权的利用目的、方法、期限等发生变化的，以及法律、行政法规规定的其他不涉及不动产权利转移的变更情形。

④ 注销登记

注销登记是指因不动产权利消灭而进行的登记，主要包括申请注销登记和嘱托注销登记两种情形。申请注销登记的情形主要包括：因自然灾害等原因导致不动产灭失的；权利人放弃不动产权利的；不动产权利终止的，以及法律、行政法规规定的其他情形。嘱托注销登记的情形主要包括：依法收回国有土地、海域等不动产权利的；依法征收、没收不动产的；因人民法院、仲裁机构的生效法律文书致使原不动产权利消灭，当事人未办理注销登记的；法律、行政法规规定的其他情形。

（2）其他登记

其他登记是指对于权利事项之外而依法应当记载入不动产登记簿的事项的登记。具体而言，包括四类登记，即更正登记、异议登记、预告登记、查封登记。

① 更正登记

更正登记是指当不动产登记簿存在错误时，登记机构依当事人的申请或依职权对登记簿的错误记载事项进行更正的登记。更正登记是以修正补充为目的的一种登记，以登记手续的错误、遗漏为修正对象。更正登记可以消除登记权利与真正权利不一致的状态，许可事实上的权利人或者利害关系人依据真正的权利状态对不动产登记簿记载的内容进行更正，从而避免第三人依据不动产登记簿取得不动产登记簿上记载的物权。更正登记实际上消灭了原权利，同时也使得新权利得以产生。这里是彻底消除登记权利与真正权利不一致的状态，所以通过更正登记，能够保护真正权利人的物权。更正登记既可以由权利人或者利害关系人提出，也可以由登记机关自己提出。

② 异议登记

异议登记，主要是指登记机构将事实上的权利人及利害关系人对不动产登记簿记载的权利所提出的异议申请记载于不动产登记簿的行为。当登记簿上的权利人与真正的权利人不一致时，虽然真正的权利人可以请求更正登记，但更正登记程序要求比较严格，手续繁杂，时间较长。在争议一时难以解决或不能及时办理更正登记的情形下，真正的权利人可以对登记簿记载的结果提出异议，暂时限制登记簿上记载的权利人的权利，避免存在争议的不动产为第三人善意取得，从而为事实上的真正权利人提供临时性保护。异议登记制度的目的在于阻却登记的公信力，从而保护事实上的权利人或真正权利人的利益，它是为更正登记设置的临时保全措施。

③ 预告登记

预告登记主要是指为保全一项以将来发生的不动产物权变动为目的的请求权的不动产登记，即当事人所期待的不动产物权变动所需要的条件缺乏或者尚未成就时，法律为保全这项以将来发生的不动产物权变动为目的的请求权而进行的登记。它将债权请求权予以登记，使其具有对抗第三人的效力，使妨害其不动产物权登记请求权所为的处分无效，以保障将来本登记的实现。预告登记一般适用于转让不动产、购商品房等不动产的情形。

④ 查封登记

查封登记主要是指不动产登记机构根据人民法院及其他机关提供的查封裁定书和协助执行通知书等法律文书，将查封的情况在不动产登记簿上加以记载的行为。它是为贯彻查封效力，防止已被查封的不动产被登记名义人再行处分，以致妨害执行或财产保全的效果而进行的一种限制性登记。在民事诉讼中，查封是人民法院为限制债务人处分其财产而最常采用的一种强制措施。采取查封措施的目的在于维护债务人的财产现状，保障经过审判程序或其他程序确认的债权尽可能得到清偿。在刑事诉讼中，公安、检察机关为了侦查案件的需要，也可以对犯罪嫌疑人的财产进行查封。查封既可以适用于动产，也可以适用于不动产。对于动产的查封，一般是在查封标的之上加贴封条，以起到公示之作用；而对于不动产，除采取张贴封条的方式外，更重要的是应当到不动产登记机构办理查封登记手续，否则不得对抗其他已经办理了登记手续的查封行为。

2. 申请登记、嘱托登记与径行登记

依据不动产登记的启动原因，可以将不动产登记分为申请登记、嘱托登记与径行登记。

(1) 申请登记

申请登记是根据当事人或其代理人的申请而进行的登记。不动产登记以申请为基本原则，故绝大部分的不动产登记都属于申请登记。申请登记适用于纯粹的私人交易领域，如民事主体依据自我意志进行的物权变动、在登记错误时通过更正登记等措施进行的补救等，是民事主体对自己的事务进行自我决定和处理的表现，在实务中应用最为广泛。

(2) 嘱托登记

嘱托登记是基于司法机关或行政机关的嘱托而办理的登记。在嘱托登记中，无须当事人提出登记申请，而是由有权机关要求登记机构进行登记。与申请登记不同的是，嘱托登记的结果尽管可能影响私人的物权，但其来源于国家公共事务领域，目的在于实现国家公权力。登记机构依有权机关之嘱托而为的登记类型非常多，既包括依嘱托进行的各种处分登记，如所有权转移登记、建设用地使用权转移登记、抵押权首次登记等，也包括查封登记、预查封登记等限制性登记。当然，不同的嘱托机关依法享有的嘱托登记机构所为的登记类型也是有差别的。

(3) 径行登记

径行登记是指不动产登记机构无须当事人申请而依据法律赋予的职权主动进行的登记。但并非在所有当事人不申请登记的情形下，登记机构都可以主动进行登记。径行登记的情形由法律规定，且该情形非常有限，不到万不得已，登记机构不能主动进行登记。

3. 主登记与附登记

依据登记的主从关系可将不动产登记分为主登记与附登记。

（1）主登记

主登记是指不动产权利完全独立存在的登记，如土地所有权、建筑物所有权、基地使用权、农地使用权、邻地使用权、典权以及抵押权的设立、变更和涂销的登记。

（2）附登记

附登记，也称"从登记"，它并非独立存在，而是从属于主登记，是在主登记事项发生部分变更时的登记。附登记并未产生完全独立存在的不动产物权，故不会导致物权顺位的变化。因此，在登记实务中不需要另增加登记用纸，只需记载于原用纸内主登记之相关栏目，附登记适用于权利人姓名更改、住址搬迁、身份证号码变动、土地等级调整等事项。

4．本登记与预备登记

依据登记的效力不同，可将不动产登记分为本登记与预备登记。

（1）本登记

本登记是对不动产物权的转移、设定、分割、合并、变更以及消灭等法律事实的登记，它具有终局、确定的效力，因此又被称为"终局登记"。在进行终局登记之后，当事人所要设立的物权即刻设立，所要变更、废止的物权即刻产生变更、废止的结果。在我国法律中，本登记包括首次登记、变更登记、转移登记、注销登记、更正登记、回复登记、涂销登记。

（2）预备登记

预备登记，是在本登记之前进行的登记，不具有终局、确定的效力，其主要目的在于保护权利人的登记请求权。故此，预备登记又被称为"暂时登记"。在我国法律中，预备登记包括异议登记、预告登记、查封登记。

5．设权登记与宣示登记

（1）设权登记

设权登记，又称设定登记，是指具有创设物权效力的登记。基于法律行为的不动产物权变动，例如因买卖合同、赠与合同、互易合同、他物权设立合同等法律行为而导致房屋所有权、建设用地使用权、用权等不动产物权设立、变更、转让或消灭的情况下，登记发生变动物权的效力。此种情况下，该登记系设权登记。

（2）宣示登记

宣示登记是指将已因法律行为之外的法律事实而发生的不动产物权变动记载入登记簿以向外界公示的登记。此种登记，本身既无设权登记那样具有创设物权的效力，也非如对抗登记那样产生对抗善意第三人的效力。然而，为确保不动产登记的真实与准确，基于连续登记之原则，宣示登记非常重要，如果不经过宣示登记，登记机构则无法为当事人处分不动产物权办理相应的处分登记。当事人此种处分行为，原则上也不会发生物权变动的效力。

6. 回复登记与涂销登记

（1）回复登记

回复登记是指当与实体权利关系一致时，因不当原因从登记簿上消灭的，对消灭的登记予以回复，以保持原有登记效力的登记。回复登记以恢复原有登记效力为目的，依原有登记消灭的原因，其分为灭失回复登记和涂销回复登记两种情形。

① 灭失回复登记是指在登记簿的全部或一部分因水灾、地震等原因而发生物理上的灭失时，予以回复的一种登记。灭失回复登记是对已灭失的登记的一种回复保存行为，不涉及新的权利关系的变动，故而其顺位并不发生变动，依原有登记而定。

② 涂销回复登记是指在登记的全部或一部分不适法地被涂销时，为使登记回复到涂销前的状态而为的一种登记。涂销回复登记与灭失回复登记一样，以维持登记的原效力为目的，是对错误登记的矫正。

（2）涂销登记

涂销登记是指在既存的登记中，基于原始的或者后发的理由而致登记事项全部不适法，从而消灭这一登记的记载行为。涂销登记是以消灭原有的登记事项为目的的一种登记。涂销登记以登记事项全部不适法为必要条件，如果仅仅是部分不适法，则进行更正登记或变更登记即可，无须进行涂销登记。

（二）不动产登记的内容

不动产登记簿并非普通的财产记录，不是所有关于不动产的信息都要在登记簿中加以记载。只有那些对实现法律建立不动产登记制度的目的有重要意义的事项，才需要在登记簿上加以记载。我国现行的不动产登记簿记载的事项分为以下三大部分：

1. 自然状况部分

不动产登记簿的自然状况部分也称不动产的标示部分，这一部分主要是用来记载土地、海域、房屋等不动产的自然状况。自然状况部分主要涉及土地坐落、界址、面积、宗地号、用途和取得价格等；地上建筑物编号、房屋坐落、所在建筑物总层数、建筑面积、规划用途、房屋结构、房地产平面图等。

2. 权利状况部分

不动产登记簿的权利状况部分主要用于记载不动产上的各种物权变动及引发物权变动的法律事实等内容。权利状况部分包括记载所有权人、取得原因等信息的"所有权部分"，记载用益物权的主体、类型、内容、期限等信息的"用益物权部分"，记载担保物权的主体、内容等信息的"担保物权部分"以及记载租赁权等债权内容的"债权部分"。

3. 其他事项部分

不动产登记簿的其他事项部分记载自然状况、权利状况以外的依法应当记载的事项，即限制、提示及其他事项。具体来说，就是记载预告登记、异议登记、查封登记等内容。记载涉及预告登记权利人和义务人、身份证号码、预告登记证明号、补换证情况；异议登记申请人、异议事项；查封机关、查封文件及文号、查封时间、查封期限、解除查封文件及文号、解除查封的时间；等等。

此外，在每个不动产权利登记簿页和限制、提示事项簿页下都设置了"附记"栏，用于记载相应的其他事项。

（三）不动产登记的基本原则①②

不动产登记的基本原则指的是不动产登记机关在实施登记行为的过程中应

---

① 武立宏. 不动产登记法律制度要论［M］. 北京：中国政法大学出版社，2015.

② 国土资源部政策法规司，国土资源部不动产登记中心. 不动产登记暂行条例释义［M］. 北京：中国法制出版社，2014.

遵循的基本原则。要使我国的不动产登记能够保证登记簿的真实性、准确性与完整性，就一定要明确不动产登记的基本原则，并通过具体法律法规加以实施。

1. 申请原则

申请原则是不动产登记的基本原则，是指除法律、行政法规另有规定外，在进行不动产登记时，首先应由不动产登记的当事人、受益人或涉及的机关提出登记申请，登记机构只能依当事人的申请进行登记。当事人没有申请不动产登记的，登记机构不得主动登记。一方面，当事人的申请是启动登记程序的主要原因，同时当事人的申请也界定了登记机构的活动范围，登记机构不得超越该登记申请范围从事活动，否则就会导致虚假登记、错误登记。另一方面，当事人的登记申请决定了登记先后的顺序，该申请的生效时间点对于登记机构在决定同一不动产上的多个登记的顺序时具有拘束力。在登记完成即记载于不动产登记簿前，当事人可以向登记机构申请撤回登记申请，登记机构不得拒绝。

2. 连续登记原则

连续登记原则是指每一项权利的拥有人在处分权利时都要以先前的理由为依据，也就是说一项权利的登记与否取决于权利的移转人事先是否已经登记。通过连续在登记簿上登记，权利人之间形成了权利链条，从而保证交易的纯洁性。

3. 先登记原则

先登记原则是指不动产未办理所有权首次登记的，除法律另有规定外不得办理变更登记、转移登记、注销登记及不动产其他类型登记；因处分不动产而申请相应的处分登记的，被处分的不动产权利应当已经登记。该原则要求那些因登记而使其权利被涉及之人必须是其权利已在登记簿上加以记载之人。

4. 一体登记原则

一体登记原则要求土地使用权、海域使用权的权利主体与其上的建筑物、构筑物、森林、林木的权利主体保持一致。土地使用权、海域使用权首次登记、转移登记、抵押登记、查封登记的，该土地、海域范围内符合登记条件的房屋等建筑物、构筑物所有权和森林、林木等定着物所有权应当一并登记。房屋等建筑物、构筑物所有权和森林、林木等定着物所有权首次登记、转移登记、抵押登记、查封登记的，该房屋等建筑物、构筑物和森林、林木等定着物占用范围内的土地使用权、海域使用权应当一并登记。

5. 严格管理原则

严格管理原则主要是指登记工作应当严格管理。一是要保证登记结果的准确性。因为不动产登记涉及所有的自然人、法人和其他组织，不动产是其最重要的财产，登记结果会对所有的自然人、法人以及其他组织产生重要影响。二是不得随便改变登记结果。不动产权利一经登记，不履行严格的程序，不得擅自改变登记结果。

6. 稳定连续原则

一是从保障不动产权利的角度出发，要求建立不动产统一登记制度后，不影响权利人行使权利。二是从行政管理角度出发，国家建立不动产统一登记制度，整合不动产登记职责，不影响各部门继续行使其权属管理、交易管理等法定职责，仅仅是将不动产登记职责整合到一个部门，通过建立不动产登记信息管理基础平台等方式，加强不动产管理相关信息的交流共享，并不影响各部门固有的其他管理职责，保持行政管理的稳定性。

7. 方便群众原则

方便群众原则是不动产登记的重要原则，也是在立法过程中所遵循的原则。这体现在：一是统一登记机构后，不动产权利人只需到不动产所在地的不动产登记机构办理不动产登记，不用再为了登记而跑多个部门；二是明确了需要登记的不动产权利类型，让不动产权利人明确知道有哪些权利是需要进行登记的；三是明确了登记程序，要求登记机构公开登记申请材料目录和示范文本等信息，让不动产权利人知道如何办理不动产登记；四是建立了不动产登记信息共享和查询制度，明确要求不动产登记机构能够通过互通共享取得的信息，不得要求不动产登记申请人重复提交。

（四）不动产登记的基本程序

不动产登记的基本程序是指不动产登记主体在不动产登记活动中所遵循的法定步骤和采用的相关手续。

1. 申请

不动产登记申请是不动产登记申请人向不动产登记机构提出的进行登记的请求。登记的启动程序依启动原因主要有三种方式：申请登记、嘱托登记和径行登记，其中申请登记是最主要的启动方式，一般来说，当事人不申请，登记机构不得办理登记，嘱托登记和径行登记属于例外。

不动产登记作为不动产物权变动的公示方法，主要是为不动产权利交易服务的，是交易双方关于权利变动的意思表示一致的外在表现。这就要求双方就权利变动达成意思表示的一致，而这种意思表示的一致在登记程序中就体现为共同申请。不动产登记申请以共同申请为原则，单方申请为例外。除一些法定的可以单方申请的情形外，其他情形均需当事人共同申请。其中涉及第三人的，还应该征得第三人的意见。

2. 受理

受理是登记机构对符合条件的登记申请予以接受的行为。受理的过程实际上相当于初步审查。初步审查是指登记申请人提交登记材料后，不动产登记机构对登记申请进行审查，确定是否受理申请人提出的不动产登记申请。在这一环节中，登记人员需要对申请材料进行形式上的审查，包括申请登记事项是否属于本登记机构职责范围、材料是否齐全、是否符合法定形式。通过这一程序，登记机构可以提前将那些明显不合法的登记申请排除，大大减轻其后的审查环节的工作量。登记申请有下列情形之一的，不动产登记机构应当不予登记，并书面告知申请人：一是违反法律、行政法规规定的；二是存在尚未解决的权属争议的；三是申请登记的不动产权利超过规定期限的；四是法律、行政法规规定不予登记的其他情形。

初步审查合格后，登记机构应当接受申请人申请，并根据有关规定收取登记费用。在不动产登记过程中，不动产登记机构为了维持登记程序的正常运转需要支出一定的费用。不动产登记收费不仅与每一个不动产权利人的切身利益息息相关，而且与其他不动产登记的核心制度相互关联制衡。明确不动产登记收费标准直接关系到不动产登记机构的工作形象和公信力，对防止权力寻租、规范不动产登记中的收费行为具有重要意义。

3. 审核

不动产登记机构受理申请人提出的登记申请后，为了最终作出予以登记或者不予登记的决定，需要对申请登记的事项进行进一步的审核。根据登记机构审核的程度不同，大致可将登记分为形式审查和实质审查两种情况。形式审查是指对登记的申请材料只进行形式上的审查，至于登记申请材料上记载的权利事项是否真实及有无瑕疵，则不予过问。而实质审查是指登记机构不仅应对当事人提交的申请材料进行形式要件的审查，而且应当负责审查申请材料内容的真实性、合法性，甚至要审查登记事项的基础法律关系。现行法律法规或规范性文件都没有规定我国实行实质审查或者形式审查。但无论实质审查还是形式审查，都必须保证登记结果的准确性。

4. 登簿

登簿是指不动产登记机构将符合登记条件的登记事项在登记簿中予以记载的行为。不动产登记簿是物权归属和内容的根据，是登记结果的法律存根，登记事项自记载于不动产登记簿时完成登记，意味着不动产权利得到确认，也意味着该不动产将发生物权法律效力。因此，登记人员在对登记材料审查合格后，应当及时将登记事项记载于登记簿。

5. 颁证

我国实行的是不动产登记发证制度，不动产登记机构除在登记簿上对登记事项进行记载外，还需向不动产权利人颁发由国家统一印制的不动产权属证书或者发给登记证明。原因在于以下三个方面。一是可以证明不动产登记机构完成了登记行为，是登记程序终结的标志。二是可以直接证明权利人对相应不动产享有的权利。登记簿册由登记机构保存，权利人查阅、复制都要依法定程序向登记机构提出申请，不便于权利人快速直接地证明对不动产享有的权利，不利于充分实现权利人的财产权利。不动产登记机构向登记申请人发放的不动产权属证书或者登记证明由登记申请人保管，在需要证明不动产权利状况时可以直接出示，便利了不动产权利交易。三是可以起到保障登记活动安全的作用。向登记申请人发放相应的不动产权属证书或者登记证明，可以防止登记机构及其工作人员擅自对登记簿的内容进行篡改。

三、不动产统一登记问题探讨

（一）我国不动产登记制度存在的问题

1. 法律支撑仍需完善

当下，我国关于不动产登记的法律、法规、地方规章种类繁多，与不动产登记的新形势、新任务、新需求相比，这些法律制度体系还存在不明确、不适应、难操作的问题。一是相关法律法规存在矛盾冲突，法律法规之间尚未理顺，相互之间多有重叠，给不动产统一登记带来困难。二是地方配套法规存在模糊点和空白点。一些地方不动产登记管理法规和政策不够细化，缺乏统一的具体标准和问题处理指引，部分业务缺乏统一的审核依据和标准，极大降低了不动产登记的效率，亟须进一步修改完善和明确细化。

2. 不动产登记平台不统一

进行不动产统一登记，不仅需要整合各个部门和机构的职能，也要汇总整合相关的登记平台数据信息。但目前不动产统一登记信息平台的建立和开发上还存在技术不协调的现状，表现在整合数据、整合业务流程以及整合信息系统等方面不够全面、快捷和实用，阻碍了各个部门共享不动产登记相关数据信息，同时给群众查询办理不动产登记、查询不动产登记信息带来了困难。

3. 登记效力不明确

所谓不动产登记的效力，是指登记这一法律事实所产生的法律后果，即对当事人产生的实际作用。目前我国登记效力不区别不动产物权变动的原因。不动产登记只规定了一些比较单一的法律效力，没有登记与登记了之间的法律效力差别体现得十分明显，但是很多其他情况没有十分细致地考虑在内，在处理相关问题时找不到相关的制度依据或者是法律依据，在解决一些纠纷时不能准确地进行判断。

4. 登记范围偏窄、不明确

目前，我国不动产登记的适用范围不够广泛。在内容的请求权上，我国法律法规对不动产登记的要求限制在对不动产物权进行转变、设立或取消的范围。实际上，关于不动产登记的适用领域绝不仅限于这一个方面，只是现阶段法律法规对其他内容予以排除，这样就会导致我国不动产登记的适用范围比较狭窄。此外，我国也有不动产登记范围不明确的情况，导致相关部门在制定具体的物权登记规则时不能明确登记的对象，缺乏具体的法定形态做依托。

（二）我国不动产登记制度完善的对策

1. 健全不动产登记法律法规

形成健全的不动产登记法律体系，积极开展不动产登记立法，紧跟时代需求，出台新的法律规范，对物权的设立和变动情况进行精准反映，对相左的、旧的法律进行更替，以此维护当事人正当权益，规范交易秩序，保障交易安全，提高不动产登记效率，促进不动产登记的长效发展。

2. 利用信息技术实现不动产登记智治

加强信息化建设，实现基础数据、采集标准、转换规则、业务和服务平台的全面统一。依托现代网络信息技术，建立统一不动产登记平台，建立数据库，对不动产登记有关的信息、数据进行汇总、整合和更新，确保其真实性与准确性，实现各个部门不动产登记信息共享，为整个不动产登记的管理、调控与交易提供有效的信息和数据，提高不动产登记工作的准确性和有效性。

3. 明确登记效力

区别不动产物权变动的原因，规定不同的效力。对于法律行为取得、设立、丧失及变更不动产物权的，实行登记生效主义，非经登记，不发生不动产物权变动的效力；对于因非法律行为取得、设立、丧失及变更不动产物权的，则不以登记为生效要件，但在登记之前不得处分已取得的不动产物权。

4. 明确不动产登记范围

不动产的登记制度中，物权的登记效力作为其核心，必须明确登记的范围。规范不动产的范围，与物权有重大影响的信息都可以纳入登记的范围。除建立强制登记外，还可以考虑借鉴契约登记主义的自愿登记制度，允许当事人自愿将某些信息进行公示并赋予其相应的法律效力。总之，在未来的不动产登记法中，应当进一步扩大登记的范围以便加强登记在公示和维护交易安全方面的强大功能。

四、案例分析①

案例 1

被预查封的房屋竣工后可否办理首次登记?

A 公司修建了 10 幢厂房,房屋竣工前,因债务纠纷,债权人在起诉前,申请人民法院对该公司实施财产保全措施,人民法院遂对在建中的 10 幢厂房实施预查封。预查封期间,10 幢厂房竣工,A 公司持用地、规划、竣工等手续向登记机构申请房屋所有权首次登记。试问:登记机构可否应 A 公司的申请,为其办理房屋所有权首次登记?

分析:

(1) 查封、预查封只对因处分房屋产生的登记起限制作用。依《中华人民共和国民事诉讼法》第一百零三条规定,利害关系人因情况紧急,为了使自己的合法权益得到充分保障,在起诉前,可以申请人民法院对对方实施财产保全。据此可知,查封或预查封是财产保全措施。在司法实务中,《最高人民法院、国土资源部、建设部关于依法规范人民法院执行和国土资源房地产管理部门协助执行若干问题的通知》(法发〔2004〕5 号)第二十二条规定,国土资源、房地产管理部门对被人民法院依法查封、预查封的土地使用权、房屋,在查封、预查封期间不得办理抵押、转让等权属变更、转移登记手续。概言之,为了保护利害关系人的合法权益,因人民法院采取诉前财产保全措施而被查封或预查封的房屋,当事人申请因处分房屋产生的抵押权登记、房屋所有权变更(转移)登记时,登记机构不能办理。本案中,按《物权法》第三十条规定,A 公司合法修建的 10 幢厂房,自厂房竣工时起,A 公司无须登记即依法、即时取得了此 10 幢厂房的所有权,该公司申请的是房屋所有权首次登记。《不动产登记暂行条例实施细则》第二十四条规定,不动产首次登记,是指不动产权利第一次登记。据此可知,房屋所有权首次登记,是指登记机构应权利人的申请,将满足登记条件的房屋所有权第一次记载在房屋登记簿上的行为。因此,首

---

① 刘守君. 不动产登记典型案例剖析 [M]. 成都:西南交通大学出版社,2019.

次登记不是处分房屋所有权产生的抵押权登记、所有权变更（转移）登记，故 A 公司为 10 幢被预查封的厂房申请的房屋所有权首次登记不受预查封的限制。

（2）被预查封的房屋竣工后，应权利人的申请，登记机构可以为满足登记要求的房屋办理首次登记。《最高人民法院、国土资源部、建设部关于依法规范人民法院执行和国土资源房地产管理部门协助执行若干问题的通知》（法发〔2004〕5 号）第十六条规定，土地、房屋权属在预查封期间登记在被执行人名下的，预查封登记自动转为查封登记，预查封转为正式查封后，查封期限从预查封之日起开始计算。质言之，即使登记机构在登记簿上做了预查封登记的，在预查封期间，房屋竣工后，应权利人的申请，在满足登记条件的前提下，登记机构也可以为其办理房屋所有权登记，房屋所有权登记完成后，登记簿上记载的预查封登记自动转为查封登记。在不动产登记实务中，《不动产登记操作规范（试行）》4.8.2 条之 9 规定，不动产被依法查封期间，权利人处分该不动产申请登记的，不动产登记机构不予登记。据此可知，不动产被查封期间，申请人申请因处分不动产产生的登记的，登记机构不予支持。申言之，不动产被预查封期间，申请人申请非处分不动产产生的登记的，登记机构应当支持。概言之，未竣工的房屋虽然被人民法院预查封，但房屋竣工后，权利人申请的首次登记，满足登记要求时，登记机构应当办理。因此，本案中，A 公司为 10 幢被预查封的厂房申请的房屋所有权首次登记，在满足登记条件时，登记机构应当办理。

案例 2

继承人放弃继承权是否须经过其配偶同意？

A、B 是兄弟，其父母去世后，兄弟俩按法定继承程序继承遗产，但 B 以公证书的形式声明放弃其对父母遗产的继承权。尔后，A 持该公证声明及其他必须材料向登记机构申请因继承产生的房屋所有权和房屋占用范围内的国有建设用地使用权转移登记。登记人员告知 A：须补充 B 的配偶同意他放弃继承权的书面证明。试问：继承人放弃继承权是否须经其配偶同意？

分析：

（1）继承权不是继承取得的不动产权利。继承权，是指自然人死亡时，其法律规定范围内的亲属，基于法律的规定或者死者生前立下的合法、有效的遗嘱指定，享有的取得死者遗留的合法财产的权利。继承取得的不动产权利，是指继承人因行使继承权而取得的死者遗留的不动产的权利。按《中华人民共和国继承法》（以下简称《继承法》）① 第二条规定，继承从被继承人死亡时开始。按《物权法》第二十九条规定，继承人享有继承权后，在此基础上才可以因继承取得被继承人遗留的不动产权利。据此可知，继承权是继承人因继承取得不动产权利的前提，继承取得的不动产权利是继承人行使继承权的结果。换言之，继承权产生在先，因继承取得的不动产权利生效在后。概言之，继承权和因继承取得的不动产权利是继承人依法享有的不同的民事权利，且继承权与因继承取得的不动产权利在顺序上是有先后的。因此，本案中，B放弃的是其应当享有的继承权，而非其基于继承权取得的房屋所有权和房屋占用范围内的国有建设用地使用权。继承人放弃其应当享有的继承权后，丧失了基于继承权取得父母遗留房屋所有权和房屋占用范围内的国有建设用地使用权的前提。

（2）继承人放弃继承权无须经其配偶同意。《继承法》第十条规定："遗产按照下列顺序继承：第一顺序：配偶、子女、父母。第二顺序：兄弟姐妹、祖父母、外祖父母。继承开始后，由第一顺序继承人继承，第二顺序继承人不继承。没有第一顺序继承人继承的，由第二顺序继承人继承。本法所说的子女，包括婚生子女、非婚生子女、养子女和有扶养关系的继子女。本法所说的父母，包括生父母、养父母和有扶养关系的继父母。本法所说的兄弟姐妹，包括同父母的兄弟姐妹、同父异母或者同母异父的兄弟姐妹、养兄弟姐妹、有扶养关系的继兄弟姐妹。"质言之，与被继承人有血缘和身份关系的人才具有继承人的资格。继承人的配偶只与该继承人有身份关系，属于该继承人的继承人范围，但与该继承人的父母无血缘和身份关系，故该继承人的配偶不具有其父母的继承人资格，亦无继承权。本案中，B的配偶不是B的父母的继承人，自然没有继承权。

---

① 《继承法》已于2021年1月1日废止。

如前所述，继承权是基于血缘和身份关系取得的权利，它是专属于继承人的，有别于在其基础上取得的被继承人遗留的不动产权利。按《继承法》第二十五条的规定，继承权的放弃须由继承人作出意思表示，因此，继承人放弃继承权只需自己同意，无须经他人许可。据此可知，本案中，登记人员要求 A 补充 B 的配偶同意 B 放弃继承权的书面证明的做法是不正确的。

【复习思考题】

1. 简述中国土地产权体系的构成。

2. 简述中国现行土地征收的流程。

3. 思考未来中国征地管理的改革空间。

4. 简述不动产统一登记的基本原则。

5. 试评述不动产统一登记管理的意义。

第三章　土地利用管理专题

　　土地资源是人类赖以生存和发展的重要物质基础，是支撑高质量发展、实现中国式现代化的重要保障。随着我国经济发展空间结构的日益变化，在区域发展协调性持续增强的同时，也出现了区域分化的现象，大城市病和"收缩城市"并存，耕地"南减北增"趋势加剧。由此，自然资源系统必须把优化国土空间格局作为一项长期战略，整体谋划土地利用管理策略，统筹人口分布、经济布局、国土利用、生态环境保护，科学布局生产空间、生活空间、生态空间，更好支撑高质量发展。党的二十大报告强调，要构建优势互补、高质量发展的区域经济布局和国土空间体系；要全方位夯实粮食安全根基，全面落实粮食安全党政同责，牢牢守住十八亿亩耕地红线，逐步把永久基本农田全部建成高标准农田，确保中国人的饭碗牢牢端在自己手中。基于以上背景，本章拟从土地利用管理的视角切入，详细阐释国土空间管控与用途管制、土地利用计划管理、耕地保护、土地节约集约利用管理、城乡建设用地增减挂钩管理等内容。在明确土地利用管理原则的基础上，使学生深入理解国土空间管控与用途管制的设立、运行与转型的过程与逻辑，厘清规划与市场的关系，并强化学生关于耕地保护的意识，教授学生土地利用管理的现实模式与实践原理，既是本章教学的重点也是难点。

第一节　土地利用管理概述

一、土地利用管理内涵

土地利用管理是土地管理最基本的组成部分，是指从国家全局利益出发，根据国民经济和社会发展的需要，依据土地的自然特点和地域条件，从全生命周期角度对土地资源的配置、开发、利用、整治和保护所进行的计划、组织、控制等管理工作的总称，包括国土空间规划与用途管制，土地的计划、审批、整治与监管保护等。现阶段，土地利用管理的核心已从土地要素数量、质量管理深化为数量、质量、生态"三位一体"管理，并由原来的注重建设用地利用管理转变为注重生态空间、农业空间、城镇空间、海洋空间、地下空间等统筹利用和"山水林田湖草沙"全要素的全域综合管理。

土地作为公共物品，其利用过程中存在外部性与社会性，由于自然、社会经济以及人们的认识水平等，土地利用中常常会出现各种不合理的现象。为了将这些不合理的现象控制在最低限度，就必须按照预定目标和客观规律，对土地的开发、利用、整治和保护进行管理。土地是一个由自然、经济、社会三层次构成的空间立体系统，其利用管理需要遵循系统思维，加强对"山水林田湖草沙"生命共同体和国土空间的统筹治理。这就要求人们在土地利用管理过程中从系统工程和全局角度寻求新的治理之道，不能头痛医头、脚痛医脚，各管一摊、相互掣肘，而是通过要素统筹、整体施策、多措并举的综合性系统手段，打通地上和地下、陆地和海洋、城市和农村等空间，对山水林田湖草进行统一保护、统一修复，推动国土空间治理能力现代化。

土地开发是指通过对土地投入活劳动和物化劳动，一方面将未利用的土地改变为可利用的土地，使潜在的土地功能发挥出来，另一方面是对已利用土地进行再开发，使低效利用的土地变为高效利用的土地，提高土地利用的集约化程度和利用水平，或使土地由一种利用状态转变为另一种利用状态。土地整治是指通过生物、工程措施，克服土地原有的某些缺陷，改善土地的质量，以提高其利用潜力，如平整土地、改良盐碱地、治理水土流失等。土地保护是指为防止土地乱占滥用和防治土地退化、破坏、污染等采取的各种保护措施，以使土地能够永续利用。

二、土地利用管理原则与目标

（一）土地利用管理原则

1. 正确处理国家、集体、个人之间关系的原则

土地利用管理必须以土地公有制为根本原则，正确处理好国家、集体以及个人之间的关系，应遵循以下三个方面的具体要求。

首先，要保护土地所有者和土地使用者合法权益。在我国，土地财产权主要包括土地所有权、土地使用权和土地承包经营权等，国家、集体、个人分别为不同权利主体，且土地财产权一经依法取得，其合法权益就应受法律保护，因此，在土地利用管理过程中，要保障各土地产权主体的合法权益不受侵害。

其次，正确处理中央与地方、土地所有者与土地使用者之间的利益分配关系。土地利用管理涉及各行各业、各个部门，涉及公民、法人、经济组织和社会团体。土地利用管理必须正确处理好这些关系，既要保护国家利益不受损失，又要保证集体、当事人的产权利益。

最后，土地利用管理需要强化以人为本的意识。无论是土地征收、土地收回、闲置土地处置，还是城乡建设用地增减挂钩、集体建设用地使用权流转、土地承包经营权流转等，都必须把维护好、发展好、实现好最广大人民群众的利益放在突出的位置。

2. 坚持生态、经济和社会效益统一的原则

土地利用管理要协调保护生态资源、保持经济发展、保障社会稳定三者之间的关系。

首先，在土地利用过程中，要强调生态保护优先的原则。要用生态安全的评价指标去衡量土地利用规模、结构、强度、方式、结果是否符合保护和改善生态环境的需要，现实中的土地利用是否需要调整、转变，已被破坏的土地应当如何恢复重建，特殊景观、物种、地形地貌等应当如何保护，以此促进经济社会可持续发展。

其次，坚持土地有偿使用的原则。在社会主义市场经济条件下，土地具有资源和资产的双重属性，土地作为一种特殊的商品进入市场流通，实行土地有偿使用，有利于理顺土地所有者和土地使用者之间的经济关系，有利于合理利用土地，发挥土地的经济价值，促进土地资源的优化配置。

最后，土地利用管理应注重经济与社会协调发展。这就要求推进各地各业平衡发展，而不是重城市轻农村、重工业轻农业、重发达地区轻落后地区的畸形发展；要追求土地资源节约集约可持续地发展，而不是盲目、粗放浪费地外延扩张；要保障国家粮食安全，严守耕地红线，而不是无限制地开发建设用地；要维护群众利益和谐地发展，而不是引发矛盾、影响稳定的无序发展。

3. 依法、统一、科学地管理土地利用的原则

实施土地利用管理应遵循依法、统一、科学的原则，促进土地资源的合理分配。

首先，土地利用管理应坚持法制原则，严格法律监督，确保依法管理土地，遵循《土地管理法》等法规，做到有法可依、有法必依、执法必严、违法必究。

其次，需坚持城乡、区域、不同用途土地的统一管理，将全国土地视为整体进行统筹，确保各层级管理部门目标一致、有效衔接。通过合理分工与密切合作，构建协调统一的管理结构，以土地功能最大化推动区域经济的和谐发展。

最后，实施土地利用管理应具有前瞻性和科学性。一方面，要对土地资源数量、质量、结构变化趋势以及土地供求关系变化等做出正确的预测和判断；另一方面，要注意根据土地利用的自然规律和经济规律，采用科学的方法和技术利用土地、管理土地。

（二）土地利用管理目标

土地利用管理是一种政府行为，是政府为保障社会整体利益和长远利益、为消除土地利用中的相互干扰与不利影响、为协调好土地利用中的各种矛盾而对土地利用活动进行的干预。政府作为土地利用管理的主体，其设定的土地利用管理的目标兼顾经济效率、分配公平、社会发展、供给保障和环境质量等多个方面。

1. 经济效率

土地利用作为一种经济活动，必须满足一定的经济效率。效率是指资源的有效使用与有效配置，即资源是否在不同生产目的之间得到合理配置，最大限度地满足人们的各种需要。土地资源的有效或优化配置应该遵循帕累托最优效率准则，即在不使任何人境况变坏的情况下，不可能再使某些人处境变好的一种资源配置状态。

2. 分配公平

土地利用管理的分配公平是指社会各阶层、各部门、各成员在土地利用管理中能获得公平的对待，其主要内容包括地权占有的公平和土地收益分配的公平，如建设城乡统一的建设用地市场，公平合理地进行土地增值收益分配。此外，分配公平不仅出现在当代人之间，也出现在当代人和后代人之间，当代人福利的增加不应以牺牲后代人的利益为代价，因此，在土地利用过程中也应注意保障后代人的利益。

3. 社会发展

土地利用管理要有利于社会的发展，要为社会公益事业和社会基础设施建设，以及创造就业机会等提供良好的土地利用保障，为社会的文明进步创造良好的条件。满足基础设施建设和公共服务对土地的需求，既是土地利用管理的基本目标之一，也是政府干预土地利用的理由之一，主要体现在耕地的利用与保护、生态环境的建设与保护，以及呈现区域整体利益的公共基础设施建设等方面。

4. 供给保障

土地利用管理的供给保障目标就是在保证现今与将来人口生存和发展的基础上，在土地供给总量的自然极限范围内，按照"一要吃饭，二要建设，三要保护环境"的方针，为社会发展的各种土地需求提供土地。土地利用的根本目的在于满足人们的各种需求，但是由于土地资源的有限性，需要在综合考虑土地的各种供需关系的基础上，合理地以供给来制约与调节需求，以实现土地利用的供需平衡。

5. 环境质量

土地利用管理的环境质量目标就是通过土地利用管理保证一定数量的绿地，

控制土地利用强度，防止土地的沙漠化、盐渍化和水土流失，防止建筑物与人口的过度拥挤，合理地确定土地利用布局，避免土地利用的相互干扰和土地污染等。由于市场机制本身的缺陷，土地使用者在用地过程中可能会过度利用土地，影响环境质量。只有通过政府的管理，控制土地利用强度、调节土地利用结构布局，才可避免环境质量下降。

由此可见，土地利用管理的目标是多元化的，而非单一的，在不同历史时期、不同的社会经济条件和资源条件下，其所要实现的侧重点不同。在任何时期、任何条件下，土地利用管理的目标虽然可以侧重于某一方面，但都必须兼顾到其他目标的要求①。

第二节　国土空间管控与用途管制

一、国土空间用途管制概述及制度演变

（一）国土空间用途管制内涵

国土空间用途管制是对自然资源和建设活动的载体进行用途管制，一般通过编制国土空间规划，逐级规定各类农业生产空间、自然生态空间和城镇、村庄等建设空间的管制边界，直至具体地块、海域的用途和使用条件，以此作为各类自然资源开发和建设活动的行政许可、监督管理的依据，要求并监督各类所有者、使用者严格按照国土空间规划所确定的用途和使用条件来利用国土空间。

国土空间用途管制源于土地用途管制，涉及规划、实施、监督三项核心职责。与土地用途管制制度相比，国土空间用途管制涉及的资源类型更多，不局限在以耕地保护为核心的农用地转用，而是要扩展到以生态保护红线划定为重点的河流、湖泊、地下水、湿地、森林、草原、滩涂、岸线、海洋、荒地、荒漠、戈壁、冰川、高山冻原、无居民海岛等各类自然生态空间以及城乡建设区

---

① 陆红生. 土地管理学总论（第六版）[M]. 北京：中国农业出版社，2015.

域，或者更直接地说，不仅要管制各类自然资源的空间载体，还要实现对各类开发建设活动的空间管制。在原本意义上，土地利用具有很强的负外部性，而且具有多功能性或者说多用途性，为了实现整体利益的最大化和保障公共利益，要实现土地用途管制。但不少自然资源的利用并不具有多功能性以及很强的负外部性，例如铜矿的用途是确定的，森林的用途也是基本确定的，如此等等。未来如何将土地用途管制更科学地拓展到国土空间用途管制，还需要做更深入细致的研究。

（二）国土空间用途管制制度演变历程

1949 年以来，我国国土空间用途管制制度从无到有，先后经历基本空白、建设用地规划许可出现、土地用途管制确立、多部门参与、统一用途管制探索和实现等五个阶段①。

1. 初始阶段（1949—1983 年）：用途管制制度萌芽前的空白期

在 1949 年初期至 1983 年间，我国国土空间管理处于初步探索阶段。1949 年至 1954 年间，土地管理由内务部地政司集中负责，但随着土地改革的推进，管理权逐渐分散至各相关部门。1954 年后，城市与农村土地管理分别由城市建设部、农垦部及农业部接管，直至 1982 年国务院机构调整，中华人民共和国城乡建设环境保护部与中华人民共和国农牧渔业部的成立标志着管理力度的加强，但此时尚未形成系统的国土空间用途管制制度。

2. 发展初期（1984—1997 年）：规划许可与海域使用制度的建立

此阶段以建设用地规划许可和海域使用管理的制度化为标志。1984 年《城市规划条例》的出台，奠定了城市规划区内建设用地许可制度建立的基础。随后，《中华人民共和国城市规划法》于 1990 年正式施行，确立了"一书两证"的规划管理体系。同时，1993 年《国家海域使用管理暂行规定》的发布，初步构建了海域使用证及有偿使用制度，标志着海域管理进入新阶段。

3. 制度确立期（1998—2007 年）：土地用途管制的正式形成

1998 年《土地管理法》的修订，首次明确提出国家实行土地用途管制制

---

① 林坚，武婷，张叶笑，等. 统一国土空间用途管制制度的思考［J］. 自然资源学报，2019，34（10）：2200－2208.

度，标志着我国土地用途管制制度的正式确立。进入 21 世纪后，住房和城乡建设部（原建设部）通过一系列城市线管理办法的出台，进一步细化了土地用途管制，并明确了禁建、限建、适建区的划分。同时，《海域使用管理法》的通过，完善了海域使用权管理制度，推动了海洋功能区划及海域使用权登记、有偿使用等制度的建立。此外，林业局与农业部也开始探索国土空间功能保护的新模式，城乡规划与土地督察制度相继实施。

4. 多元参与期（2008－2014 年）：多部门协同管理的兴起

面对区域发展不平衡、国土空间开发矛盾加剧等问题，可持续发展理念逐渐成为社会共识。2008 年《中华人民共和国城乡规划法》的实施，强化了城乡规划体系，特别是乡村建设规划许可证的核发，标志着"三区四线"与"一书三证"管理模式的形成。此后，多个部门依据各自职责或国家发展需要，编制并发布了多项规划，共同参与国土空间利用管理，如《全国土地利用总体规划纲要》与《全国主体功能区规划》的出台。

5. 统一管制探索与实践期（2015 年至今）

针对以往管理中存在的政出多门、矛盾频发问题，国家自 2014 年起启动了"多规合一"试点，并逐步向省级空间规划扩展，旨在构建统一的空间规划体系。2017 年，《自然生态空间用途管制办法（试行）》的实施，标志着用途管制范围扩展至所有自然生态空间，统一管制探索进入新阶段。2018 年国务院机构改革后，自然资源部的成立实现了国土空间用途管制的统一行使，通过规划编制、实施、监督等职能的整合，构建了具有中国特色的统一国土空间利用管理制度体系，旨在实现全域空间与全要素的高效协同管理，达成"合力共治"的目标。

二、国土空间用途管制运行环节与转型逻辑

（一）国土空间用途管制运行环节

1. 规划编制

规划编制是开展国土空间用途管制的第一步，国土空间规划是国土空间用途管制的依据，通过将所有国土空间分区分类实施用途管制。以往与用途管制相关的空间规划有土地利用总体规划、城乡规划等全局型规划以及针对各类自然资源的专项型规划。总体而言，各类规划基本采用"指标控制＋分区管制＋名录管理"的规划思路。以土地利用总体规划为例，在指标控制方面，严格控制耕地保有量、基本农田面积、新增建设用地总量等关键指标；在分区管制方面，划定"三界四区"分区；在名录管理方面，设置重点建设项目、土地整治区域等名录。此外，各类规划涉及的用途管制手段和实施成熟度差异大，土地利用总体规划、城乡规划成熟度高，林地保护利用规划、水功能区划、海洋功能区划次之，主体功能区规划、湿地保护规划、草原保护利用建设总体规划等尚无明确手段。

2. 实施许可

实施许可是依据法律规定和编制的空间规划，对国土空间开发行为进行行政许可，明确自然资源开发和建设活动的空间载体用途及使用条件。它是国土空间用途管制的主要执行环节，也是自然资源开发及载体使用权取得的前置审查环节，包括国土空间开发许可、用途变更许可等。开发许可通过设置空间准入条件，制定符合当前发展要求的开发利用与保护条件，对开发利用活动进行事前审查，对不符合空间规划预先确定用途的活动不予批准；用途变更许可通过严格把控审批条件和程序，限制国土空间用途改变，严格控制建设占用优质耕地和自然生态空间。

用途管制的实施主要通过行政审批许可和相应的制度设计实现。陆域建设空间的实施许可，主要依据土地利用总体规划和城乡规划，通过逐级、分类的规划编制，明确具体地块的国土空间用途及其使用条件，通过土地规划的用地预审和农用地转用许可、城乡规划的"一书三证"等政策工具来实施，涉及占用林地、草地等不同自然资源类型用地的，需要配合开展转用审批许可等手续；陆域非建设空间的实施许可，主要落实在有关资源产权确认的证明初审环节；海域空间利用的实施许可，通过实施海洋功能区划制度来保证。

3. 监督管理

国土空间用途管制监督管理，包括各类各级资源主管部门开展的日常巡查工作、对违法违规使用活动的执法督察以及采用现代信息化手段进行动态监测等。各类监管活动关注开发利用活动是否合法合规及对生态环境造成的影响，通过监管督察和行政处罚，对开发者各种偏离国家利益的倾向形成威慑，减少开发建设活动等对公共利益、生态环境的损害。以督察为例，较有代表性的包括：土地督察、城乡规划督察、草原督察、森林督察、环保督察、水资源督察、海洋督察等。这些督察制度虽然都是中央为加强对地方重点领域、重点问题的管控而设，但是不同的督察制度在职责权限、督察力度以及法律保障等方面大不相同，实施手段较为成熟、影响力较大的是环保督察、土地督察，其他督察制度有待加强。

（二）国土空间用途管制的转型逻辑

党的十八届三中全会通过的《中共中央关于全面深化改革若干重大问题的决定》明确提出"划定生产、生活、生态空间开发管制界限，落实用途管制"。2017年，原国土资源部印发《自然生态空间用途管制办法（试行）》，提出建立覆盖全部自然生态空间的用途管制制度，并选择6个省份开展试点。2017年，党的十九大报告明确要求对全部国土空间实行用途管制，并提出设立国有自然资源资产管理和自然生态监管机构，统一行使所有国土空间用途管制和生态保护修复职责。2018—2019年，中共中央、国务院先后颁布《关于统一规划体系更好发挥国家发展规划战略导向作用的意见》《关于建立国土空间规划体系并监督实施的若干意见》，要求"以国土空间规划为依据，对所有国土空间分区分类实施用途管制"。至此，传统的单一要素、分部门的土地用途管制开始向全域统筹的国土空间用途管制转型，国土空间用途管制的管理机构、管制依据和工具手段等顶层设计基本完成。从土地用途管制转向国土空间用途管制，必将给国家空间治理体系带来一系列深刻变化。这种变化不仅体现在相关法律的制定、修订等制度建设上，也体现在相关行政管理方式的改变上，以及各类市场主体土地利用行为和方式的转变。深刻地、准确地理解这种变化背后的技术逻辑变化，对于相关制度建设及行政规范的形成具有重要意义①。

---

① 张晓玲，吕晓. 国土空间用途管制的改革逻辑及其规划响应路径［J］. 自然资源学报，2020，35（6）：1261－1272.

1. 转型逻辑Ⅰ：单一地类保护向空间统筹转型，体现推进国家治理体系和治理能力现代化的目标导向

国土空间是生态文明建设的载体，国土空间用途管制制度是生态文明制度体系的重要内容。将土地用途管制制度转变为国土空间用途管制制度，意味着新时代国土空间用途管制将在"山水林田湖草生命共同体"理念的指导下，摒弃原有的各要素分部门管理、分别保护的割裂体制，通过推进所有国土空间全要素统一管控，强化山水林田湖草等各要素之间的内在联系，实现了系统化、整体化思路，满足了生态文明制度体系统筹兼顾、整体把握的总体要求。

国土空间用途管制集中体现了国土空间利用和治理过程中的国家意志，从单一地类重点保护转型为所有国土空间的统筹开发与保护，将原有的碎片化管控协同集成到统一的国土空间管制，耦合推进不同类型空间的"精明增长"与"精明收缩"。改革之后的国土空间用途管制制度更加科学、系统，不仅能够促进国土空间利用效率的提升，而且对政府效能提升、治理能力提升均将发挥重要作用。

2. 转型逻辑Ⅱ：地类管制向空间管控转型，实现所有国土空间全要素统一管控

土地用途管制制度重点突出对农用地（耕地）的保护，以新增建设用地为主要管控对象，重点管控农用地（耕地）地类向建设用地的转换。因此，土地用途管制实施大都以地类为管控单元，而地类具有相对单一性和排他性，即同一地类上，一般不会有其他地类。但国土空间用途管制中，"空间"属于功能空间。一般而言，"空间"具有功能的复合性，即同一个"空间"可能会具有多个功能，同时表现在地类上，也有可能是多种地类的组合。

因此，如果把土地用途管制概括为管控某两个地类之间的转变，那么，国土空间用途管制则需要调整不同功能空间之间的转变。新时代落实国土空间用途管制，要通过对生态空间、农业空间、城镇空间等不同类型空间的准入、退出，以及用途转换的管控与引导，以要素协同为抓手、以功能整体优化为目的，推进国土空间要素配置不断优化，从而逐步科学、适度、有序地实现向"山水

林田湖草"系统治理的转型、向所有国土空间以及各类建设与保护边界的全域统筹转型。

3. **转型逻辑Ⅲ：指标传导为主向指标与分区相结合转型，完善国土空间用途管制的空间传导机制**

从逻辑上来看，从宏观到微观，空间性规划自上而下传导主要通过两种类型方式：一类是规模与结构类方式，即通过相关指标控制的规模及结构，体现对国土空间开发利用保护形成的数量特征；另一类是空间布局与形态类方式，即对特定要素除有规模、结构等数量要求之外，还要在空间布局及空间形态上提出一定的要求。同时，为了针对规划范围内不同地区的空间差异问题以及更好地体现政策上的针对性，一般采取分区管控和引导。如前所述，土地利用规划在空间传导过程中，偏重指标控制方式，即规模控制，取得了很好的实践效果，但在空间布局与空间形态方面传导机制不健全。这是在新时代构建国土空间规划体系、实施所有国土空间用途管制的过程中值得借鉴的。因此，完善空间传导机制需要从以下三方面着手。

一是面向国土空间开发保护设立管控指标体系，并在规划编制中逐级分解下达，作为下位规划编制的约束条件。要坚持底线思维，将国家确定的重大战略和全局性资源保护要求逐级传导到底层实施性规划，下位规划要在国土空间开发利用和保护的规模、结构方面服从上位规划的强制性要求。

二是除自上而下进行指标管控之外，还应重视从空间布局、空间形态的角度来强化自上而下的空间传导，构建以"指标＋分区"为主体的空间传导机制。上位规划对下位规划应在空间布局与形态上提出明确要求，这类要求可以通过规划分区及其差异化政策来体现，包括底线管控性的强制要求，也包括鼓励引导性的政策导向。地类管制向空间管控转型的同时，面对多地类、多层级的国土空间转换问题，要在明确国土空间的功能复合性、空间嵌套关系的基础上，明确分区原则与技术方法，在宏观上进行主导功能分区，在中微观层面明确各类自然资源要素与空间功能的交互耦合关系，进而提出空间准入与退出规则，构建国土空间开发利用与保护的鼓励、引导与约束机制。

三是要通过指标与分区相结合对下位规划综合施策，避免指标分解下达与分区管控分头运行。一方面，把规模指标及相关结构比例作为区域差别化的重要抓手；另一方面，把空间布局与空间形态作为指标规模及结构的重要补充，二者互动，上下衔接，形成有效的空间传导机制。

4.转型逻辑Ⅳ：底线约束向底线约束与激励引导并重转型，构建面向全过程、多样化的管制规则体系

土地用途管制的重点是对非农建设占用耕地行为的管控和规范，在逻辑上是对"不能做什么"做出明确规定，属于底线约束类的管控。在实践中，这种刚性管控很难协调地方政府、农户、企业等各类主体的权益关系，难以对丰富多样的土地利用行为做出有效规范。新时代落实国土空间用途管制，要面向人类土地利用活动丰富多彩、利益主体多样、利益关系复杂的复合视角，提出科学有效的国土空间分类、分区、指标、强度、权利等具体管制内容，形成全面系统地约束或引导各类国土空间开发利用与保护行为的管制规则。在底层规划中，要结合国土空间功能多元化、国土空间开发利用方式多样化、产业业态与利益主体多元化等现实情况，构建底线约束与激励引导有机融合，体现鼓励、限制与禁止等多元导向的管制规则体系。除了规定"不能做什么"，还应回答"可以做什么""可以怎么做"等问题，为国土空间开发利用活动提供更多的选择性，形成刚柔并济的管制规则体系。

三、国土空间用途管制的规划响应路径

基于土地用途管制制度的经验教训及新时代生态文明建设的新要求，国土空间用途管制制度建设，将形成以国土空间规划为龙头和依据、以涉及国家生态安全和粮食安全的资源保护为重点、以不同类型国土空间转换控制与许可的全链条管理为抓手、以当今先进技术综合监管体系为保障的总体架构。其中国土空间规划体系建立并监督实施是重中之重，是国土空间用途管制的基石。具体到国土空间规划编制，应在规划指标体系、分区体系、实施弹性机制和管理机制等方面进行重构性建设①。

---

① 张晓玲，吕晓.国土空间用途管制的改革逻辑及其规划响应路径［J］.自然资源学报，2020，35（6）：1261-1272.

(一)依据"山水林田湖草生命共同体"理念，构建能够体现国土空间系统性和整体性功能的规划指标体系

在实施国土空间用途管制制度条件下，国土空间规划指标体系构建应着眼于以下三个视角。

一是基于国家整体、长远利益考虑，确定自然资源的保护底线或开发上限。国土空间规划中的指标体系应坚持底线思维、可持续发展等原则，对国土空间开发利用涉及的自然资源消耗设定刚性约束。这类指标应作为自上而下五级规划共有的约束性要求，逐级分解下达，并结合空间引导政策落实到地块。在此基础上，各地还可以结合地方实际确定具有地方特色的规划控制指标，如可以根据"双评价"确定当地资源环境短板要素相关指标。

二是基于国土空间系统性整体性考虑，重视国土空间系统中各要素之间相互影响及关联作用，体现国土空间功能最大化的价值取向。国土空间规划编制过程中，指标体系在内容上要统筹考虑土地资源、水资源、矿产等各类自然资源，涵盖国土空间中各类要素，在此过程中，不仅需要考虑要素规模指标的变化，还要考虑规划期间各类要素之间互相转换及其引发的国土空间功能变化，同时要结合"美丽中国"建设的总目标和分阶段目标，围绕国土空间高质量发展要求、多阶段的发展愿景，助力形成科学合理的空间发展路径。

三是基于自然地理单元的科学性考虑，重视对国土空间规划体系中行政单元指标体系的修正校核。规划指标分解如何体现科学性？这是规划编制中的关键问题。一般来说，规划指标分解应综合考虑各地自然条件、国家经济社会发展战略、民族长远生存发展、地方经济社会发展需求等多种因素，包括充分吸收资源环境承载力和国土空间开发适宜性评价成果。在诸多因素中，首先要考虑的是各地的自然禀赋，遵循基于自然禀赋的科学规律。但是，由于在此基础上确定的相关规划指标及分解方案，在空间上对应的是自然地理单元，因此，针对基于行政单元的五级国土空间规划，规划控制指标的确定与分解过程中，需要对相关指标进行相应的修正校核，以保障规划指标的科学性。

(二)理顺空间、要素与功能之间的逻辑关系，构建覆盖全域、上下衔接的规划分区体系

过去土地利用总体规划中存在分区控制的空间传导效果不明显、上下不连

续等问题，城乡规划中存在缺乏自上而下的管控机制、每个城市在规划编制中都"各自为阵"等逻辑漏洞，导致在空间顶层设计上缺乏统筹协调。因此，国土空间规划在空间传导机制设计中应以形成科学有序的空间开发保护秩序为目标，以资源环境承载能力和国土空间开发适宜性评价为基础，实现空间上全覆盖，体现国土空间的功能特点，不同层级规划分区既各有侧重又上下衔接。每一层级规划都涉及区域差异化、规划分区等章节内容，而每个规划分区也都应有相应的政策内涵，成为有别于其他规划分区的特色内容。从各级规划分区的差别来看，宏观性和中观性的分区及相应的政策要求，大都属于针对下位规划提出的要求，但微观层面的规划分区（底层规划）却不同，因为底层规划是规划许可的直接依据，是对广大市场主体提出的要求。这种差异需要在国土空间规划编制中予以重视。具体从宏观、中观、微观层面对比来看，顶层的规划分区突出主体功能，到中观和微观逐步转化为更加丰富多样的功能分区，最后落地形成用途管制分区，为实施规划许可提供依据。

第一，宏观层面（即国家级和省级）的规划分区突出主体功能差异，落实国家主体功能区战略。习近平总书记在 2019 年中央财经委第五次会议上强调"要完善和落实主体功能区战略，细化主体功能区划分，按照主体功能定位划分政策单元，对重点开发地区、生态脆弱地区、能源资源地区等制定差异化政策，分类精准施策，推动形成主体功能约束有效、国土开发有序的空间发展格局"。因此，在国家和省级层面，应遵循国土空间规划的分区原则和路径，并按照国土空间开发保护的总体格局确定各区域的主体功能，围绕主体功能的差异设计并实施不同的政策措施。这些引导政策在国土空间规划中体现为国土空间开发保护及利用的规模、结构及相关空间布局要求。当然，省级国土空间规划居于国家和市县层级之间，必须上下传导、兼顾中央与地方的需求，既要落实全国国土空间规划纲要的战略性要求，还要指导市县国土空间规划编制，侧重协调性。

第二，中观层面（即市级）规划分区处于宏观与微观之间的过渡，具有双重性。在市域层面，要按照上位规划确定的相关指标和空间布局要求，划分包括生态、农业、城镇在内的多种功能空间，向下位规划传导生态保护红线、永久基本农田红线、城镇开发边界等控制性要求；同时，在中心城区层面，要在市级总体规划之下形成可以指导和约束详细规划的分区方案，生态保护红线、永久基本农田红线和城镇开发边界等控制线落实到具体地块，以满足规划许可需要。

第三，微观层面（即县级和乡级规划等）规划分区应采用用途管制分区，将上位规划确定的生态保护红线、永久基本农田红线和城镇开发边界等控制线落实到具体地块，明确管制规则，为实施规划许可提供依据。微观层面的规划分区不是"三区三线"的简单落地，而是面向国土空间开发利用行为、满足规划许可需要、更多地体现国土空间功能的复合性的管制分区。

（三）丰富底层规划的管控规则，构建底线约束与激励引导相结合的规划实施弹性机制

要在国土空间规划体系中完善空间传导机制、形成科学严谨上下衔接的规划分区体系的基础上，做实做细分区管制规则。在国家、省级、市级等宏观中观尺度上，对每一类分区提出明确的政策要求，包括重要控制性指标及其空间布局、空间格局与比例结构等。这类管制规则约束和引导的主要对象应是下级政府及下位规划，体现了上位规划通过规模、结构、布局、时序等多种方式约束下级规划，确保国家战略和意志能够在地方各级国土空间规划方案中得到有效落实。底层规划（如城镇开发边界内的详细规划和城镇开发边界外的乡级规划等）要在落实重要控制性指标及落实地块的基础上，制定相关刚性管控和鼓励引导性规则。

与上位层级规划不同的是，底层规划的管制规则不仅要为详细规划、村庄规划及相关专项规划提供指导，还要为各类国土空间开发利用保护行为提供约束与引导。因此，管制规则的制定需要重视底层规划作为政府规划许可的依据、调节各类社会主体对国土空间具体开发利用行为的实施需求，面向国土空间复合性特点，充分考虑规划分区的类型及其相应的要求，紧密结合当地国土空间开发利用活动的地方特色和需求。遵循这些规则，对于解决各类规划分区落地实施中的"最后一公里"问题、促进形成规划实施的弹性机制、提高规划对经济社会活动的适应性具有重要意义。

（四）优化规划实施机制，构建面向各类国土空间转化及重要控制线变化的"全链条"管理机制

要在土地用途管制"全链条"管理制度基础上，构建国土空间用途管制的"全链条"管理机制。要以各级国土空间规划实施为龙头，以优化国土空间格局、提升国土空间开发保护利用效能为目标，围绕规范生态空间、农业空间和城镇空间等各类国土空间转化行为，协同管控生态保护红线、永久基本农田红线、城镇开发边界三条控制线，做实年度计划、规划许可、目标责任考核、执法监督等各个环节。

统筹考虑国家战略落实、地方发展需求，优化规划管控与年度计划管理，以较为成熟的土地利用年度计划管理为基础，将林地、草地、湿地等重要自然资源纳入计划统一管理，并依据指标类型，结合规模与布局约束，探索弹性考核机制，实施差别化计划管理。需要注意的是，要不断改进年度计划管理方式，充分考虑地方经济社会发展实践的需求，强化目标管理和过程监管，给各级地方政府较为充足的指标调剂空间。此外，需要进一步改进和完善规划许可制度，在城镇开发边界内的建设，实行"详细规划＋规划许可"的管制方式；在城镇开发边界外的建设，按照主导用途分区，实行"详细规划＋规划许可"和"约束指标＋分区准入"的管制方式。对以国家公园为主体的自然保护地、重要海域和海岛、重要水源地、文物等实行特殊保护制度。此外，还要在制定并落实国土空间规划编制技术标准、完善国土空间规划许可制度、强化国土空间规划目标责任考核和国土空间用途管制执法监管的前提下，依托自然资源"一张图"数据库，整合提升"国土调查云"等已有平台技术，建立统一的国家规划综合管理信息平台，实现不同层级国土空间规划实施过程中审批事宜的部门联动、上下互动与信息共享，优化审批流程，实现多部门联动审批。在此基础上，以生态文明战略为指引建立国土空间规划实施评价体系，开放国土空间规划信息公开与在线查询接口，构建国土空间规划实施的全天候监测与违规机制。

四、市场配置下的国土空间规划

国土空间规划作为政府调节市场失灵的主要手段，从层级管控、空间分区

等多维度约束并引导土地要素市场化配置，成为维护土地要素市场化配置有序运行的守护者，其作用主要有以下几点：

（一）奠基础，定规则

国土空间规划立足国家战略需要，通过总体规划、专项规划以及详细规划三类规划和监管机制，控制与引导国土空间的开发与建设，是保障土地要素市场化配置可持续发展的重要战略工具。首先，国土空间总体规划宏观把控国土空间的结构和功能，引导和约束土地要素市场的开发和建设活动，通过制定区域发展、主体功能区、土地利用、城乡建设等规划内容，在满足各类用地需求的同时，明确土地要素市场化配置的空间导向和规则，对国土空间主体功能进行引导和约束。其次，国土空间专项规划和详细规划对各区域土地的具体用途、开发规模以及空间环境进行规定，控制土地使用性质及其功能，划定各类基础用地的控制线，规范市场建设的方式和范围，是土地要素市场化配置的直接依据。因此，国土空间规划成为土地要素市场化配置的基础性规则。

（二）限地方，管企业

国土空间规划作为具有强制性的宏观调控工具，强调国家对地方政府和企业发展的引领与管控。土地要素市场化配置的核心治理结构是在央地关系不断分化与集中、约束与激励的权衡下形成的，在此过程中，规划成为中央进行宏观调控的重要政策工具，被用以限制土地要素市场化配置的主体——地方政府与企业。首先，国土空间规划对城市国有土地使用权出让转让、城市开发区以及地下空间的建设进行详细规定，限制地方政府及企业扰乱土地要素市场秩序的行为，严控企业调整土地用途、过度开发、建设密度过高、土地荒废等做法，对任何单位或个人违反规划的行为进行严格查处。其次，国土空间规划通过三线（生态保护红线、永久基本农田红线、城镇开发边界）的划定以及指标约束、计划管理等手段规定地方政府和企业建设用地规模，对地方土地要素市场化配置进行管控。因此，国土空间规划对地方政府与企业的土地开发行为进行管控，以规范土地要素市场化配置。

（三）定总量，优存量

国土空间规划通过优化国土空间结构与布局，不断提高土地要素的产出效益，注重增量规划与存量规划并重、地上开发与地下开发兼顾，努力增加土地后备资源。就土地总量的控制而言，国土空间规划按照经济社会发展状况，以预期性指标对区域土地利用需求进行预判并制定空间安排方案，使地方能应对土地要素市场的变化，适应市场经济的现实需要。就土地存量的激活来说，国土空间规划以节约集约的原则来制定地方的空间安排方案，鼓励运用多样化模式盘活和利用闲置土地，避免土地浪费。因此，国土空间规划成为政府在土地要素市场化配置过程中"定总量、优存量"的核心政策工具，助力市场更好发挥作用。

（四）稳价值，纠失灵

国土空间规划在维护社会公共利益的同时，对于提升区域土地要素价值、促进城乡土地增值也有积极作用。土地要素市场收益的最大化依赖于好的规划设计，要依靠土地适宜性评价识别各区域主要功能，并对土地进行最优分配。此外，面对土地要素市场失灵和市场缺位所造成的一系列资源配置不合理问题，国土空间规划成为纠正土地要素市场失灵的守护者。例如，科学的规划部署结合审批制度的改革，能对建设用地开发乱象、市场价格无序等问题进行有效管控。由此，国土空间规划在稳步提升土地要素价值的同时，也能依法规范土地要素市场，纠正市场失灵。

（五）引方向，塑理念

国土空间规划以服务生态文明建设为导向，通过划定生态保护红线，强调对生态空间的保护。党的十九大以来，为让地方政府顾及长远利益，国家改革重构国土空间开发格局，通过组建自然资源部，建立"五级三类"的规划体系，重塑规划理念，要求在追求国土空间开发经济效益的同时必须兼顾生态效益，并对土地要素市场化配置进行限制和引导，如扩大城镇绿化空间、提高基础设施的可达性等，有效增进土地的生态价值，以符合新时代生态文明建设的理念，推动高质量发展。由此可见，在国土空间规划引导下，助力生态文明建设成为土地要素市场化配置必须遵循的核心理念之一。

第三节　土地利用计划管理

一、土地利用年度计划管理制度的发展

土地利用规划体系基于总体蓝图及经济社会发展的动态需求，对各类土地资源的分配实施精细化安排。自 1999 年始，土地利用年度计划管理制度确立，历经 2004 年、2006 年及 2016 年的三次关键性修订，形成了四版《土地利用年度计划管理办法》，直至 2020 年因全国第三轮土地利用总体规划期满而宣告原有管理办法终止。随后，自然资源部秉持"土地要素跟着项目走"原则，引领了土地利用年度计划管理制度的新一轮改革探索。此过程中，该制度紧跟时代步伐，持续优化升级，具体演变轨迹如下[①]。

1999 年，我国依托《土地管理法》的更新契机，在原有建设用地计划管理基础上，正式推行土地利用年度计划管理制度。同年出台的《土地利用年度计划管理办法》聚焦耕地保护核心，将农用地转换、耕地保有量及土地整治等指标纳入管理体系。

面对建设用地需求的激增，2004 年原国土资源部对《土地利用年度计划管理办法》进行了修订，强化全口径管理模式，不仅强调巩固了耕地保护，还增设了对建设用地总量与结构的严格把控，特别是引入"城镇用地增加与农村建设用地减少相挂钩"机制，并对农用地转换指标进行细化分类。

随着耕地保护压力的加剧，2006 年原国土资源部再度修订《土地利用年度计划管理办法》，明确"运用土地政策参与宏观调控，以土地供应引导需求"的策略，新添"新增建设用地总量"作为关键控制指标，进一步收紧对新增农用地与未利用地的管理。

2016 年修订的《土地利用年度计划管理办法》强调，要与国家区域、产业政策深度融合，通过优化空间布局，促进城乡建设用地的高效流转与再利用，

---

① 刘松雪，林坚，杨凌. 国土空间规划下的土地利用年度计划管理思考［J］. 中国土地，2022（6）:28-30.

同时严格控制农村集体建设用地扩张，新增城乡建设用地增减挂钩指标、工矿废弃地复垦利用指标。

进入新时期，《自然资源部关于 2020 年土地利用计划管理的通知》创新性地采用用地分类保障策略，如重点保障项目用地直接配置计划指标，非重点保障项目用地指标则与处置存量土地挂钩，激励地方积极盘活土地资源。同时，设立专项用于脱贫攻坚的计划指标。至《自然资源部关于 2022 年土地利用计划管理的通知》颁布，这一模式得以延续，并特别关注乡村振兴战略，单独规划农村村民住宅建设用地计划，精准对接"一户一宅"及国土空间规划要求。

历经多年实践，土地利用年度计划管理已演变为一项集耕地保护、建设用地调控、经济宏观调控、区域发展战略实施及经济发展模式转型等多重功能于一体的综合政策工具，成为我国土地管理体系中衔接长远规划与短期执行的关键纽带。

二、新发展格局下土地利用计划管理定位

在当前经济高质量发展的导向下，土地要素已不再是其直接驱动力，"以地促发展"的旧有模式渐显疲态，但这丝毫不降土地调控在国家战略中的地位。改革开放以来，东部沿海凭借其先行优势，引领国家经济快速崛起，这一辉煌成就深刻展现着国家土地利用计划管理的智慧，尤其是向东部及中心城市倾斜的资源配置策略。

步入新发展阶段，自由市场机制在解决区域发展不均衡问题方面的局限性愈发凸显，强化全国统筹的制度优势成为必然。因此，土地利用计划管理应转型为更具前瞻性和系统性的有计划的土地管理，超越单一指标控制的范畴，聚焦于如何通过优化土地资源配置，促进优势区域对欠发达地区的辐射带动，促进城乡与区域间土地资源的均衡流动，进而支撑起"双循环"新发展格局与全面高质量发展的宏伟蓝图。

（一）融合市场活力与政府智慧，打造有计划的土地管理新范式

构建城乡一体化的高标准土地市场，是深化社会主义市场经济体制的关键一环。政府需灵活调整治理策略，既要通过激励性政策激发地方活力，又要借助约束性工具确保中央与地方目标的协同。有计划的土地管理模式，旨在实现土地管理的"精治"与"善用"，既压实地方政府的耕地保护与环境建设责任，

又充分发挥市场在资源配置中的决定性作用，促进土地资源的高效利用与可持续发展，这既是对改革开放以来政府与市场协同作用的经验传承，也是对未来发展的创新探索。

（二）通过有计划的土地管理，搭建城乡土地要素流动的新通道

新发展格局的构建，要求深入挖掘国内市场的巨大潜力，促进城乡、区域间的经济循环畅通无阻。鉴于土地要素流动的天然障碍，特别是城乡与区域间的壁垒，有计划的土地管理需更加紧密地融入乡村振兴、城乡融合与区域协调发展战略，打破地域限制，创新土地要素流动机制，通过发展权交易与利益共享，激活农村沉睡的土地价值，实现跨区域土地资源的优化配置。这一举措旨在以土地为媒介，强化城市群、都市圈的辐射效应，带动全国经济的均衡发展，彰显社会主义制度的独特优势。

（三）加大土地计划管理支撑力度，加快构建新发展格局

面对产业升级与基础设施布局的新变化，有计划的土地管理需灵活应对，既要为中西部地区的崛起提供用地保障，又要推动东部城市群土地利用模式的转型升级。同时，还需加强跨区域交通等基础设施建设，优化用地结构，平衡不同区域、不同功能用地的需求，为高质量发展奠定坚实基础。这一过程中，需持续深化对土地利用管理的综合研究与实践，以制度创新推动土地利用计划管理制度的革新，为构建新发展格局提供坚实的支撑①。

第四节　耕地保护管理

一、耕地保护的内涵

（一）耕地的概念

根据《土地利用现状分类》（GB/T 21010—2017），耕地是指种植农作物的土地，包括熟地，新开发、复垦、整理地，休闲地（含轮歇地、休耕地）；以种

---

① 姜海，陈乐宾，孙欣. 新发展格局下土地利用计划管理制度的革新［J］. 中国土地，2021（6）：20-22.

植农作物（含蔬菜）为主，间有零星果树、桑树或其他树木的土地；平均每年能保证收获一季的已垦滩地和海涂。耕地中包括南方宽度＜1.0 m、北方宽度＜2.0 m 固定的沟、渠、路和地坎（埂）；临时种植药材、草皮、花卉、苗木等的耕地，临时种植果树、茶树和林木且耕作层未破坏的耕地，以及其他临时改变用途的耕地。

耕地是土地资源中最重要最珍贵的部分，能够形成耕地的土地应具备一定的自然条件。如耕地应有较好的地形条件，一般超过 25°的坡地不宜发展成耕地；土壤是植物生长的基地，不同土壤类型及其肥力性状在很大程度上将影响农作物生长；适宜的水分和温度也是耕地形成的重要因素，因为水热因子对农作物的正常发育和生长起着决定性作用[1]。

根据不同的自然条件和社会生产条件，可将耕地划分为水田、水浇地和旱地等 3 个二级类。

（1）水田。用于种植水稻、莲藕等水生农作物的耕地，包括实行水生、旱生农作物轮种的耕地。

（2）水浇地。有水源保证和灌溉设施、在一般年景能正常灌溉、种植旱生农作物（含蔬菜）的耕地，包括种植蔬菜的非工厂化的大棚用地。

（3）旱地。无灌溉设施，主要靠天然降水种植旱生农作物的耕地，包括没有灌溉设施、仅靠引洪淤灌的耕地。

（二）耕地保护的概念

改革开放后，我国耕地保护经历了从偏重数量管控，到数量和质量并重保护，再到强调数量、质量和生态"三位一体"保护的转变。农业农村部将耕地保护的目标阐释为保数量、提质量、管用途。数量上，严守 18 亿亩耕地红线；质量上，抓好高标准农田建设；用途上，严格落实利用优先序。党的二十大报告和《中华人民共和国国民经济和社会发展第十四个五年规划和 2035 年远景目标纲要》都对耕地保护做出了重要指示，要求"牢牢守住十八亿亩耕地红线""实施高标准农田建设工程""逐步把永久基本农田全部建成高标准农田""强化

---

① 朱道林. 土地管理学（第二版）[M]. 北京：中国农业大学出版社，2016.

耕地数量保护和质量提升""推进农业绿色转型""深入实施农药化肥减量行动""全方位夯实粮食安全根基"。耕地保护的主体更多的是政府,而非土地的实际使用人农民[1]。耕地保护的本质是保护耕地的农产品生产能力,以满足人类生存发展的基本物质需求,重点是通过保护良田、改造中低产田、建设高标准农田提升耕地的产能[2]。实现耕地的有效保护需要处理好粮食数量安全要求与优质耕地资源日益减少之间的矛盾,以及粮食质量安全要求与耕地污染日益严重之间的矛盾,还要把握好耕地保护与经济发展、粮食安全、农村稳定、生态安全、政府政绩等之间的关系[3]。

(三)耕地保护的重要性

粮食安全是"国之大者",耕地是粮食生产的命根子[4]。耕地保护是国家的头等大事,事关经济平稳健康发展、政治昌明、社会稳定、生态文明和文化传承[5]。随着我国新型城市化和工业化深入推进,建设用地大量占用耕地,工业化污染和耕地高强度投入(尤其是化肥和农药),再加之国家生态文明建设战略地位提升,新时期下耕地保护面临多重压力。重点推进国土资源数量、质量、生态三位一体综合管理和国土资源、资产、资本三位一体协同管理,才能有效缓解耕地数量不足、质量不高、生态环境不断退化等带来的危机,从而确保人民安定和国家安全[6]。

二、耕地保护政策制度体系

中国耕地保护制度经历了"意识觉醒—概念深化—制度发展—转型完善"的过程,其内涵变革呈现出从"数量"转变为"数量+质量",再跃迁到"数量+质量+生态"三位一体的均衡管理,完成了"国策—基本国策—生命线—红

① 孔祥斌,陈文广,党昱譞. 中国耕地保护现状、挑战与转型 [J]. 湖南师范大学社会科学学报,2023,52 (5):31-41.

② 张凤荣. 耕地保护的本质是保护耕地的产能 [J]. 中国土地,2022 (2):9-10.

③ 吴正红,燕新程. 经济快速发展时期我国耕地保护的困境与出路 [J]. 华中师范大学学报(人文社会科学版),2007 (6):54-61.

④ 习近平. 切实加强耕地保护 抓好盐碱地综合改造利用 [J]. 奋斗,2023 (23):4-8.

⑤ 董祚继. 新时期耕地保护的总方略 [J]. 中国土地,2017 (2):8-11.

⑥ 郧文聚. 高标准农田建设别走样 [J]. 国土资源,2016 (4):21-21.

线"的地位进阶①。我国耕地保护政策起源于 20 世纪 80 年代，改革开放带来的国家经济体制转型导致彼时耕地资源首先出现被建设用地无序占用导致面积缩小的情况，而耕地利用管理制度的缺乏落位间接导致了耕地面积缩小②。1998 年《土地管理法》首次修订，将"切实保护耕地"明确作为长期坚持的基本国策之一；2003 年中央明确提出"实行最严格的耕地保护制度"；党的十八大以来国家围绕如何优化占补平衡制度、实行永久基本农田制度、推进耕地"数量、质量、生态"三位一体保护、遏制"非农化"、防止"非粮化"等出台一系列政策措施；2022 年 9 月 5 日，由自然资源部起草的《耕地保护法（草案）》（征求意见稿）向社会公开征求意见，基本建成了利于耕地全方位保护的政策法律法规体系。从制度内容看，耕地保护的政策目标越发聚焦具体，不仅对耕地用途作出明确规定，而且还对使用主体行为进行严格限制；不仅杜绝对耕地利用总体规划调整的寻租行为，而且还明令禁止闲置和荒芜耕地。政策目标旨在从用途管制、使用限制、规调约制等维度，全方位筑牢耕地保护制度③。下面将对部分耕地保护制度进行介绍。

（一）耕地占补平衡制度

耕地占补平衡制度是严格保护耕地的重要手段。1997 年，中国提出了"各省、自治区、直辖市必须严格按照耕地总量动态平衡的要求"，并在次年修订了《土地管理法》，增加耕地占补平衡条款，成为耕地占补平衡制度的发端。此后，耕地占补平衡制度经历了"注重数量平衡—数量、质量相统一——快速城镇化下的加速—数量、质量、生态'三位一体'" 4 个发展阶段。2019 年《土地管理法》规定国家实行占用耕地补偿制度。非农业建设经批准占用耕地的，按照"占多少，垦多少"的原则，由占用耕地的单位负责开垦与所占用耕地的数量和

---

① 牛善栋，方斌. 中国耕地保护制度 70 年：历史嬗变、现实探源及路径优化［J］. 中国土地科学，2019, 33（10）：1-12.

② 刘奎，王健. 我国耕地保护战略的历史演进及优化转型研究［J］. 农业经济，2021（7）：82-84.

③ 郑庆宇，尚旭东，王煜. 耕地保护何以难：目标、实践及对策——来自西部粮食主产区的观察［J］. 经济学家，2023（4）：98-107.

质量相当的耕地；没有条件开垦或者开垦的耕地不符合要求的，应当按照省、自治区、直辖市的规定缴纳耕地开垦费，专款用于开垦新的耕地。省、自治区、直辖市人民政府应当制定开垦耕地计划，监督占用耕地的单位按照计划开垦耕地或者按照计划组织开垦耕地，并进行验收。耕地占补平衡制度简单地说就是住房建设、旅游经济、交通发展、水利电力、工业开发等建设项目的主管部门建设占用了多少耕地，相关单位就应补充多少数量与质量相当的耕地的制度①。过去的 20 多年是中华人民共和国成立以来城市化水平提升最快的时间段，也是经济建设占用耕地最为严重的阶段。耕地占补平衡政策为快速城市化过程中土地资源利用问题提供了解决方案，遏制了耕地数量快速下降的势头，一定程度上实现了保护耕地资源与保障经济发展的协调统一②。

（二）耕地进出平衡制度

2021 年 11 月，自然资源部、农业农村部、国家林业和草原局联合发布了《关于严格耕地用途管制有关问题的通知》（自然资发〔2021〕166 号），要求严格管控一般耕地转为其他农用地，并首次提出耕地"进出平衡"；2022 年《耕地保护法（草案）》（征求意见稿）设置耕地用途管制专章，进一步明确了耕地"进出平衡"的原则和范畴。耕地进出平衡制度协同占补平衡制度共同构建了耕地用途管制的制度架构，其主要原则是根据本级政府承担的耕地保有量目标，对耕地转为其他农用地及农业设施建设用地实行年度"进出平衡"。具体来说，就是除国家安排的生态退耕、自然灾害损毁难以复耕、河湖水面自然扩大造成耕地永久淹没外，耕地转为林地、草地、园地等其他农用地及农业设施建设用地的，应当通过统筹整治等方式，补足同等数量和质量的可以长期稳定利用的耕地③。"进出平衡"管制需要遵循以适宜性评价为支撑和以粮食产能提高为目标的基本原则，以通过优化农用地布局实现耕地长期稳定利用为管制目标，以一般耕地与可恢复非耕农用地为管制对象。明确耕地"进出平衡"管制规则有

---

① 蒋瑜，濮励杰，朱明，等. 中国耕地占补平衡研究进展与述评［J］. 资源科学，2019，41（12）：2342-2355.

② 同①.

③ 晓叶. 从"占补平衡"到"进出平衡"［J］. 中国土地，2022（1）：1.

助于落实耕地保有量和明确耕地利用优先序，并且实现耕地的量质并提、格局优化和功效改善①。

（三）永久基本农田保护制度

2008 年，党的十七届三中全会正式提出划定永久基本农田，确保永久基本农田总量不减少、用途不改变、质量有提高。基本农田第一次加上"永久"界定。2018 年，原国土资源部发布的《关于全面实行永久基本农田特殊保护的通知》（国土资规〔2018〕1 号）提出，建立健全永久基本农田"划、建、管、补、护"长效机制，将永久基本农田控制线划定成果作为土地利用总体规划的规定内容。2019 年《土地管理法》第三十三条规定："国家实行永久基本农田保护制度。"根据《中华人民共和国刑法修正案（十一）》修改后的《中华人民共和国刑法》第三百三十八条规定，致使大量永久基本农田基本功能丧失或者遭遇永久性破坏的，要依法判处污染环境罪。2020 年，国务院办公厅进一步明确永久基本农田的"禁止清单"。2022 年中央一号文件不仅再次重申永久基本农田重点用于粮食生产，而且明确要按照耕地和永久基本农田、生态保护红线、城镇开发边界的顺序，统筹划定落实三条控制线，将永久基本农田置于空间保障的首位。党的二十大报告强调，逐步把永久基本农田全部建成高标准农田。永久基本农田保护制度立足国家和地方政府层面，致力于保护耕地资源的数量和质量，实现农地的社会价值和经济价值，维持粮食生产能力不减弱，同时在一定程度上改善"占优补劣"导致的生态退化②。学界对于永久基本农田的概念内涵存在两种观点：一种观点认为永久基本农田与基本农田本质上是一个概念③；另一种观点认为永久基本农田是基本农田中最优质的部分④。前一种观点为现行制度体系的调整提供了前提条件，却也放大了上下位阶法律规范之间条

---

① 梁坤宇，金晓斌，王世磊，等. 综合"同质等效—流补平衡"的耕地"进出平衡"管制：方法与实证［J］. 中国土地科学，2023，37（7）：77－88.

② 吴宇哲，沈欣言. 中国耕地保护治理转型：供给、管制与赋能［J］. 中国土地科学，2021，35（8）：32－38.

③ 张述清，赵俊三. 永久基本农田划定与管护的理论方法和技术实践——以云南省为例［M］. 北京：科学出版社，2021.

④ 林依标. 划定永久基本农田路径思考［J］. 中国国土资源经济，2009（3）：4－6.

文表述不统一、新政策与旧政策在术语上使用不匹配的问题；后一种观点需要开展法律概念的类型化工作，增加了法律制度的复杂性，亦产生了永久基本农田保护体系不完备的困境①。永久基本农田保护制度的进一步完善是"藏粮于地"目标与"十四五"规划实现的重要依托。

（四）轮作休耕制度

2016 年 6 月 29 日，原农业部等十部委办局联合印发《探索实行耕地轮作休耕制度试点方案》（农农发〔2016〕6 号）。我国由此正式拉开耕地轮作休耕制度的序幕。耕地轮作休耕制度主要是轮作和休耕两种方式。在实施区域上，轮作主要在东北冷凉区、北方农牧交错区等地开展试点；休耕主要在地下水漏斗区、重金属污染区、生态严重退化地区开展试点。2019 年《土地管理法》第三十六条规定："各级人民政府应当采取措施，引导因地制宜轮作休耕，改良土壤，提高地力，维护排灌工程设施，防止土地荒漠化、盐渍化、水土流失和土壤污染。"现阶段，我国推行轮作休耕制度的关键是要探索一套适合农业绿色发展的模式，探索种地与养地相结合的耕作制度。通过轮作，将禾谷类作物与豆类、饲草等作物轮换种植，调节土壤环境、改善土壤生态。通过休耕，减少农事活动，种植绿肥等作物，防风固沙，涵养水分，保护耕作层。同时，探索轮作休耕与粮食供求调节互动的模式。当粮食供应充裕时，可以多轮多休，让耕地得到休养生息。当粮食供求趋紧时，适当减少轮作休耕规模，轮作的能调回来种短缺粮食作物，休耕的能复耕增加产量，确保急用之时能够产得出、供得上②。

（五）耕地质量和耕地产能评价制度

2017 年 1 月 9 日，中共中央、国务院发布《关于加强耕地保护和改进占补平衡的意见》，其中明确提出："加强耕地质量调查评价与监测。建立健全耕地质量和耕地产能评价制度，完善评价指标体系和评价方法，定期对全国耕地质量和耕地产能水平进行全面评价并发布评价结果。完善土地调查监测体系和耕

---

① 冉曾红. 论永久基本农田的概念阐释与法制完善［J］. 华中农业大学学报（社会科学版），2022（2）：167－176.

② 广西土地学会. 耕地保护与土地综合整治读本［M］. 北京：中国大地出版社，2019.

地质量监测网络，开展耕地质量年度监测成果更新。"2018年2月2日，国务院第三次全国土地调查领导小组办公室印发《第三次全国土地调查实施方案》（国土调查办发〔2018〕3号），提出全面掌握耕地数量、质量、分布和构成。在专项用地调查中，由原农业部门、原国土资源部门管理人员和技术人员组成耕地质量等级调查评价和耕地分等定级联合工作组，分别负责耕地质量等级调查评价和耕地分等定级工作。同时，该方案要求在耕地质量调查评价和耕地分等定级调查评价的基础上，将最新的耕地质量等级调查评价和耕地分等定级评价成果落实到土地利用现状图上，对评价成果进行更新完善。《耕地保护法（草案）》第十一条规定："国家建立耕地资源调查、监测、评价制度。县级以上地方人民政府自然资源主管部门会同同级农业农村等主管部门依法定期组织开展耕地资源调查和日常监测，掌握耕地数量、质量、生态状况以及利用变化状况，并开展分析评价。国务院自然资源主管部门根据自然地理格局和分区，对耕地资源质量进行分类评价、分等定级，结果作为跨区域耕地占补平衡、永久基本农田划定等工作的依据。耕地资源调查监测、评价标准和技术规程由国务院自然资源主管部门会同国务院农业农村等主管部门制定。县级以上地方人民政府自然资源主管部门应当依法定期组织开展耕地后备资源调查，掌握耕地后备资源潜力。"耕地质量评价指标体系的选择直接决定了如何客观地评价耕地的质量。原国土资源部自2016年开始构建耕地质量和耕地产能评价指标体系升级版，具体以农用地分等与定级技术体系和工作体系为基础，将原国土资源部《农用地质量分等规程》《农用地定级规程》和《土地质量地球化学评价规范》，原环保部《土壤环境质量标准》以及原农业部《耕地质量等级》和《耕地地力调查与质量评价技术规程》等相关国标和行标吸收融合，并在全国12个县（市、区）开展试点工作，不断深化耕地质量、产能内涵，完善指标体系和评价方法[①]。2018年自然资源部组建后，进一步完善了耕地质量和产能两套评价指标体系，并在全国开展耕地质量评价研究。

---

① 吴克宁，赵瑞，赵华甫. 对当前我国耕地质量调查评价的思考 [J]. 中国土地，2018（3）：19－20.

（六）耕地保护责任目标考核制度

2005 年 10 月 28 日，国务院办公厅印发《省级政府耕地保护责任目标考核办法》（国办发〔2005〕52 号），指明了考核的原则和方向，2018 年进行修订。耕地保护责任目标考核是检验耕地保护成效的有力武器和重要抓手。考核制度的建立和执行力度直接影响我国耕地保护效果，在耕地保护中占据至关重要的地位。近年来各地积极开展耕地保护责任目标考核工作，在保证考核结果准确性、科学性、延续性的基础上，进一步完善考核指标体系与标准，增强考核结果应用，加强部门联动配合，改进考核工作机制，构建耕地保护责任目标考核新格局，耕地保护工作制度化和信息化管理水平明显提升，推动耕地激励性保护，建立耕地保护补偿激励机制。同时，积极探索耕地保护基层治理机制，激发耕地保护内生动力。耕地保护责任目标考核制度实施以来，虽取得较大成效，但也面临诸多问题，如考核机制不够健全，尚未充分发挥考核效能；考核方式缺少手段，创新性不足；考核内容有待进一步优化完善；考核结果应用不强、不广、不实；等等[1][2]。

三、永久基本农田和高标准农田概述

（一）永久基本农田概述

1. 永久基本农田的划定

2019 年《土地管理法》第三十三条规定："国家实行永久基本农田保护制度。下列耕地应当根据土地利用总体规划划为永久基本农田，实行严格保护：（一）经国务院农业农村主管部门或者县级以上地方人民政府批准确定的粮、棉、油、糖等重要农产品生产基地内的耕地；（二）有良好的水利与水土保持设施的耕地，正在实施改造计划以及可以改造的中、低产田和已建成的高标准农田；（三）蔬菜生产基地；（四）农业科研、教学试验田；（五）国务院规定应当划为永久基本农田的其他耕地。各省、自治区、直辖市划定的永久基本农田一

---

① 王艳松，桑玲玲，章远钰. 我国耕地保护责任考核制度的发展与完善［J］. 中国土地，2020（11）：24 - 25.

② 王少杰，王艳松，高润爽. 完善耕地保护责任目标考核制度的思考［J］. 中国管理信息化，2020，23（11）：220 - 222.

般应当占本行政区域内耕地的百分之八十以上，具体比例由国务院根据各省、自治区、直辖市耕地实际情况规定。"同年，中共中央办公厅、国务院办公厅印发的《关于在国土空间规划中统筹划定落实三条控制线的指导意见》强调："按照保质保量要求划定永久基本农田。永久基本农田是为保障国家粮食安全和重要农产品供给，实施永久特殊保护的耕地。依据耕地现状分布，根据耕地质量、粮食作物种植情况、土壤污染状况，在严守耕地红线基础上，按照一定比例，将达到质量要求的耕地依法划入。已经划定的永久基本农田中存在划定不实、违法占用、严重污染等问题的要全面梳理整改，确保永久基本农田面积不减、质量提升、布局稳定。"

2. 永久基本农田特殊保护

2018 年 2 月 23 日，《国土资源部关于全面实行永久基本农田特殊保护的通知》（国土资规〔2018〕1 号）发布，要求守住永久基本农田控制线，统筹永久基本农田保护与各类规划衔接，巩固永久基本农田划定成果；开展永久基本农田整备区建设，加强永久基本农田质量建设，以加强永久基本农田建设；从严管控非农建设占用永久基本农田，坚决防止永久基本农田"非农化"，强化永久基本农田管理；明确永久基本农田补划要求，做好永久基本农田补划论证，量质并重做好永久基本农田补划；强化永久基本农田保护考核机制，完善永久基本农田保护补偿机制，构建永久基本农田动态监管机制，以健全永久基本农田保护机制。2019 年 1 月 3 日，《自然资源部、农业农村部关于加强和改进永久基本农田保护工作的通知》（自然资规〔2019〕1 号）发布，强调全面开展划定成果核实工作，全面清理划定不实问题，依法处置违法违规建设占用问题，严格规范永久基本农田上农业生产活动，以巩固永久基本农田划定成果；严格占用和补划审查论证，处理好涉及永久基本农田的矿业权设置，严控建设占用永久基本农田；协调安排生态建设项目，妥善处理好生态退耕，统筹生态建设和永久基本农田保护；开展永久基本农田质量建设，建立健全耕地质量调查监测与评价制度，建立永久基本农田储备区，加强永久基本农田建设；构建动态监管体系，严格监督检查，强化考核机制，完善激励补偿机制，健全永久基本农田保护监管机制。

当前，永久基本农田保护面临收益低、农民保护动力不足、优质耕地布局不稳定、水田面积不稳定等风险。一是，粮食生产成本不断增加，耕地粮食生产亏损区域持续扩大，可能进一步导致更多的"非粮化"和"非农化"情形。二是，永久基本农田布局面临切割化、边远化、碎片化、退化等风险。比如，2009—2019 年我国高速铁路、公路以及乡村道路等线性基础设施工程用地面积增加了约 2400 万亩。这些线性工程穿越永久基本农田保护区，导致永久基本农田被调整、切割，碎片化严重，致使布局不稳定。预计到 2030 年，国家重大基础设施建设等仍将持续，永久基本农田布局的稳定性依然面临严峻挑战。三是，南方水稻优势种植区的水田改旱地（水改旱）问题日趋严峻。据调查，在广东、广西、浙江、云南、贵州等传统的南方水稻传统种植区，水改旱呈现逐年增加态势。而且由于玉米价格上涨，东北也出现新的区域变化特征，水改旱趋势明显。针对上述问题，可从以下几个方面对永久基本农田保护制度进行系统性创新：完善永久基本农田保护补偿制度，提高耕地保护合力；完善永久基本农田分级治理体系；完善耕地保护政策体系，构建适合耕地保护与高效利用的监管支撑体系；建立永久基本农田先进模式第三方评估和发布制度；等等①。

（二）高标准农田概述

高标准农田建设是保障中国粮食安全的一项重要举措，我国已进入逐步把永久基本农田全部建成高标准农田的新时期。"要逐步把永久基本农田全部建成高标准农田，尽快提出落实办法，该拿的钱要拿到位，建设质量和管护机制也要到位，确保建一块成一块。"② 截至 2021 年，全国已建成高标准农田超过 9 亿亩，占全国耕地面积的比重达到 47.50％。特别是 2018 年以来，我国以每年 0.8 亿亩的新增高标准农田数量持续稳步推进。经土地整理后的高标准农田能够形成集中连片、高产稳产、生态良好的耕地，有效提升了农田生态系统的稳定性

---

① 孔祥斌，党昱譞. 永久基本农田制度演变的内在逻辑与思考［J］. 中国土地，2022（5）：12 - 15.

② 加快建设农业强国推进农业农村现代化［EB/OL］.（2023 - 03 - 15）［2023 - 12 - 12］. http://www.qstheory.cn/dukan/qs/2023-03/15/c_1129432282.htm.

和生态系统服务价值。而这种保护性耕作实现了作物稳产高产与生态环境保护双赢，可以发挥防治农田扬尘、蓄水保墒、节本增效的作用。同时，高标准农田通过土地平整和构建良好生态，增强了农田生态系统的二氧化碳吸收能力，减少了温室气体在大气中的排放浓度，对助力实现国家碳达峰、碳中和目标做出有益贡献[①]。目前，高标准农田建设面临着多方面困境，诸如：农业绿色生产方式认知水平有待提高，高标准农田耕地质量受重视程度偏低；资金使用效率低且缺口大，难以高质量达到高标准农田的建设标准；土地碎片化严重，部分地区存在高标准农田选址困难问题；高标准农田主体权责配置不清，市场主体参与积极性和主动性不高；"重建轻管"现象普遍，高标准农田建设的信息化水平亟待强化；等等。农民依旧过度依赖化肥、农药等化学产品投入，导致耕地资源的"掠夺式开发"。高标准农田由于没有建立科学的耕地质量评价和田间监测体系评价标准，只是对地表工程，即灌溉排水系统、田间道路、生态保护工程等进行了完善，对地力条件的提升并没有充分认知，既影响了新技术的有效推广，也不利于农田生态系统的改善。此外，目前已建成的高标准农田改造提升的需求较大，主要存在灌溉排水工程和田间道路工程老化、土壤有机质含量低、改造提升资金欠缺等问题。新时期高标准农田建设应践行绿色发展理念，优化高标准农田建设空间布局；高效配置资金使用效率，创新多渠道、多层次资金筹措机制；稳步推进土地流转，建设现代生态型高标准农田；优化参与主体权责配置，增强农业农村改革系统性和协同性；强化建后管护利用水平，推进高标准农田数字化建设。

四、耕地保护管理存在的问题及对策

（一）耕地保护管理存在的问题

1. 耕地数量管控初见成效，但仍任重道远

2022 年度全国国土变更调查初步汇总结果显示，2022 年全国耕地面积为 19.14 亿亩，较上年末净增加约 130 万亩，但比 2009 年第二次全国土地调查数

---

① 张铎，王宾. 国家粮食安全战略下推进高标准农田建设及对策研究［J］. 价格理论与实践，2023（3）：83 - 86.

据净减少 1.17 亿亩，年均减少 900 万亩。按照 2030 年达到 75％ 左右的城镇化水平测算，城镇化建设可能还要占用 3000 万亩优质耕地，但耕地后备资源总量少、分布偏远，占补平衡"道阻且长"。加之比较效益导向下的农业结构调整，生态退耕，程序性、实质性违法占用耕地，补充耕地数量不实、弄虚作假等问题，耕地损失风险仍居高位。例如，2020 年的土地例行督察发现各地存在违法违规建设占用、破坏耕地的问题 7371 个，涉及耕地 70.47 万亩。

2. 耕地质量总体较低的局面仍未扭转

农业农村部 2014 年和 2020 年两次公布的《全国耕地质量等级情况公报》相比，中、低产田占耕地面积的比例虽降低了约 2％ 的水平，但二者总量仍维持在 68.76％ 的高位。耕地酸化、盐碱化等退化态势严峻，约 14.5％ 的耕地已严重酸化；盐碱耕地高达 1.14 亿亩，较 20 世纪 80 年代增加 2600 万亩，增幅近 30％；东北黑土地耕作层土壤有机质含量与 60 年前相比平均下降了 30％。高标准农田建设仍有很大提升空间，2023—2030 年需年均新增建设 2500 万亩、改造提升 3500 万亩。部分已建成的高标准农田后期管护不到位、风险应对能力差，约 48％ 的已建成高标准农田需要进行改造提升[①]。例如，2020 年江西省特大洪涝灾害导致 58.7 万亩高标准农田工程设施受淹。

3. 耕地利用生态风险依然居高不下

尽管我国近 5 年实现了化肥、农药施用量的负增长，但单位面积施用量仍远高于世界发达国家水平。地膜使用量由 1995 年的 47 万吨增加到 2021 年的 132 万吨，增长 180.85％，覆盖面积达到 2.59 亿亩以上。尤其是，占优补劣导致耕地向边际土地转移，耕地北扩南缩导致耕地适宜性降低，持续增加生态风险。"三调"与"二调"数据对比发现，水土匹配程度相对较差的北方耕地增加 0.29 亿亩，光热条件好、农田基础设施较完善的南方耕地面积减少 1.42 亿亩。基于中国科学院土地利用/覆被数据也可发现，2000—2020 年我国新补充的 3.19 亿亩耕地中有 59.19％ 为中等地，而由于新补充耕地的主要转入类型为林地和草

---

① 陈正，刘瀛弢，贺德俊，等. 中国高标准农田建设现状与发展趋势［J］. 农业工程学报，2023，39（18）：234－241.

地，中国生态系统服务价值总量损失约 474.26 亿元[①]。

4. 耕地"非粮化"现象呈逐步扩大趋势

国家统计局数据表明，2021 年我国粮食播种面积比 2015 年减少约 1998 万亩，粮食播种面积占农作物播种总面积的比例下降了 1.58 个百分点。耕地"非粮化"区域差异较大，全国总体呈现由"东北—西南"逐渐加重的演变格局，西北、西南和华南地区非粮化现象增加明显。粮食主产区的耕地非粮化相对较轻，但粮食主销区和产销平衡区的耕地非粮化较为严重，特别是粮食主销区。基于遥感影像的数据分析发现，2001—2020 年，我国耕地撂荒面积（包括诱导性和自发性撂荒）为 0.55 亿～3.40 亿亩，多年平均值为 2.23 亿亩，且呈现递增的趋势；耕地撂荒率为 2.02％～12.62％，多年平均值为 8.25％[②]。

5. 耕地保护"上热下冷"亟待引起重视

粮食生产比较效益较低，农民主动参与耕地保护的动力不足。农村人口老龄化突出，耕地高效集约利用"有心无力"，增加了撂荒、抛荒的可能性。经营主体追求短期经济效益，重用轻养，导致土壤基础肥力降低。部分基层政府对耕地保护的重视不足、落实不够，违法违规占用耕地行为频发。耕地保护督察发现，2017—2019 年有 1368 个城市景观公园、城市绿化隔离带等人造工程未办理审批手续，涉及耕地 18.67 万亩，永久基本农田 5.79 万亩。

（二）耕地保护管理的优化

1. 启动耕地保护专项立法，健全耕地保护政策制度体系

一是加强制度供给，建议尽快由自然资源部牵头启动《耕地保护法》立法，建立健全永久基本农田保护、耕地占补平衡、耕地保护目标责任考核、耕地保护经济补偿、耕地后备资源保护性开发储备制度、田长制等制度体系，强化耕地保护的法制保障。二是强化制度执行，构建从国家到村组的纵向到底、多级

---

① 刘俊娜. 中国补充耕地的生态损益及未来优先区识别研究［D］. 徐州：中国矿业大学，2023.

② 李寒. 中国耕地撂荒时空演变及驱动机制研究［D］. 北京：中国科学院地理科学与资源研究所，2022.

联动的耕地保护责任体系，层层压实、细化耕地保护责任，依法惩处耕地违法行为。三是形成制度合力，优化自然资源、农业农村、生态环境、发展改革等部门职责，促进管控型、激励型、建设型等不同类型，数量、质量、生态"三位一体"的政策衔接和联动，提高耕地保护各项举措的系统性、整体性和协同性。

2. 长期严格耕地数量管控，严守18亿亩耕地红线不褪色

一是统筹划定落实三条控制线，确保耕地保有量和永久基本农田保护目标任务可分解、可落地、可考核、可追责。以资源环境承载力和国土空间开发适宜性评价为基础，识别农业生产适宜区，锁定优质耕地资源，充分体现永久基本农田的耕地属性。二是严格落实耕地占补平衡制度，系统谋划耕地"进出平衡"的规模、布局、时序。科学划定永久基本农田储备区，动态统筹储备永久基本农田补划地块，守住优质耕地。三是科学推进耕地后备资源开发利用，统筹拆旧复垦、村庄整治、工矿废弃地复垦等各类土地整治项目。分类改造、合理开发利用盐碱地，增加耕地面积，促进耕地集聚。

3. 用养结合强化耕地质量管理，因地制宜落实耕地生态管护

一是由农业农村部定期开展耕地质量动态监测与生态调查评价，准确掌握耕地质量、性状和利用状况，调整农作物生产布局，控制利用强度。二是持续推进高标准农田建设，补齐基础设施短板。针对不同类型障碍因子，综合利用现代工程技术、农业科技创新等，分区分类施策提升耕地质量，因地制宜推进生态保护与修复。三是建立耕地保护与利用治理协同机制，统筹自然资源部全域土地综合整治、村庄规划编制以及农业农村部中低产田提质改造、轮作休耕、耕地质量监测等项目安排，加强耕地补充、质量提升、轮作休耕与生态修复的有机结合。

4. 坚决遏制耕地"非农化"，多措并举防止耕地"非粮化"

一是分类明确耕地用途，严格落实耕地利用优先顺序，明确粮食主产区、产销平衡区和主销区的耕地保护责任，确保耕地粮食生产主体功能不动摇、不改变。二是健全"良田粮用"利益补偿机制，加快形成耕地地力补贴、基本农田补贴等耕地保护经济补偿的合力，发挥补贴对粮食生产的激励效应。三是积

极落实"大食物观",明确并细化耕地"非粮化"认定标准和区域差异化建设标准,科学制定应对措施。在保证耕地和基本农田数量不减少、质量不下降以及不破坏耕作层的前提下,有计划地引导农业生产调整。四是基于大数据驱动,借助无人机航拍、卫星遥感等手段,联动配合数据库和监管信息平台综合开展耕地"非农化""非粮化"全域动态监测,实现耕地治理体系和治理能力现代化。

5. 促进部门联动与多元共治,建立健全耕地保护治理体系

一是促进自然资源、农业农村、林业和草原、生态环境等多部门职责细化、信息共享、协调配合、联合治理,打好规划控制、用途管制、综合整治、生态修复、经济补偿组合拳。二是将农村集体经济组织、农户和相关企业纳入耕地保护的责任主体,促进耕地保护主体由政府主导向多方联动转型,形成政府主导、农民和企业共同参与的多元主体共治新模式。三是推行并完善"田长制",明晰主体权责和监管对象,细化各辖区的基本农田与耕地的准确用途,逐地块确定耕地保护管理指标,压实耕地保护主体责任。四是建立耕地生态保护补偿—约束机制,充分调动农民群众自觉参与耕地和永久基本农田保护和监督的积极性,推动耕地保护共同责任落实、落细、落地。

第五节　土地节约集约利用管理

一、节约集约用地的概念内涵

(一)节约集约用地的概念[①]

节约集约用地的概念是相对传统上的土地粗放利用的概念来界定的。节约用地是指在使用或管理土地的过程中,采取法律、行政、经济、技术等综合性措施,提高土地利用效率,以最少的土地资源获得最大的经济和社会收益,保障经济社会可持续发展。节约用地既包括减少土地占用量,也包括尽量少占或

---

① 曹林,黄凌翔,白钰. 建设用地节约集约利用评价和潜力测算的理论与方法研究[M]. 天津:南开大学出版社,2015.

不占耕地，尤其是优质耕地。

集约用地的概念有狭义与广义之分。从狭义上理解，集约用地是指增加土地投入，以获得更多产出效益。从广义上理解，集约用地是指以合理布局、优化用地结构和可持续发展的思想为指导，通过增加存量土地投入、改善经营管理等途径，不断提高土地的使用效率和经济效益，实现更高的经济、社会和生态环境效益。其科学内涵不应局限于寻找最高的土地利用强度，而应寻找最优集约度或最佳集约度，使土地利用的经济效益与环境效益、社会效益相统一。

节约用地与集约用地两者既有联系又有区别。联系在于两者都属于土地利用的范畴，都是提高土地利用效率、缓解土地供需矛盾的重要方式，最终目标都是实现土地可持续利用，实现社会、经济、环境的可持续发展。区别在于节约用地主要反映"用地量"的节省，强调用地效果；集约用地更强调土地利用率和土地利用效益的提高，强调用地方式。

（二）节约集约用地的特征

1. 综合性

一方面，土地节约集约利用过程中的投入是一个综合投入，不仅仅是直接生产物资的投入，也需要为改善生产环境而投入，如抗洪排涝、灌溉农田、修筑梯田、休养土地、改良土壤、提高地力等；另一方面，通过增加综合投入，不断提高土地的使用效率和利用效益，实现土地的经济效益、社会效益和生态效益协调统一，促进城乡土地利用结构优化和功能提升的动态过程与状态。

2. 动态性

土地节约集约利用具有一定的动态性特征。人们对土地资源节约集约利用的程度、类型以及判别标准随着社会、经济、技术水平和人类的认知水平变化而变化，土地粗放利用、节约集约利用和过度利用的内涵也会随着时代的变化而变化。因此，要用发展的眼光看待土地节约集约利用，即土地节约集约利用具有动态性思维特征。

3. 地域性

土地节约集约利用具有一定的地域性特征，地域性特征表现为自然地理分异特征和经济地理分异特征。不同自然环境的地域对土地节约集约利用的要求是不同的。因此，土地节约集约利用不仅需要考虑其自身因素，也必须考虑地域的差异所带来的影响。

（三）节约集约用地的影响因素①

土地节约集约利用水平是由多种影响因素互相作用的结果，归纳起来主要有以下几个方面。

1. 自然因素

土地节约集约利用必然受到土地本身自然属性的影响，它是土地节约集约利用的本底，不能超过土地自然生态属性的极限。土地的质量是有差异的，一般来说，土壤肥沃、位置与交通条件好的土地把投入转化为收益的能力更强。所谓转化力，就是指在一定技术经济条件下，土地对人类给予的各种投入的承受能力和产出能力。如果土地的转化力达不到节约集约利用的要求，强制性增加单位面积土地上的技术、劳动投入，其产量不会提高，还有可能下降。

2. 经济因素

经济发展水平是土地利用的重要约束条件之一，经济发展对节约集约用地主要有两方面的影响：一是经济发展促进产业规模经济、劳动力市场经济、信息经济等规模经济的产生，经济的集聚意味着单位面积土地的资金、物力和劳动力的聚集，在一定程度上提高了建设用地节约集约利用水平；二是经济发展使得城市经济实力增强，一些促进土地节约集约利用的措施得以顺利实施，如加大城市公共设施投资、建设高层建筑、开发地下空间、提高城市资源环境承载力等。

3. 人口因素

在土地节约集约利用中，人口因素也是比较具有活力的驱动因素之一。人口对节约集约用地的影响主要体现在以下几方面：一是人口规模的扩张导致建设用地需求增加，在有限的土地资源约束下需要重视空间利用，如通过提高建

---

① 吴均，李朝阳，许喆，等. 城市建设用地节约集约利用制度体系建设与实践：以天津市为例［M］. 天津：南开大学出版社，2015.

筑容积率、建筑密度等方式，促进建设用地节约集约利用；二是区域土地资源供给总量和人均拥有土地资源的状况直接影响其节约集约利用水平。通常而言，人地关系越紧张的地区，对土地节约集约利用的要求就越强烈。但是过高的人口密度将对住房、交通、基础设施等的需求造成巨大的压力，当这种压力超过资源环境的承载阈值时，将会引发生态环境破坏、大城市病等自然社会问题，并阻碍社会发展。因此，适宜的人口密度对区域土地节约集约利用尤为重要。

4. 技术因素

随着科学技术的飞速发展，技术进步为土地的节约集约利用提供了极大的支持。技术水平的提高将从多个方面提升建设用地的节约集约利用水平。首先，技术水平提高能够提升单位面积建设用地的产出效率，使粗放的用地趋向于集约。这类技术水平不仅包括了物理上的生产力，也包含着企业的管理水平。其次，技术水平提升以后，通过对原有的建筑、生产进行改造，能够直接提高建设用地的利用强度。最后，社会资源配置方式的转变，也会使得建设用地的配置更趋于合理，从而提高节约集约利用水平。

5. 政策因素

国家政策及各种法律法规会对土地的节约集约利用产生重大影响。土地利用总体规划、城市规划等在宏观层面上指明了城市在一定时期内的发展方向、规模和目标，提出了城市内部不同功能区的土地利用方式和管制规则，确定了各项建设用地指标和利用条件等，这些都直接影响着土地节约集约利用。同时土地供应政策在我国作为市场的调控工具，影响着城市扩张和建设用地供需均衡等方面，调整了建设用地利用方式和投资强度。由于我国严格的耕地保护制度减少了建设用地的供给量，其最终效果就是促使城市建设用地进行内部挖潜，促成城市建设用地利用向节约集约的方向发展。

6. 土地利用类型因素

根据土地利用的类型，通常城市土地利用节约集约度高，农业用地次之，牧业用地最低。农业用地的节约集约度低于城市用地的集约度，主要是由于土地利用的方式和目的不一样，农业用地是用土地的肥力来种植农作物从而收获农产品；而城市用地主要是利用土地的承载功能，在城市土地上建造房屋等建筑物，其单位土地面积上的投入远远高于农业用地上的投入，在人口密度很高的发达城市建设高层建筑时节约集约度的差距更大，因此城市用地的节约集约度一般高于农业用地的节约集约度。

二、土地节约集约利用发展历程[①]

中华人民共和国成立以来，我国的土地集约利用经历了长达 70 余年的发展，其内涵和重要性逐步清晰化，形成了中国特色的土地节约集约利用制度体系。

（一）土地节约集约利用初识阶段

我国土地集约利用的认识始于土地节约的提出。1953 年 12 月 5 日，《国家建设征用土地办法》公布，全国各省（区、市）人民委员会和各建设单位提高了对国家建设征用土地工作的重视度。1956 年《国务院关于纠正与防止国家建设征用土地中浪费现象的通知》发布，指出各建设单位要本着节约用地的原则办理土地征用。1986 年由第六届全国人民代表大会常务委员会第十六次会议通过的《土地管理法》规定"国家建设和乡（镇）村建设必须节约使用土地"。1995 年党的十四届五中全会提出"积极推进经济增长方式转变，把提高经济效益作为经济工作的中心。实现经济增长方式从粗放型向集约型转变，要靠经济体制改革，形成有利于节约资源、降低消耗、增加效益的企业经营机制"。此后，"集约"理念在我国社会经济领域中逐渐得以践行。

（二）土地节约集约利用逐步清晰阶段

1998 年国家成立国土资源部，以"土地与未来——集约用地，造福后代"为主题开展主题纪念活动，旨在唤起社会各界对土地节约集约的意识。1999 年"城市土地集约利用潜力评价"作为国土资源大调查"土地监测与调查工程"的重要组成部分得以启动，实施完成福州、天津、长春、济南、南京、包头、义乌等七个城市的城市土地节约集约利用潜力评价试点，并在此基础上研究形成了城市土地节约集约利用评价的方法，为深入推进土地节约集约利用提供了方

---

① 邹秀清. 土地经济学［M］. 上海：复旦大学出版社，2021.

法借鉴。2004 年《国务院关于深化改革严格土地管理的决定》提出"实行强化节约和集约用地政策"。2006 年设置"城市土地集约利用潜力评价工程项目",进一步拓展城市土地集约利用潜力的调查评价领域,完善相关技术标准,为进一步控制城市无序扩张、统筹城乡协调发展、盘活城市存量土地、促进城市高效用地挖潜奠定基础。土地集约利用逐步清晰。

（三）土地节约集约利用日趋完善阶段

2008 年,党的十七届三中全会提出要坚持"最严格的节约用地制度",与坚持"最严格的耕地保护制度"并称为"两个最严格"土地管理制度,明确了土地利用管理的方向。同年,《国务院关于促进节约集约用地的通知》颁布,《开发区土地集约利用评价规程》发布。2011 年《中华人民共和国国民经济和社会发展第十二个五年规划纲要》提出"落实节约优先战略",要求全面实行资源利用总量控制、供需双向调节、差别化管理,大幅度提高能源资源利用效率。2013 年党的十八届三中全会,再次强调要从严合理供给城市建设用地,提高城市土地利用率。集约用地工作已经上升到资源利用方式和经济发展方式的转变,土地集约利用的内涵不断丰富,目标越来越明确,措施越来越完善,实践越来越丰富。

（四）土地节约集约利用纳入法治轨道阶段

2014 年《节约集约利用土地规定》发布,充分吸收地方成功做法和经验,在强化规模引导、优化用地布局、健全用地标准、完善市场配置、盘活存量土地以及动态监测、信息公开、建设用地普查、节地评价等方面,就节约集约用地做出具体规定。该规定与现行法规相衔接,是我国首部专门就土地节约集约利用进行规定的部门规章,标志着节约集约用地迈上了法治化轨道。2019 年 7 月 16 日,自然资源部对《节约集约利用土地规定》进行了修改,将"坚持合理使用的原则,盘活存量土地资源,构建符合资源国情的城乡土地利用新格局"修改为"坚持合理使用的原则,严控总量、盘活存量、优化结构、提高效率",将"避免占用优质耕地"修改为"避免占用优质耕地特别是永久基本农田"等,突出了对土地资源总量控制的理念,并提出了优化结构、提高效率的手段,进一步强化土地节约集约利用要求和规定。

三、节约集约用地存在的问题①

（一）我国农用地节约集约利用存在的问题

1. 大量土地被圈占，耕地数量急剧减少

据有关资料统计，我国耕地以每年 45 万公顷的数量锐减。引起耕地数量减少的原因主要有三个方面。一是各类建设占地行为造成的减少。主要有农民收入水平提高后攀比盖新房占用农村居民点周围耕地、各类砖瓦厂取土破坏优质耕地、农村盛行的土葬与活人争地、乡镇各类企业随意建厂盖房圈占地理位置优越的耕地、乡镇一些政府机构圈占了远远大于自己实际所需的土地、城市化加速扩张导致大量耕地被占用。二是农业产业结构调整与生态退耕造成的耕地减少。三是自然灾害造成的耕地损毁。截至 2016 年年末，全国耕地面积为 13495.66 万公顷，2015 年全国因建设占用、灾毁、生态退耕、农业结构调整等原因减少耕地面积 33.65 万公顷，土地、农业结构调整等增加耕地面积 29.30 万公顷，年内净减少耕地面积 4.35 万公顷。

2. 农业用地超负荷利用，耕地质量严重受损

人们长期重用轻养，重产出轻投入，重化肥轻有机肥，进行掠夺式农业经营，导致耕地氮、磷、钾等元素比例严重失调，土壤面源污染，耕地质量日益下降。现在大部分耕地，如果不使用化肥，产量将大幅度下降。为保持同样的产量，每年使用的化肥、农药在递增。

3. 农村建设用地规模趋增且利用效率不高

20 世纪 80 年代中后期，随着农村经济的飞速发展和农民生活水平的不断提高，各地掀起了建房热潮，农村居民点用地需求量呈强劲增长态势。农民建房大多弃旧建新，且选址多围绕原村庄周边及道路扩展，并占用良田，危及耕地保护。即使是近年来城市化加速，农村人口大量进入城市，乡村人口从 2009 年的 6.89 亿人减少到 2015 年的 6.03 亿人，农村居民点用地面积依然成增加态势。据原国土资源部统计，2009 年至 2015 年期间，我国年均增加 150 万亩村庄建设用地，年增加率为 0.6%。村庄的人均建设用地面积普遍超出了标准人均建

---

① 杨庆媛. 土地经济学［M］. 北京：科学出版社，2018.

设用地面积，且绝大部分住宅是一层简易结构，建筑容积率低，因而建设用地的节约集约利用水平差。

4. 缺乏有序的规划布局导致土地浪费严重

受传统生产方式和居住观念影响，农户长期习惯于以自然院落的形式分散居住，由此形成了村民住宅"满天星"式的分布格局。农村居民用地方式大多以外延式扩展为主，而忽视对原有居民点的内部挖潜，从而导致"空心村"出现，严重浪费农村建设用地。

（二）我国城市土地节约集约利用存在的问题

1. 城市用地规模膨胀，浪费现象严重

在我国城市土地利用中，建设用地粗放利用十分普遍，许多城市注重外延扩张，不考虑实际的需求，重复建设，盲目设立各类工业园区、开发区。各开发区普遍存在"开而不发""先圈地，后立项"等土地闲置现象。一些城市形成了"摊大饼"式的发展模式，盲目追求城市规模的扩大，忽略城市的土地利用效率和单位面积土地的产出率，导致土地资源的大量浪费。有资料表明，我国人均城市用地水平显著低于发达国家，我国城市 4%～5% 的土地处于闲置状态，40%左右被低效利用，浪费现象严重。

2. 城市用地结构布局不合理，土地利用效率低

经济效益至关重要，有助于优化城市土地利用的综合效益。然而，受历史因素影响，我国城市土地利用结构长期失衡，城市工业用地比重高于住宅、交通、环境绿化以及第三产业用地。空间布局方面，行政办公与工业用地早期多集中在城市核心区域，导致城市中心商务区（CBD）的功能不够突出，商务活动的聚集效率也未能得到有效提升。这些问题共同导致城市土地经济效率低下，土地价值未能得到充分的体现①。

3. 区域城市总体发展集聚效应尚未充分发挥

我国城市化进程中区域分治特征显著，各城市过分强调自身功能的完善和

① 陈莹，张安录. 城市更新过程中的土地集约利用研究——以武汉市为例［J］. 农业经济，2005（4）：9-11.

发展，忽视与周边地区的功能互补，常常是两个甚至几个城市毗连，却各自为政，自成体系，产业结构趋同，基础设施重复建设，城市协作集聚效应无法发挥到最优。而国外研究表明，相近城市间的距离大于 100 千米，通过城市间的协作，可达到集聚效应的最大化。近年来各地区大力推进城市群、城市圈发展规划，促使区域城市功能分工协作能力增强，在全国乃至世界的影响力显著上升。著名的城市群有长江三角洲城市群、珠江三角洲城市群等。

4. 城市土地利用的方向错位

城市土地利用的方向错位主要表现在房地产开发中，高档宾馆、酒店、大型商场、人造景点、高尔夫球场等设施的开发过热，而城市居民迫切需要的经济适用房的开发建设力度不足，与之相配套的绿地、体育场地、停车场等公共设施的建设更显得不足，导致土地利用结构新的不平衡。近年来国家层面通过调控房地产市场、严管公共经费开支等措施，制止了这些问题的继续恶化。但是不少城市仍然面临解决用地方向错位问题的困境。主要困境是：如何盘活过热开发的高档房地产存量，如何补足所欠缺的公共设施、公共休闲场所，如何为高密度开发的小区解决交通拥堵问题等。

5. 土地市场机制不健全，土地配置不合理

我国现行体制下实行的是国家对土地一级市场的垄断。根据我国现行法律规定，土地使用权的出让由地方政府负责，这就决定了土地的出让市场有区域性。土地市场具有不完全的市场属性，虽然不同区域间的土地供给从宏观上看是统一的，但从微观上看，激烈的市场竞争和地方自身利益会使一些地方政府为追求自身利益而不惜采取一切正当或不正当的手段招商引资。由于土地一级市场被国家垄断，政府既充当运动员又充当裁判员，为地方保护主义甚至腐败现象的形成提供了温床。土地出让金成为地方政府重要的财政收入来源，提高了地方政府出让土地的积极性，使一些发展动力不足的城市用地快速扩张而开发滞后，导致土地利用效率下降。土地市场机制不健全，市场不能真正合理地配置土地资源，必然严重影响城市土地资源的利用效率，影响城市土地资源的节约集约利用。

四、节约集约用地的主要管理措施

（一）严格控制建设用地规模

1. 控制城乡建设用地总规模

实行城乡建设用地总量控制制度，强化县市城乡建设用地规模刚性约束，遏制土地过度开发和建设用地低效利用，强化规划管控引领。按照严控增量、盘活存量、优化结构、提升效率的原则，科学编制国土空间规划，优化生活、生产、生态空间格局。强化空间布局、结构、用途、规模、开发强度等指标约束，统筹各类各业用地需求，科学划定城镇开发边界，促进城乡建设发展由外延式扩张向内涵式发展转变。

2. 严格控制新增建设用地规模

与国民经济和社会发展计划、节约集约用地目标要求相适应，严格控制新增建设用地规模。对于农用地转用计划要严格控制，没有取得用地计划指标的项目坚决不予供地；对于城镇土地要确定合理的用地规模；对于工业项目开发区要集中布置；对于农村住宅用地，需要通过迁屯并点逐渐向中心村或城镇集中。进一步完善国土空间规划"一张图"实施监督系统，实现城乡建设用地规模的及时更新和超规模预警。对现有闲置未利用土地和利用不充分、不合理、产出低的土地进行开发利用，促使存量土地更充分地发挥土地效益，达到生产要素与土地资源的优化配置。

3. 提高土地利用效率

合理确定城市用地规模和开发边界，强化城市建设用地开发强度、土地投资强度、人均用地指标整体控制，提高区域平均容积率、城市土地综合承载能力；制定地上地下空间开发利用管理规范，统筹地上地下空间开发，推进建设用地的多功能立体开发和复合利用，鼓励技术向土地容积率、建筑密度等方面转化，在有限的土地上增加更多的利用空间以提高空间利用效率；统筹城市新区各功能区用地，鼓励功能混合和产城融合，促进人口集中、产业集聚、用地集约。

（二）严格节约集约用地制度

1. 完善区域节约集约用地控制标准

开展土地开发利用强度和效益考核，依据区域人口密度、二三产业产值、产业结构、税收等指标和建设用地结构、总量的变化，提出控制标准，加快建立综合反映土地利用对经济社会发展承载能力和水平的评价标准；健全建设用地标准体系，按照节约集约用地原则，重新审核现行的各类工程项目建设用地标准，严格控制建设用地的总量、用地结构、供地方式和供地价格，尽快编制公共设施、公益事业和其他行业建设用地标准，提高土地利用的质量。

2. 严格执行各行各业建设项目用地标准

在用地批准文件、出让合同、划拨决定书等法律文本中，明确用地标准的控制性要求，加强土地使用标准执行的监督检查；在建设项目可行性研究、初步设计、土地审批、土地供应、供后监管、竣工验收等环节，严格执行建设用地标准，建设项目的用地规模和功能分区不得突破标准控制；鼓励在严格执行国家标准的基础上，结合实际制定地方土地使用标准，细化和提高相关要求。

3. 发挥市场机制配置土地的功能

按照国家的统一部署要求，加快建设全国统一大市场，充分发挥市场在土地资源配置中的决定性作用。加大市场配置土地资源的力度，激发土地市场活力，全面提升土地市场领域政府治理能力和水平，维护土地市场秩序，保证各市场主体在公开、公平、公正的市场环境下进行交易，促进土地要素有序流动和平等交换，实现土地最佳配置和可持续发展。

4. 完善土地价租均衡的调节机制

完善工业用地出让最低价标准相关实施政策，建立有效调节工业用地和居住用地合理比价机制，提高工业用地价格，优化居住用地和工业用地结构比例。实行新增工业用地弹性出让年期制，重点推行工业用地长期租赁。加快制定有利于节约集约用地的租金标准，根据产业类型和生产经营周期确定各类用地单位的租期和用地量，引导企业减少占地规模，缩短占地年期，防止工业企业长期大量圈占土地。进一步完善土地价租税体系，提高土地保有成本，强化对土地取得、占有和使用的经济约束，提高土地利用效率和效益。

（三）实施综合整治利用

1. 大力推进城镇低效用地再开发

坚持规划统筹、政府引导、市场运作、公众参与、利益共享、严格监管的原则，在严格保护历史文化遗产、传统建筑和保持特色风貌的前提下，规范有序地推进城镇更新和用地再开发，提升城镇用地人口、产业承载能力；结合城市棚户区改造，建立合理利益分配机制，采取协商收回、收购储备等方式，推进"旧城镇"改造；依法办理相关手续，鼓励"旧工厂"改造和产业升级；充分尊重权利人意愿，鼓励采取自主开发、联合开发、收购开发等模式，分类推动"城中村"改造。

2. 因地制宜盘活农村建设农地

统筹运用土地整治、城乡建设用地增减挂钩等政策手段，整合涉地资金和项目，推进田、水、路、林、村综合整治，促进农村低效和空闲土地盘活利用，改善农村生产生活条件和农村人居环境；坚持政府统一组织和农民主体地位，增加工作的公开性和透明度，维护农民土地合法权益，确保农民自愿、农民参与、农民受益。

3. 积极推进矿区土地复垦利用

按照生态文明建设和矿区可持续发展的要求，坚持强化主体责任与完善激励机制相结合，综合运用矿山地质环境治理恢复、土地复垦等政策手段，全面推进矿区土地复垦，改善矿区生态环境，提高矿区土地利用效率。落实矿山土地复垦主体责任，确保新建在建矿山损毁土地及时全面复垦。创新土地管理方式，在集中成片、条件具备的地区，推动历史遗留工矿废弃地复垦和挂钩利用，确保建设用地规模不增加、耕地综合生产能力有提高、生态环境有改善、废弃地得到盘活利用。

（四）加强节约集约用地评价监管考评

1. 清查城乡建设用地情况

以第三次全国国土调查为基础，通过年度国土变更调查数据更新汇总，全面掌握城乡建设用地的结构、布局、强度、密度等现状及其变化情况。在此基础上，各地可根据需要开展补充调查，为充分利用各类闲置、低效和未利用土地及开展节约集约用地评价考核提供翔实的建设用地基础数据。

2. 推进节约集约用地评价

建立多尺度的节约集约利用评价制度，明确节地评价的范围、原则和实施程序，通过制度规范促进节约集约用地。根据不同层次的土地管理调控要求，从宏观、中观和微观层面制定不同层次用地、不同功能分区用地的节约集约评价方法，将评价成果应用于政府资源分配、政策制定与绩效管理，以达到对有限土地的合理、有序、节约集约利用。

3. 加强建设用地全程监管及执法督察

加强土地市场动态监测与监管，对建设用地批准和供应后的开发情况实行全程监管，定期在门户网站上公布土地供应、合同履行、欠缴土地价款等情况，接受社会监督。在用地审批、土地供应和土地使用等环节加强用地准入条件、功能分区、用地规模、用地标准、投入产出强度等方面的检查，依据法律法规对浪费土地的行为和责任主体予以处理并公开通报。

4. 强化舆论宣传和引导

做好有关法律法规、保护土地资源的宣传工作，提高公众对土地集约利用的高度认同感、参与感和责任感，转变土地使用观念，提升全社会的土地集约使用的意识。实行公众参与制，使得公众积极主动地参与到土地利用决策中，实现土地管理的科学化、民主化、公开化和法治化[①]。

五、节地政策与利用模式[②]

节地政策，就是指政府、非政府组织及社会公众等政策主体为减少经济社会发展中的土地资源要素投入、提高土地利用效率而采取的有关土地利用的行动准则或计划，包括相关的行为规范、基本准则和行动指南，是政府实施土地宏观调控和管理的手段和工具。目前，在节约集约宏观政策的指导下，各地区都结合区域自身特征探索开展了多样化的节地政策实施模式。其中，具有典型代表的有"三集中"节地政策模式、"双提升"节地政策模式、"减量化"节地政策模式、土地整治节地政策模式和循环经济型节地政策模式。

（一）"三集中"节地政策模式

"三集中"节地政策模式是指"农业向规模集中、工业向园区集中、居民向

---

① 刘胜华. 土地管理学 ［M］. 武汉：武汉大学出版社，2020.
② 黄贤金. 土地政策学 ［M］. 北京：中国农业出版社，2023.

城镇集中"（也有的是指"工业向园区集中，人口向城镇集中，住宅向社区集中"），是长江三角洲地区江苏省、上海市等地探索出的节约集约用地模式。针对农业劳动力转移引发的工业企业布局分散、缺乏集聚效应等问题，上海及苏南一些地区，通过探索实践"三集中"模式，有效地促进了农用地的规模利用，带动了现代农业发展，提高了农用地效率；工业向园区集中，通过园区提供公共物品（如道路、污染治理等），不仅节约了工业企业发展的成本，而且也形成了集聚效应，更为有效地促进了工业企业发展；居民向城镇集中，节约利用了城镇建设资金，提高了城镇经济集聚程度，也改善了城镇人居环境。

例如，江苏省无锡市人多地少，土地后备资源匮乏，人地矛盾十分突出，每减少一亩耕地，就要增加两名失地农民。该市推行"三集中"首先是积极引导工业项目向园区集中，改变"村村点火，处处冒烟"的工业用地格局，整合各类工业用地，"砍"掉部分乡镇工业小区，引导工业项目向园区尤其是国家、省级重点园区集中，要求国家和省级开发区单位土地面积投入（不含土地出让金）不得低于 3750 万元；企业内部生活服务设施等配套设施的用地，控制在项目总用地面积的 10% 以内；工业用地绿地率一般不得超过 15%；新建厂区的容积率一般应大于 0.8。其次是积极引导农田向适度规模经营和现代都市农业规划区集中，以农业规模化、基地化、集约化为主线，使农田调整与推进农业产业化相结合，变农业的分散经营为集中集约经营；以城镇组团为单位，把全市 59个乡镇重新规划为 1 个中心城市、2 个副中心城市、12 个城镇组团，优化空间布局，通过规划建设现代都市农业集中片区，在土地利用格局上形成永久基本农田保护区和现代农业保护线。最后是积极引导农民向城镇和农村新型社区集中，变散状居住为集中安置，将乡镇数从 117 个减少到 59 个，并将中心城镇建设、自然村撤并与改革传统农民宅基地使用制度相结合，统一建设多层、高层农民公寓，实行社区化集中管理，平均每个农民占用的宅基地从 100 m² 降为 30 m²。正是通过节约集约用地新机制合理配置土地，2004 年无锡市以占全国 0.05% 的土地，实现了占全国 1.4% 的国内生产总值和 0.9% 的财政收入。

（二）"双提升"节地政策模式

"双提升"节地政策模式是指实现土地利用节地水平和产出效益的双提升。

是新常态下江苏省将其历年来节约集约用地政策创新探索成果进行系统深化和集成发展形成的一种节地政策模式。其主要内涵是牢牢把握以土地利用方式转变促进经济发展方式转变的主线,大力推进节约集约用地政策创新、制度创新和机制创新,积极稳妥推进土地管理制度改革。"双提升"节地政策模式的思路是以"保护资源、节约集约、维护权益、改革创新"为政策目标,多管齐下打出组合拳,推动由土地资源支撑型经济向土地资源集约型经济转变。其核心内容可以概括为"4321",即严守"耕地保护和基本农田红线、生态保护红线、土地开发强度红线和城市发展边界线"四条红线,实施"空间优化、五量调节、综合整治"三大战略,实现节地水平和产出效益"双提升",整合建立一套("1+X")行之有效的节约集约用地制度体系。

江苏省"双提升"节地政策模式的主要特色有:

(1) 统筹兼顾"节地"与"增效",适应、引领社会经济发展阶段。节约集约用地"双提升"政策准确捕捉了土地节约集约利用的本质,提出的节地水平和产出效益双提升将"节约"和"集约"有机结合、统筹考虑,以"节地"解决节约,以"效益"解决集约,避免了顾此失彼、偏重一方的缺陷,并且通过调控、约束、考核等手段实现全过程管理来保障"双提升"的实现。可以说,节约集约用地"双提升"政策适应并引领了当前的社会经济发展阶段。

(2) 综合施策,充分发挥路径的集成、叠加和放大效应。节约集约用地"双提升"政策的实施路径不是单一化的,通过空间优化、五量调节和综合整治实现了多元化路径,"多条腿走路"。而各路径间又实现了相互策应、相互支撑,使得路径间的集成效应、叠加效应和放大效应得以充分发挥,多管齐下实现土地节约集约利用,达到了"1+1>2"的效果。

(3) 形成了较为完备的体系,具有较强推广性。节约集约用地"双提升"政策通过明确目标、设计路径、保障支撑、综合考评等环节,形成了一套较为完备的节约集约用地战略体系,并且通过"统一部署、试点先行、稳妥推进"的方式不断进行完善。因此,各环节的有效衔接及其体系性的发展使其具有较好的可植性和推广性。

（三）"减量化"节地政策模式

"减量化"节地政策模式是以上海为代表的资源"紧约束"大城市提出的一种提升区域土地节约集约利用水平的政策模式。其明确提出"建设用地规模必须只减不增、必须负增长"，即建设用地的总量控制思路从"零增长"转变到"负增长"。政策模式的基本策略是"总量锁定、存量优化、增量递减"，从而实现建设用地流量增效、质量提高。

（1）总量锁定，推动规划建设用地总量"减量化"。上海市调整了新一轮城市总体规划修编和土地利用总体规划完善总体思路，在以现行土地利用总体规划确定的规划建设用地总规模目标 3226 平方千米锁定规划建设用地总量，实现"零增长"思路的基础上，拟将 2040 年上海市建设用地规划总量控制在 3200 平方千米以内，实现规划建设用地总量的"减量化"。

（2）存量优化，推动集中建设区外的"198 区域"工业用地"减量化"。上海市 2015 年提出"建设用地控制线、产业区块控制线、基本农田控制线、生态网络控制线"等 4 条控制线，以划定的"集中建设区"为核心，作为土地利用总体规划管理的主要控制要素，明确了集中建设区内外的工业用地布局和差别化管控规则。工业用地区域具体分为三类，即"104 区域"的规划工业用地区块，指集中建设区内已定位的 104 个工业用地地块，主要进行结构调整和能级提升，重点发展先进制造业、战略性新兴产业、生产性服务业；"195 区域"的现状工业用地，指集中建设区内 195 平方千米的现状工业用地，主要按照规划加快转型，完善城市公共服务功能，重点发展现代服务业；"198 区域"的现状工业用地，是实施现状工业用地"减量化"区域，指集中建设区外 198 平方千米的现状工业用地（包括宅基地），将以土地综合整治为平台，编制实施郊野单元规划，重点实施生态修复和整理复垦，优化城乡建设用地布局。

（3）增量递减，促进新增建设用地计划逐步"减量化"。上海市在提高节约集约用地水平的"五量管控"基本策略中，明确了全市新增建设用地年度计划在 2013 年的基础上逐年递减，同时加大新增建设用地计划与集中建设区外的减量化规模的关联力度，确保总量锁定目标的实现。一是推进土地利用计划差别化、精细化管理。年度新增建设用地计划优先保障基础设施、公共服务设施和民生项目用地,有效控制新增工业用地。二是将区县年度新增建设用地计划分解量与现状低效建设用地盘活和减量化等考核机制联动,即按照年度分解各区(县)减量化任务,将年度建设用地减量化计划和新增建设用地计划、新增补充耕地计划一起分解下达到区(县),作为年度考核目标的重要组成部分。三是建立减量建设用地差别化奖励和扣还机制。根据年度减量化任务完成情况,按年度进行新增建设用地计划的奖励和扣还。集中建设区外复垦工业用地实现建设用地减量化的,奖励不低于复垦面积的15%的新增建设用地计划,复垦宅基地奖励不低于10%的新增建设用地计划。未完成减量化任务的,将强制归还新增建设用地计划和耕地占补平衡的差额部分。

(四)土地整治节地政策模式

一段时期内经济发展上急于求成,布局不尽合理,造成了大量的土地被占用和浪费,这在工业用地方面表现得尤为明显,使得土地整治尤其是建设用地整治潜力巨大。为此,一些地方出台了相关政策,力求通过土地整治实现土地节约集约利用,最典型的就是上海市江桥模式。

上海嘉定区江桥镇坐落在苏州河畔,紧邻市区和外环线,是连接大上海经济圈和江浙经济圈的枢纽,区位条件优越。过去该镇靠土地求发展,土地利用布局不尽合理,土地利用率低,且土地资源短缺,难以满足经济社会发展的用地需求。针对这一状况,该镇以用地集约、产业集聚、布局集中、规模适度为原则,对 4.5 km² 的老工业区进行重新规划、深度整治,不仅开拓了发展空间,也为下一步优势产业集聚提供了土地保障。通过土地整治,建设用地面积增加近 2 km²,有效地保障了经济社会发展的用地供应,尤其是城镇功能升级。

(五)循环经济型节地政策模式

20 世纪 60 年代,美国经济学家鲍尔丁提出了"地球宇宙飞船"理论,把地球比喻成一艘"宇宙飞船",认为人类要在地球上生存得更久就要提高地球资源的循环利用水平。鲍尔丁把传统的资源利用模式比喻成"牧童经济",认为其资源利用模式是"资源—产品—废物"。虽然鲍尔丁循环经济的资源利用思想早在 20 世纪 60 年代就被提出来了,但并没有得到重视。20 世纪 70 年代,可持续问题开始被国际政治以及学界关注,1987 年出版的《我们共同的未来》促进了全球对可持续发展的关注。此时，基于对经济与环境系统相互依赖的认识而产生的生态经济也引起了经济学以及生态学界的广泛兴趣，生态经济学家主张运用系统论的方法来看待资源利用问题，倡导经济系统是地球这个更大系统的子系统的观点。进入 20 世纪 90 年代，人们似乎重新发现了鲍尔丁的循环经济理念，循环经济的研究逐步得到重视，循环经济的研究逐渐体现在产业生态以及循环经济学的研究中，循环经济学的出现标志着对资源经济问题从"牧童"思维向"宇宙飞船"思维的转变，并且使得可持续发展思想在资源利用方面有了操作层面的发展。

循环经济发展也有效地实现了土地节约集约利用，主要是通过建立产业或企业间的生态链接关系，使得一个行业或企业的废弃物成为其他行业或企业的生产原料或资源，可以减少污染物占地，以及生产原料运输对于物流用地的需求，同时也更有利于企业向产业集聚区集中。如以江苏省南京市栖霞区化工业园区为例，通过设计清洁生产和网状共生的生态工业体系，可以有效地减少园区污染排放，同时也减少了园区经济运行对于生产资料或相关资源的需求，从而在一定程度上减少了土地资源占用，提高了土地资源利用的经济效率和生态效率，而若依照传统的经济发展布局模式，则随着经济发展规模的不断扩大，资源占用量及污染排放量也不断增长，从经济增长方式上也难以保障土地节约集约利用。

（六）盘活存量用地

在江苏新沂经济开发区，有一家化纤纺织股份有限公司在 2004 年获批 108 亩土地，总投资 1.48 亿元，主要用于建设 768 台喷水织机项目。然而，2009 年，公司主要投资人不幸车祸遇难，公司引入新投资人并更名。但由于经营不善和复杂的债权债务问题，企业最终长期停产停业，厂房破败，土地荒芜。2018 年，新沂市委、市政府将这片土地上的企业认定为"僵尸企业"，并决定采取措施盘活这片低效用地。市政府成立了资源资产处置专班，通过司法介入、破产拍卖和国有公司收购改造的方式，对这片土地进行改造。2020 年，徐州市新沂经济技术开发有限责任公司投入 1.2 亿元，将这片土地改造成为新沂直播经济产业园。2021 年，产业园一期建成，成功盘活了 80 亩土地，改建了 22000 m² 的存量厂房，并打造了集直播、培训、孵化、仓储为一体的现代服务业项目，极大地提升了投资强度和产出率。

为更好盘活存量资源，释放用地空间，新沂市先后制定《新沂市处置"僵尸企业"和"半拉子"工程工作方案》《关于加强园区产业节约集约用地的意见（试行）》《新沂市化工产业集聚区企业准入、退出管理办法（试行）》等配套文件，使资源利用效益得到了大幅提升，并有效化解社会风险，促进和谐稳定。

（七）优化结构——推动城镇低效用地再开发

目前，乡建设用地使用较为粗放的局面依然存在，有相当规模低效用地亟待提质增效，节约集约用地水平还有较大提升空间。山东省齐河县为推动城镇低效用地再开发，建立城镇低效用地再开发摸底调查数据库，实行动态更新管理，运用闲置厂房租赁、整片征收再开发等方式推动闲置低效用地有序退出、高效盘活，完成城镇低效用地再开发 4000 余亩。

近年来，自然资源部持续优化城乡建设用地布局和结构，不断提高用地效率。2022 年全国建设用地 6.30 亿亩，较上年末净增加约 440 万亩，年度增幅从 0.83% 降至 0.70%。要继续优化结构，着力推动城镇低效用地再开发，推动供地"增量递减、存量递增"和用地"规模集聚、效益递增"。

（八）混合用地——提高土地利用效率和效益①

相较于现行的一宗地只有一种用地性质的"单一用地"管理模式，混合用地的优势在于能够将一系列相互关联的功能紧凑地安排在同一区域内，推动产业升级，提升城市活力和用地集约度。2020 年，四川省自然资源厅印发《关于开展混合用地改革试点助推新产业新业态发展的通知》，确定成都、泸州、绵阳为试点市，推动产业用地由单一性质向制造与仓储物流、科研、办公、商业等融合发展转变。泸州市合江县先市镇，有一家酿造食品的企业，不仅酿造食用酱油，而且是一处工业旅游景点。这家公司采取了"前店后厂"的模式，将传统的酱油酿造技艺与现代旅游体验相结合，极大地增加了游客体验感，并增加了经济收入。在混合用地改革的背景下，企业正在推动产业升级和三产融合发

---

① 空间再造产业重塑，"寸土"这样变"寸金". 新华日报. 2022. 2. 24.

展，开辟出一条"工业＋文旅"的新赛道，同时计划在新项目中建成一个集生态酿造、非遗技艺传承、研学旅行、参观互动及体验购物于一体的沉浸式非遗传承酿造基地。厂区的规划充分考虑了功能需求，划分了多个功能分区，使同一区域内能够满足企业生产、存储、销售、配送、展示、办公等多重需求，形成了一个各环节互通互联的闭环系统。

混合用地改革是深化土地要素市场化配置改革的要求，也是提高土地利用效率和效益的重要途径。在新兴产业和商业模式对土地使用需求多样化的背景下，混合用地改革在规划制定和调整、土地用途界定、地价机制构建、土地供应模式创新以及项目管理监督等多方面都做出了有效探索，致力于构建一个全面、连贯的新产业新业态用地规划与土地管理体系，不断提高土地节约集约利用水平。

第六节　城乡建设用地增减挂钩管理

一、城乡建设用地增减挂钩的内涵

（一）城乡建设用地增减挂钩的概念

城乡建设用地增减挂钩是指依据土地利用总体规划，将若干拟整理复垦为耕地的农村建设用地地块（即拆旧地块）和拟用于城镇建设的地块（即建新地块）等共同组成建新拆旧项目区（以下简称项目区），通过建新拆旧和土地整理复垦等措施，在保证项目区内各类土地面积平衡的基础上，最终实现建设用地总量不增加、耕地面积不减少、耕地质量不降低、城乡用地布局更合理的目标。

（二）城乡建设用地增减挂钩的作用

1. 优化人口和土地资源的空间配置

增减挂钩能够在保持城乡建设用地、耕地总量动态平衡的前提下优化土地资源配置。随着"十四五"时期城镇化的进一步推进，城乡住宅用地配置失衡状况还会进一步加剧，增减挂钩有助于将农村大量闲置的住宅用地转换成城市住宅建设用地，从而大大增加城市住宅建设用地面积，缓解城市住宅建设用地供求紧张状况，城市住宅建设用地有效供给的增加有助于降低城市住房价格，加快农业转移人口的市民化进程，优化我国人口与土地资源的空间配置[①]。

2. 缩小城乡收入差距

我国农村宅基地的使用权不能向城镇居民转让，严重堵塞了农民获得财产性收益的渠道。增减挂钩可以使偏远地区农民闲置的宅基地在复垦为耕地后，通过地票市场将其建设用地指标转移到城市周边地区，从而分享城市化和工业化带来的土地增值收益，这对于缩小城乡居民收入差距具有重要意义。

3. 助力脱贫攻坚和乡村振兴

增减挂钩有助于促进经济发达地区与土地资源丰富地区之间的优势互补，给经济落后地区带来土地增值收益，拓宽农民财产收益渠道，并可结合农村土地制度改革，为扶贫产业发展提供资金支持，有效支持脱贫攻坚。通过增减挂钩节余指标国家统筹跨省域调剂使用，深度贫困地区能够获得跨省域调剂资金，为农民搬迁新居建设、农村基础设施建设和扶贫产业发展提供资金来源。东西部扶贫协作和对口支援框架内开展的土地增减挂钩节余指标交易，加快了深度贫困地区脱贫步伐，帮扶效果显著。

4. 加强耕地保护，提升土地利用的节约和集约化水平

我国耕地保护的主要措施之一是占补平衡。作为占补平衡思想的合理延伸，增减挂钩政策的目的是在保护耕地的基础上盘活存量建设用地。《城乡建设用地增减挂钩试点 2013 年度评估报告》总结的 29 个省份试点评估情况显示，增减挂钩政策确保了建设用地总量不扩大、耕地面积有增加。增减挂钩并不违背耕地保护目的，且在土地整治、增加耕地方面发挥了有益作用。

5. 促进民族地区城乡统筹和城乡融合发展

通过实施增减挂钩政策，实现城乡用地资源紧缺的调剂与互补，提高土地

---

① 蔡继明，刘梦醒. 论我国城乡建设用地增减挂钩模式的转变［J］. 天津社会科学，2021（5）：141-148.

节约利用水平，优化土地利用结构布局，有效腾退城乡建设空间，满足了民族地区经济发展对于土地的刚性需求，通过增减挂钩推动了城乡统筹和城乡融合发展①。

6. 改善农村人居环境，提升农村生活水平

对地质灾害严重、危房较多、偏远零散的农村居民点进行增减挂钩，进行集中建设和集中安置，有效改善了农村人居环境，提高了农村生活质量，推动了农村安全和发展，同时也节约了农村基础设施建设等方面投入。将农村闲置、废弃建设用地予以整理，恢复为耕地、草地或林地，促进了耕地保护和生态环境修复，助推了美丽乡村和生态文明建设，最大限度实现了增减挂钩的经济效益、社会效益和生态效益②。

(三) 城乡建设用地增减挂钩政策的发展脉络

1. 第一阶段：县域内试点缓解城镇用地供需矛盾

2005 年 10 月，原国土资源部组织启动了增减挂钩试点工作，根据《关于规范城镇建设用地增加与农村建设用地减少相挂钩试点工作的意见》，挂钩周转指标按照"总量控制、封闭运行、定期考核、到期归还"的原则进行管理，挂钩试点工作实行行政区域和项目区双层管理，并以项目区为主体组织实施。

2007 年 7 月，《国土资源部关于进一步规范城乡建设用地增减挂钩试点工作的通知》（国土资发〔2007〕169 号）发布，要求统一思想认识，进一步明确挂钩试点工作的指导原则；突出规划引导，严格控制挂钩试点的范围和规模；从严规范管理，促进挂钩试点工作有序开展；尊重农民意愿，切实保障农民合法权益；加强组织领导，确保挂钩试点工作取得成效。

2008 年 6 月，原国土资源部印发《城乡建设用地增减挂钩试点管理办法》，该文件要求挂钩试点工作应当由市、县人民政府组织协调，相关部门协同配合，共同推进。项目区内拆旧地块整理的耕地面积，大于建新占用的耕地的，可用

---

① 蔡继明，刘梦醒. 论我国城乡建设用地增减挂钩模式的转变 [J]. 天津社会科学，2021 (5)：141-148.

② 任平，吴涛，周介铭. 城乡建设用地增减挂钩政策对粮食安全作用机理与潜在影响研究 [J]. 农村经济，2014 (1)：26-29.

于建设占用耕地占补平衡；挂钩周转指标应在规定时间内用拆旧地块整理复垦的耕地面积归还，面积不得少于下达的挂钩周转指标。

2. 第二阶段：省域内流转助推脱贫攻坚

2010年12月，《国务院关于严格规范城乡建设用地增减挂钩试点切实做好农村土地整治工作的通知》（国发〔2010〕47号）文件要求，依据土地利用总体规划，统筹安排农民新居、城镇发展等土地整治活动，合理设置建新、拆旧项目区，确保项目区内建设用地总量有减少、布局更合理，耕地面积有增加、质量有提高，实现以城带乡、以工补农，城乡统筹发展的目标。各地要依据土地利用总体规划和农业生产、城乡建设、农田水利建设、林业保护利用和生态建设等有关要求，科学编制农村土地整治规划，合理安排增减挂钩试点的规模、布局和时序。

2011年10月，《国土资源部办公厅关于加强城乡建设用地增减挂钩试点在线监管工作的通知》（国土资厅函〔2011〕975号）要求，今后新批准实施的增减挂钩试点项目区都要按照《城乡建设用地增减挂钩试点在线监管系统建设方案》要求及时将有关信息上图入库并在线备案，实行增减挂钩试点工作动态在线监管。

2011年12月，《国土资源部关于严格规范城乡建设用地增减挂钩试点工作的通知》（国土资发〔2011〕224号）规定，省级要编制好增减挂钩专项规划，并报部批准实施；市、县要编制好增减挂钩项目区实施方案，逐级上报省（区、市）审批，报部备案。今后，部批准增减挂钩试点，包括土地整治示范建设中的增减挂钩项目在内，将以地方增减挂钩规划、项目区实施方案编制和实施情况作为重要依据。

2015年11月，《中共中央、国务院关于打赢脱贫攻坚战的决定》提出，利用城乡建设用地增减挂钩政策支持易地扶贫搬迁，在连片特困地区和国家扶贫开发工作重点县开展易地扶贫搬迁，允许将城乡建设用地增减挂钩指标在省域范围内使用。

2016年2月，《国土资源部关于用好用活增减挂钩政策积极支持扶贫开发及易地扶贫搬迁工作的通知》（国土资规〔2016〕2号）要求，部在分解下达全国增减挂钩指标时，向脱贫攻坚任务重的省份倾斜；省级国土资源主管部门在安排增减挂钩指标时，要重点支持贫困市县的扶贫开发及易地扶贫搬迁工作；市、县级国土资源主管部门在组织增减挂钩项目区时，要优先考虑贫困村庄特别是实施易地扶贫搬迁的村庄，积极支持具备条件的贫困地区通过开展增减挂钩，推动扶贫开发和易地扶贫搬迁工作。集中连片特困地区、国家扶贫开发工作重点县和开展易地扶贫搬迁的贫困老区开展增减挂钩的，可将增减挂钩节余指标在省域范围内流转使用。

3. 第三阶段：东西部跨省域调剂

2018年3月，《国务院办公厅关于印发跨省域补充耕地国家统筹管理办法和城乡建设用地增减挂钩节余指标跨省域调剂管理办法的通知》（国办发〔2018〕16号）指出，本办法所称跨省域补充耕地国家统筹，是指耕地后备资源严重匮乏的直辖市，占用耕地、新开垦耕地不足以补充所占耕地，或者资源环境条件严重约束、补充耕地能力严重不足的省，由于实施重大建设项目造成补充耕地缺口，经国务院批准，在耕地后备资源丰富省份落实补充耕地任务的行为。本办法所称城乡建设用地增减挂钩节余指标跨省域调剂，是指"三区三州"及其他深度贫困县城乡建设用地增减挂钩节余指标由国家统筹跨省域调剂使用。

2018年7月，自然资源部印发《城乡建设用地增减挂钩节余指标跨省域调剂实施办法》，帮扶省份省级人民政府根据国家下达的城乡建设用地增减挂钩节余指标跨省域调剂任务，深度贫困地区所在省份省级人民政府根据国家下达的节余指标跨省域调剂任务。

2021年12月，《自然资源部、财政部、国家乡村振兴局关于印发〈巩固拓展脱贫攻坚成果同乡村振兴有效衔接过渡期内城乡建设用地增减挂钩节余指标跨省域调剂管理办法〉的通知》（自然资发〔2021〕178号）（有效期至2025年12月31日）指出，本办法所称城乡建设用地增减挂钩节余指标跨省域调剂，是指原"三区三州"及其他深度贫困县、国家乡村振兴重点帮扶县开展城乡建设用地增减挂钩，拆旧复垦安置节余的建设用地指标在省际协商基础上由国家统筹跨省域调剂使用。不得先拆旧复垦再予以追认，不得擅自扩大规模。调出的节余指标，必须来源于增减挂钩拆旧复垦产生的、可长期稳定利用的耕地。位于生态保护红线范围内或 25 度以上陡坡的原则上不得复垦为耕地。节余指标优先满足当地用地需求后方可用于跨省域调剂。

二、城乡建设用地增减挂钩的运作模式

（一）政府主导模式

由政府主导，统筹规划拆旧地块、建新地块，落实新村规划与建设、农民搬迁、拆旧复垦等所需资金，对新村建设、土地复垦等工程实施全面管理、监督和验收，并承担项目风险。农村建设用地整理结余建设用地指标主要用于政府招商引资和基础设施建设，通过市场取得的城乡土地的级差地租来平衡政府的投入和收入，回收资金。该模式可以充分发挥政府职能，但也容易造成基层政府财政紧张等问题[1]。

（二）企业主导模式

由企业作为投融资主体，在政府的指导下统筹农民搬迁、补偿、拆旧、复垦、安置点建新等。增减挂钩置换腾出的建设用地指标部分或者全部用于企业建新或扩建。资金的筹措和运作与政府脱钩，政府主要起监督、引导、协调和服务作用。企业作为市场的主体，能够扩大投融资规模，减轻政府财政压力，同时可以合理、高效地配置各种资源，提高效率，但企业的逐利性会忽略增减挂钩的质量，导致环境和生态破坏，损害农民利益。

（三）村集体自主模式

以村集体自主模式进行的城乡建设用地增减挂钩，农民搬迁、补偿、拆旧、复垦、安置点建新等主要由村集体统筹规划完成，增减挂钩置换的土地和项目实施所需资金在村集体内部循环。农民能够最大限度获得土地增值带来的收益，但该模式仅适用于村集体经济实力雄厚、经济发达的村庄，同时因权利主体较多，容易产生利益纠纷。

（四）重庆市指标周转模式

指标周转模式，是指区县政府将符合条件的农村建设用地和城市周边的农

---

① 唐志欣，王慧，李艳艳. 城乡建设用地增减挂钩的政策背景、运行模式及其问题探讨 [J]. 曲阜师范大学学报（自然科学版），2014，40（1）：102-106.

用地共同组建为"挂钩"项目区，项目区由建新区（安置区和留用区）和拆旧区组成，区县政府通过周转指标的使用和归还，在保障农民利益不受损的前提下，推进建新区和拆旧区的土地置换。

指标周转模式的具体运作流程可以总结为三个阶段：

第一阶段是周转指标的获取，各区县国土部门以本地区的农村建设用地复垦潜力和城市建设用地需求为基础，结合本区域土地利用总体规划，编制"挂钩"专项规划和实施计划，并确定项目区（拆旧区、建新区和安置区）的规模和布局以及农民的补偿和安置标准。市国土部门根据全市总体情况向原国土资源部申请"挂钩"周转指标，申请获得批准后，由原国土资源部下发"挂钩"周转指标。

第二阶段是周转指标的使用与农民安置，在获得周转指标后，区县国土部门首先需要筹措资金对拆旧区农民进行补偿安置，并将周转指标优先用于农民安置房和基础设施配套建设，节余的建设用地指标用于建新区工业发展和城市建设使用。

第三阶段是周转指标的归还，区县国土部门需要在三年内完成对拆旧区农村建设用地的复垦工作，以归还先期使用的周转指标[①]。

（五）重庆市地票交易模式

所谓地票，就是将农村集体建设用地复垦为耕地后，产生的一种有偿用地指标。这种指标可以在重庆市农村土地交易所进行交易，交易成功后就实现了建设用地的城乡置换。

地票交易模式的运作流程也可以总结为三个阶段：

第一阶段是地票的产生。首先，区县国土部门对本区域的农民进行地票相关知识的宣传，符合条件的农村土地权利人（包括农村集体经济组织、农民家庭及拥有土地权属的其他组织）可以根据自身需求，将闲置的农村建设用地向区县国土部门提出复垦申请；其次，区县国土部门对申请复垦的地块和农村土

---

① 顾汉龙，冯淑怡，曲福田. 重庆市两类城乡建设用地增减挂钩模式的比较 [J]. 中国土地科学，2014，28（9）：11-16+24.

地权利人的资格进行审核，并对符合复垦条件的土地予以批准并进行复垦；最后，由市级国土部门进行验收，并对验收合格的地块下发"挂钩"指标凭证，即地票。

第二阶段是地票的交易与农民补偿。首先，获得地票的土地权利人会将地票委托给区县国土部门进行操作，区县国土部门定期将本区域的地票投放到重庆市农村土地交易所；其次，重庆市农村土地交易所的工作人员将投入本所的零散地票进行打包，并定期组织公开拍卖；最后，通过拍卖，出价高者购得地票，成交后的地票价款在扣除复垦成本、融资成本和管理成本后全部返还给农村土地权利人作为补偿。目前重庆市规定，经营性用地不允许使用国家下达的计划指标，必须通过购买地票指标进行落地，因此，如果想要获取土地进行经营性开发建设，购得地票是首要前提。

第三阶段是地票的落地。首先，购得地票的土地权利人在全市规划区内（建设留用地）选择拟落地地块；其次，对于拟落地地块，政府按照征地流程对其进行征收，并通过招、拍、挂方式出让土地，购得地票的权利人还需在此轮竞购中获胜，地票指标才可以最终落地，如果购得地票的权利人没能在此轮竞购中获胜，那么地票由政府原价收回；最后，当地票落地后，地票可冲抵新增建设用地有偿使用费和耕地开垦费。

三、城乡建设用地增减挂钩的管理保障措施

（一）制度保障

地方各级政府要加强组织领导，明确进入挂钩指标供需库的试点区域、招投标内容以及总体运行规则等，实行项目责任人制度，根据职能分工并且在领导小组的统一部署下，将任务责任到人。建立健全各项规章制度，转变官员政绩考核方式，建立官员责任终身制，督促相关单位、个人积极配合落实各项工作的开展。同时政府应在耕地保护、项目申报审批、农民权益保障等方面提供制度保障，强化审查和监管机制，聘请有专业资质的监理单位对"挂钩"工程实行工程监理，严格规范增减挂钩试点，并切实做好农村土地整治工作。

（二）资金保障

增减挂钩项目是一项复杂的工程，涉及的利益主体较多，资金能否落实是城乡建设用地增减挂钩政策能否顺利实施的关键因素之一。因此，为保障项目专项资金的充足，必须严格按照国家相关部门的规定，按标准收取费用。同时在项目实施过程中要保障各项工作经费、土地使用补偿费用和土地复垦费用等资金按时、足额发放。各地方政府应在项目资金筹集完成后实行专账管理，严格审批，保证专款专用，切实提高各项资金综合使用效益。根据经费状况，灵活安排项目，协调有关部门允许将土地出让金的一部分和新增建设用地土地有偿使用费用于农村建设土地整理。引导金融资本和社会资金广泛参与，以支撑增减挂钩项目的顺利开展。

（三）农民权益保障

各地区在开展增减挂钩项目前，要明确其土地利用现状和土地权属状况。相关人员在项目实施过程中要注重办事程序、依法实施规划、认真履行职责，杜绝违法操作行为的发生。以保护农民权益为出发点和落脚点，让农民广泛参与项目实施的各个环节，做好群众思想工作，采取公众意见调查、社区论坛、公众评议、公众审查、公众听证等多种公众参与形式，广泛征询群众的意见，保障规划制定工作的公开性和透明度。在项目实施后，要依法及时办理土地确权、变更登记手续，发放土地权利证书及农村土地承包经营权证等，依法保障农民的土地权益。

（四）法律保障

用活用好政策，离不开有效监管。各级自然资源主管部门要结合自然资源综合监管平台建设，落实监管责任，健全监管制度。在健全监管制度方面，自然资源部将对节余指标调剂任务完成情况定期进行全面自查、清理和评估，评估结果作为调剂任务安排的测算依据。对不符合政策规定的一律叫停，进行整顿、规范和限期整改，严格依法处理在增减挂钩试点工作中的违法违规行为。国家土地督察和各级自然资源主管部门也将加大日常动态巡查力度，对验收合格的新增耕地及办理用地手续的建设项目建立台账，及时核减相关指标，保证建设用地总量不增加，耕地面积不减少，数量、质量双达标。

四、城乡建设用地增减挂钩政策实施中存在的问题与对策

（一）城乡建设用地增减挂钩政策实施中存在的问题

1. 政府角色问题

城乡建设用地增减挂钩政策实施的目的是优化城乡整体用地规划，缓解城镇建设用地供应不足的困境①。然而在政策实施的过程中，一些地方政府片面地将增减挂钩作为获取地方收益的办法，一些试点地区擅自扩大试点范围、扩大挂钩周转指标规模，有的地方政府甚至为了获取指标强制进行村庄改造，先拆后建，将改造集约出的土地进行招商引资获得收益，不仅忽略了农民意愿和用地结构的优化，而且造成了严重的社会影响，违背了政策设置的本意。同时，分税制改革导致地方政府财政不足，增减挂钩项目资金大多由各地筹资使用，在筹资过程中，地方政府以成本价征收农村集体用地，再以市场价出售，获得了巨额经济收益，却忽视了农民生计持续问题。一些地方政府还存在着对增减挂钩项目不够重视的问题，验收权限层层下放，导致项目单位同时又是验收单位，项目质量难以保证，在政策执行过程中相关工作人员缺乏工作积极性，以"刚刚好"甚至"蒙混过关"的心态开展工作，获取指标收益②。

2. 农民权益问题

土地权属是农民最关心的问题。按照现行法律规定，农村集体用地所有权归农民集体所有，但是集体和农民在权益关系上比较模糊③，土地权属也缺少公开、合理的收益分配机制来保障农民权益。在城乡二元结构的影响下，我国已经形成了城市和农村区别对待的现象，当城市与农村发生利益冲突时，利益总是偏向城市，农村利益容易受到侵犯。尽管农民通过增减挂钩项目获得了部

---

① 唐志欣，王慧，李艳艳. 城乡建设用地增减挂钩的政策背景、运行模式及其问题探讨［J］. 曲阜师范大学学报（自然科学版），2014，40（1）：102-106.

② 杨禹. 城乡建设用地增减挂钩政策对民族地区乡村振兴的作用［J］. 贵州民族研究，2021，42（5）：97-101.

③ 唐志欣，王慧，李艳艳. 城乡建设用地增减挂钩的政策背景、运行模式及其问题探讨［J］. 曲阜师范大学学报（自然科学版），2014，40（1）：102-106.

分好处，但是总体而言，农民的权益并未得到充分保障，各地土地纠纷不断①，主要表现在三个方面。第一，公众参与不足。公众参与作为维护公众利益、优化规划方案的手段，在政策决策中受到了越来越多的关注和重视。但在增减挂钩操作过程中，农民常处于被动地位，公众参与机制不健全，信息传递渠道不通畅。第二，违背农民意愿。农民祖祖辈辈生活几十年甚至几百年的地方，已经形成了特定的文化、特定的社会形态，然而政府在行政规划的过程中总是忽略民众的意愿，如是否愿意搬迁、是否愿意改变家园环境等。第三，补偿标准低。虽然政策规定土地出让收益优先用于农业土地开发和农村基础设施建设，但是实际情况下，农民从土地出让中获得的收益不到 10%②。

3. 耕地质量问题

增减挂钩政策规定，一定期限内，整理复垦增加的耕地指标归还面积不得少于周转指标面积，归还质量不得低于占用耕地质量，即要遵循"耕地面积不减少、质量不降低"的原则③，耕地的占用和补充之间不仅要达成数量平衡，还要做到质量平衡。然而实际工作中，政策并没有对周转指标的如期、如数、保质归还设立强制性措施和问责机制。因此，在政策执行过程中，许多地方将建设用地周转指标有经济效益作为追逐目标，只注重耕地数量平衡而忽视了耕地质量，"占优补劣"问题普遍存在。虽然实现了面积上的"占一补一"，但补充耕地的质量难以达到被占用耕地的质量，导致耕地隐性减少④。一些地方政府为了获取周转指标，不切实际地夸大土地整理指标，造成农村建设用地重复

---

① 谢贞发，李艳旭. 中国特色土地增减挂钩政策：演进、特征与改革展望 [J]. 财政科学，2022（12）：10-28.

② 王振波，方创琳，王婧. 城乡建设用地增减挂钩政策观察与思考 [J]. 中国人口·资源与环境，2012，22（1）：96-102.

③ 李旺君，吕昌河. 我国城乡建设用地增减挂钩透视 [J]. 中国农业资源与区划，2013，34（3）：16-21.

④ 李旺君，王雷. 城乡建设用地增减挂钩的利弊分析 [J]. 国土资源情报，2009（4）：34-37.

整理开发，难以实现占补平衡①。有些地方甚至将工业园区建立在新建居民点，不仅数量达不到标准，质量无法保证，还产生了污染问题，浪费了人力、物力和财力，加重了农民负担，这与城乡建设用地增减挂钩政策规定的"耕地面积不减少、质量不降低"相矛盾。

（二）推进与完善城乡建设用地增减挂钩政策的建议

1. 坚持政府主导地位，明确政府角色

增减挂钩试点工作应以落实科学发展观为统领，以保护耕地、保障农民土地权益为出发点，以改善农村生产生活条件、统筹城乡发展为目标，以优化用地结构和节约集约用地为重点。目前，一些地方干部对此工作的重要意义理解不深，个别基层政府把增减挂钩工作当成增加城镇建设用地计划指标的权宜之计，对以土地整治和城乡建设用地增减挂钩为平台促进城乡统筹发展的基本思路认识不清。对此，政府应该转变思想，切实认识到整体推进城乡建设用地增减挂钩是一项综合性工作，关系到社会、经济、文化等多个领域，因此必须科学规划、统筹安排、整体推进。要建立"政府主导、国土搭台、部门联动、统筹规划、聚合资金、整体推进"的工作机制②。转变官员政绩考核方式，重新定位政府在增减挂钩工作中的职能、角色，压实政府主体责任③，确保在增减挂钩政策实施过程中要整体考虑土地开发利用、农村基础设施建设、产业布局、生态环境保护、农民就业和社会保障等问题，以挂钩为抓手，综合推进各方面工作，实现土地利用节约集约、耕地资源有效保护、农民生活质量切实提高、城乡建设协调共荣的目标。

2. 明晰土地权属，保障农民权益

城乡建设用地增减挂钩政策要以切实保护农民权益为出发点和落脚点。首

---

① 易小燕、陈印军、肖碧林，等. 城乡建设用地增减挂钩运行中出现的主要问题与建议 [J]. 中国农业资源与区划，2011，32（1）：10 - 13，23.

② 唐志欣、王慧、李艳艳. 城乡建设用地增减挂钩的政策背景、运行模式及其问题探讨 [J]. 曲阜师范大学学报（自然科学版），2014，40（1）：102 - 106.

③ 郑俊鹏、王婷、欧名豪，等. 城乡建设用地增减挂钩制度创新思路研究 [J]. 南京农业大学学报（社会科学版），2014，14（5）：84 - 90.

先，开展增减挂钩项目试点，必须举行听证、论证，充分听取当地农村基层组织和农民的意见，让农民充分参与，畅通农民信息渠道，依法维护农民和农村集体经济组织的主体地位，保障农民的知情权、参与权①。未取得农村集体经济组织和农民同意，不得强行开展增减挂钩试点工作，应把农民满意不满意、拥护不拥护、受惠不受惠作为衡量农村土地整治成效的根本标准，做到整治前农民乐意，整治后农民满意，切实让农民得到实惠。其次，要建立公开、合理的收益分配机制，要明确受益主体、规范收益用途，确保所获土地增值收益及时全部返还农村，用于支持农业农村发展和改善农民生产生活条件，防止农村和农民利益受到侵害。最后，要建立增减挂钩宏观保障体系，政府要充分考虑农民下一代的住房，以及获得宅基地的权利等一系列问题，杜绝一味追求经济利益等问题的发生。健全相应的农民利益保障监督制度②，明确监督内容、要求与形式。同时应充分利用现有媒体宣传的作用，向农民宣传增减挂钩工作的法规政策、挂钩内容、要求和工作程序等，提高农民群众的认知度和认同度。

3. 保障补充耕地质量，强化监督体系

根据政策规定，增减挂钩必须符合土地利用总体规划，保证城乡建设用地总规模不突破、耕地面积不减少、耕地质量不下降。为了避免政府取得城镇建设用地指标只注重耕地数量而忽视耕地质量的现象发生，就要强化监督体系。具体来说，首先，应严格控制建设用地周转指标规模。要增加对农村土地整治的投入，严格执行新增建设用地有偿使用费全部用于基本农田建设和保护、土地整理和耕地开发，防止不顾当地发展条件和客观环境让农民通通住楼房的现象出现。应保留平房和院落，保留农耕文化特点和当地民风民俗。防止农村缺钱、城市缺地两者一拍即合，大量农村土地继续流向城市。其次，要实行建设

---

① 曾德珩，杨礁，陈春江. 城乡建设用地增减挂钩政策实施后复垦农民满意度研究——基于渝东南少数民族地区扶贫乡镇的调研 [J]. 中国农学通报，2020，36（35）：143 - 149.

② 陈美球，马文娜. 城乡建设用地增减挂钩中农民利益保障对策研究——基于江西省《"增减挂钩"试点农民利益保障》专题调研 [J]. 中国土地科学，2012，26（10）：9 - 14.

用地指标与复垦耕地的数量、质量"双挂钩"①。在整理农村建设用地时应该十分注重复垦耕地的质量，同时建立耕地质量评价体系，完善耕地质量评价系统，科学评价耕地质量，对于质量达不到标准的耕地，根据质量等级，加大补充面积，确保生产能力不降低。最后，要严格管理和考核耕地质量。在土地复垦环节中，应参照"先补后占"规定，制定硬性指标或强制规定，严格新增耕地的质量评定和验收②，并建立监督检查机制，鼓励其因地制宜地发展农业，并逐步引导规模经营，确保耕地有效面积的增加、耕地质量的不断提高。

【复习思考题】

1. 在理解国土空间规划的概念时，请深入思考以下问题：

(1) 为什么要规划？预期目标、意图和结果及其相关目的是什么？

(2) 规划的主体是政府、专家、规划师、企业家、公众或是他们的联合体？各自应该拥有何种比例和话语权？

(3) 如何进行规划？空间配置应该采用何种依据、原则、技术、方法和假设？步骤和过程是如何设计的？

(4) 在何种条件下规划？规划的自然生态背景、经济社会发展阶段和时代性如何？规划方案是在什么条件下达成共识的？争论的主要焦点是什么？

(5) 谁在实施规划？为了实施这项规划，应具备怎样的资源、参与者、合伙人和条件？

2. 结合国土空间规划体系内容，从国土空间准入许可、用途转用许可、开发利用监管以及立法保障等环节思考如何建立统一的国土空间用途管制制度体系？

3. 为缓解耕地与建设用地之间的矛盾，在国土空间规划实施背景下，土地利用计划管理应如何进一步改革？

4. 耕地占补平衡存在哪些问题？解决措施有哪些？

──────────────

① 边振兴，于淼，王秋兵，等. 城乡建设用地挂钩中补充耕地质量等别确定方法 [J]. 农业工程学报，2011, 27 (12): 318 - 323.

② 彭敏学，黄慧明. 论"增减挂钩"在国土空间规划中的扩展适用——以土地发展权转移的视角 [J]. 城市规划，2021, 45 (4): 24 - 32.

第四章　土地市场管理专题

　　土地市场是土地要素流通过程中发生的经济和社会关系的总和，土地市场管理是政府出于公共利益需要，对土地市场进行培育、监管、调控等工作的总和，是土地管理的核心内容，也是深化土地要素市场化改革的重要支撑。

　　本章主要介绍土地市场的基本特征和运行机制、土地市场的发展历程、土地市场结构；探讨土地要素市场化配置改革的战略路径；介绍城市土地市场价格管理的依据、政策和制度，以及城市土地价格的动态监测，探讨城市土地价格评估在土地管理中的作用；梳理土地储备制度的发展历程和模式演变；介绍"三权分置"背景下农村宅基地使用权流转的管理依据与管理主体、管理内容与管理措施；梳理集体经营性建设用地的发展历程，并探讨集体经营性建设用地入市管理的思路和依据。

第一节　土地市场管理概述

一、理解土地市场

（一）土地的商品特殊性

　　商品的基本属性是价值和使用价值。土地具有使用价值和交换价值，可以进入商品流通。但与一般商品相比，土地又是一种特殊商品。由于土地资源特殊的自然特性（面积有限性、位置固定性、质量差异性、永续利用的相对性）和经济特性（供给的稀缺性、土地用途的多样性、利用方向变更的困难性、增值保值性、报酬递减的可能性、利用方式的相对困难性、利用后果的社会性），作为特殊商品的土地，其价值并不是由它作为土地商品具有的一般商品价值属性所决定的（凝结在商品中的抽象人类劳动），而是由它能够为自己的所有者生产的地租量决定的，从而不具有一般商品所具有的真正意义上的价值属性，也不具有一般商品所具有的真正意义上的价格[①]。

（二）土地资源、土地资产与土地资本

土地资源是在一定技术条件下和一定时间内可为人类利用的土地，是人类生产、生活和生存的物质基础及来源，可为人类社会提供多种产品和服务。土地资源属性体现于土地的自然存在性，强调土地的自然属性及其使用价值。土地资产是作为财产的土地，指权利主体将其占用的土地资源作为其财产或作为其财产的权利，可以通过使用、变卖其土地获取收益。土地资产属性体现于土地的权属特征，强调土地作为权利主体的财产，具有可交易性。土地资本是土地资产的价值形态，是土地资产投入市场，参与生产与流通，获取经济效益的过程在价值范畴的体现。土地资本属性体现于其运动性和增值性，且能为投资者带来较高的预期收益。从三者的关系来看，土地资产是土地资源的经济和法律意义的实现，土地资产投入市场进行使用和流通进而获取收益，是土地成为资本的前提。

（三）土地市场的特征

（1）地域性。由于土地位置的固定性，在交易过程中，交易对象不移动，只发生货币运动和使用者的移动，因此具有明显的地域性特征。

（2）竞争不充分性。土地市场参与者不多，市场信息较难获得，使市场的竞争不充分。

（3）供给滞后性。土地价值较大，用途难以改变且开发周期较长。

（4）供给弹性较小。土地是一种稀缺的资源，一般不可再生，土地的自然供给没有弹性，土地的经济供给弹性也相对较小。

（5）低效率性。土地市场是地域性市场，参与者相对较少，同一用途不同

---

① 许经勇. 论土地商品的特殊属性 [J]. 财经研究, 1995 (7): 32 - 35.

区域的土地具有较小的替代性，相对一般商品市场来讲，交易效率较低。

（6）政府管制较严。土地是国家重要的资源，政府严格限制土地的权利、利用、交易等，其分配公平有效对经济发展和社会稳定具有重大作用。

（四）土地市场的运行机制①

市场是配置资源的基本方式和有效手段。在计划经济条件下，政府的行政指令完全替代市场来配置资源。在完全竞争市场环境下，市场规律会自发引导土地资源以最优的数量配置在最佳的用途和方向上，实现土地资源配置的帕累托最优。公有制经济与非公有制经济并存及两种制度安排决定了我国土地要素的行政化和市场化两种配置方式。伴随着我国社会主义市场经济体制的确立，资源配置方式正在由计划决定向市场决定转变，市场体系不断健全，市场发育日趋成熟和完善，市场对资源配置的基础性作用日益得到发挥②③。市场机制主要通过供求、价格与竞争的协同作用在二级和三级市场发挥作用，通过调节土地数量信息和价格信号，发挥把控、筛选和排查作用，间接规范使用者用地行为，一定程度上弥补了政府单方面主导的调控缺陷和信息不对称问题。一方面，在符合国土空间规划的前提下，土地使用者在平等竞争的市场环境中通过价格竞拍有偿获取土地使用权，按照紧迫性和重要性确定有限土地要素的使用方向、数量结构及组合方式，间接约束违法、闲置和浪费行为，防止土地市场价值与市场价格相背离。另一方面，土地市场通过价格筛选和自由竞争，协调区位所导致的极差收益，择优安排产业布局与功能定位，淘汰低效粗放产业，间接促进了产业结构的优化升级。同时通过竞租等方式迫使土地使用者提升利用效率以弥补土地成本，纠正不合理的低效用途，优化存量土地的再配置。

---

① 曲福田，吴郁玲. 土地市场发育与土地利用集约度的理论与实证研究——以江苏省开发区为例 [J]. 自然资源学报，2007（3）：445-454.

② 卢现祥. 论产权制度、要素市场与高质量发展 [J]. 经济纵横，2020（1）：65-73+2.

③ 陈坤秋，龙花楼. 中国土地市场对城乡融合发展的影响 [J]. 自然资源学报，2019，34（2）：221-235.

二、中国土地市场的发展历程①②

(一) 土地利用计划经济时期 (1949—1977 年)

中华人民共和国成立后,农村土地经历了从农民所有到集体所有的转变。1950 年《土地改革法》明确指出,土地改革的目的是废除地主阶级封建剥削的土地所有制,实行农民的土地所有制。1954 年《宪法》正式确立了农民的土地所有权制度。1956 年社会主义三大改造完成,土地制度由生产资料私有制向社会主义公有制转变,推动了农村集体所有制的实现。这一时期,农村集体土地的流转受到了限制。1962 年《农村人民公社工作条例修正草案》第二十一条规定:"生产队所有的土地,包括社员的自留地、自留山、宅基地等等,一律不准出租和买卖。"与此同时,我国分阶段地实现了城市土地的国家所有制,逐步形成了计划经济体制下的无偿、无限期、无流动的城市土地使用制度,尚未形成城市土地市场。

(二) 土地市场探索阶段 (1978—1991 年)

1978 年 11 月,安徽凤阳小岗村的家庭联产承包责任制改革,逐步形成了以家庭承包经营为基础的农用地市场雏形。1984 年中央一号文件提出承包地可以转包后,地方纷纷开始探索和允许承包地转让和转包。1987 年 12 月 1 日,深圳市政府举行土地使用权公开拍卖活动,敲响了中华人民共和国历史上土地拍卖的"第一槌"。1988 年 12 月 29 日,第七届全国人大常委会第五次会议根据宪法修正案对《土地管理法》做了相应的修改,新增"国有土地和集体所有的土地的使用权可以依法转让""国家依法实行国有土地有偿使用制度"等内容,扫清了土地作为生产要素进入市场的法律障碍,拉开了国有土地有偿使用制度的序幕。自此,明确了农用地承包经营权流转的合法性,城市土地正式步入有偿、有限期、允许在合法范围内流转使用的轨道。

---

① 严金明,李储,夏方舟. 深化土地要素市场化改革的战略思考 [J]. 改革,2020 (10):19-32.

② 严金明,郭栋林,夏方舟. 中国共产党百年土地制度变迁的"历史逻辑、理论逻辑和实践逻辑"[J]. 管理世界,2021,37 (7):19-31+2.

（三）土地市场形成阶段（1992-2007 年）

1992 年党的十四大正式确立我国经济体制改革的目标是建立社会主义市场经济体制。此后，土地要素市场化进程逐渐加速，土地供应的主要特征由无偿、无限期、无流动的行政划拨供地逐渐转变为有偿、有限期、有流动的出让供地。首先，农用地市场逐步建立完善。1993 年 11 月 11 日，党的十四届三中全会决议指出，允许土地使用权采取转包、入股等多种形式依法有偿转让。2003 年《中华人民共和国农村土地承包法》的实施标志着农用地市场真正实现法治化。其次，集体建设用地流转也经历了从自发到限制再到放开的过程，从 1992 年广东省南海区在农村基层自发试点流转，到 1998 年《土地管理法》中严格限制流转，再到 2004 年《国务院关于深化改革严格土地管理的决定》指出可以依法流转，各地实际上已然展开多种流转模式的探索。最后，城市土地收购—储备—开发—出让机制逐渐形成，招标、拍卖、挂牌逐渐成为城市土地出让的主流方式。1996 年上海成立了我国第一家土地储备机构"上海市土地发展中心"，随后各地纷纷成立城市土地储备机构。从 2001 年的《国务院关于加强国有土地资产管理的通知》，到 2002 年原国土资源部发布《招标拍卖挂牌出让国有土地使用权规定》，2003 年的《协议出让国有土地使用权规定》要求土地协议出让必须公开和引入市场竞争机制，再到 2004 年的《国务院关于深化改革严格土地管理的决定》，城市土地市场特征逐步显著，交易规则基本建立，交易范围不断扩大，交易活动日益活跃。

（四）土地市场迅速发展阶段（2008 年至今）

2008 年 10 月 12 日，中国共产党第十七届中央委员会第三次全体会议通过的《中共中央关于推进农村改革发展若干重大问题的决定》提出"搞好农村土地确权、登记、颁证工作""允许农民以转包、出租、互换、转让、股份合作等形式流转土地承包经营权"。2013 年 12 月 23 日，在中央农村工作会议提出，"顺应农民保留土地承包权、流转土地经营权的意愿，把农民土地承包经营权分为土地承包权和经营权，实现承包权和经营权分置并行"。2014 年中共中央办公厅、国务院办公厅印发的《关于引导农村土地经营权有序流转发展农业适度规模经营的意见》提出："坚持农村土地集体所有，实现所有权、承包权、经营权'三权分置'。"同时，承包地经营抵押试点不断推进。2014 年中央一号文件提出："在落实农村土地集体所有权的基础上，稳定农户承包权、放活土地经营权，允许承包土地的经营权向金融机构抵押融资。"

农村建设用地市场化改革探索不断推进。党的十七届三中全会提出"逐步建立城乡统一的建设用地市场，对依法取得的农村集体经营性建设用地，必须通过统一有形的土地市场、以公开规范的方式转让土地使用权，在符合规划的前提下与国有土地享有平等权益"。党的十八届三中全会通过的《中共中央关于全面深化改革若干重大问题的决定》进一步明确提出："建立城乡统一的建设用地市场。"此后，随着《关于农村土地征收、集体经营性建设用地入市、宅基地制度改革试点工作的意见》《关于印发农村土地征收、集体经营性建设用地入市和宅基地制度改革试点实施细则的通知》的印发，全国 33 个试点县（市、区）正式启动农村土地制度改革试点工作，积极探索形成可复制、能推广、利修法的试点成果，为全面深化改革积累经验。2019 年《土地管理法》在充分总结改革试点成功经验的基础上，破除了集体经营性建设用地进入市场的法律障碍，完善了农村宅基地制度，改革了土地征收制度。

城市土地市场也在同步优化升级。2008 年 1 月 3 日，《国务院关于促进节约集约用地的通知》印发；2009 年 8 月 10 日，《国土资源部、监察部关于进一步落实工业用地出让制度的通知》公布；2013 年 11 月 9—12 日，党的十八届三中全会明确提出要"扩大国有土地有偿使用范围"和"完善土地租赁、转让、抵押二级市场"；2016 年 11 月 11 日，原国土资源部出台《关于深入推进城镇低效用地再开发的指导意见（试行）》；2019 年 4 月 24 日，自然资源部办公厅出台《产业用地政策实施工作指引（2019 年版）》，通过完善产业用地政策，因地制宜地创新闲置和低效用地再开发配套措施，不断推进城市土地市场的完善；2019 年 7 月 6 日，《国务院办公厅关于完善建设用地使用权转让、出租、抵押二级市场的指导意见》公布，成为我国首个专门规范土地二级市场的重要文件，指引着城市土地二级市场的进一步完善；2020 年《中共中央、国务院关于构建更加完善的要素市场化配置体制机制的意见》明确提出"推进土地要素市场化配置"，并将其置于首要位置。

三、土地市场结构

（一）国有建设用地市场

国有建设用地市场又称国有建设用地使用权交易市场，是指为国有建设用地使用权这种特殊商品提供交易的场所或载体，以及由此引发的各种权利关系与经济关系的总和。按照不同的交易主体与流转层次，我国城市建设用地市场主要可分为国有建设用地一级市场和国有建设用地二级市场两个层级。

1. 国有建设用地一级市场

国有建设用地一级市场是指政府作为所有权代理主体通过出让、划拨、租赁和出资入股等方式将一定年限内的城市国有建设用地使用权让渡给土地使用者的市场。其中，"划拨"属于传统行政计划资源配置方式，城市建设用地一级市场改革的一个重要目标就是逐步降低国有建设用地的"划拨"供应比例，更多地通过"出让"（尤其是"招拍挂"出让）的方式来实现市场交易。1999年，全国国有建设用地出让面积为 4.54 万公顷，出让收入为 514.33 亿元；2017年，全国国有建设用地出让面积增至 23.09 万公顷，成交价款达 51984.48 亿元。2017 年全国国有建设用地出让面积约为 1999 年的 5 倍，2017 年成交价款约为 1999 年的 101 倍。市场机制在土地资源配置中发挥着越来越重要的作用。1999年，"协议"出让的国有建设用地有 8.37 万宗，"招拍挂"出让的国有建设用地有 1.53 万宗，通过"协议"出让的国有建设用地宗数约为通过"招拍挂"出让的国有建设用地宗数的 5.5 倍。随着"招拍挂"出让方式的增加，2008 年通过"协议"出让的国有建设用地面积开始少于通过"招拍挂"出让的国有建设用地面积，2009 年通过"协议"出让的国有建设用地宗数开始少于通过"招拍挂"出让的国有建设用地宗数，2017 年通过"招拍挂"出让的国有建设用地成交价款达到 50507.45 亿元，是通过"协议"出让的国有建设用地成交价款的 34.2 倍[①]。

2. 国有建设用地二级市场

国有建设用地二级市场是指土地使用者通过转让、出租、抵押等方式将自

---

① 董昕. 中国城市土地制度的百年演进、历史作用与内在逻辑 [J]. 中国软科学，2021 (S1)：1-9.

己拥有的土地使用权再次向其他各类经济主体转让的市场。其中，转让的具体形式又包括"买卖、交换、赠与、出资以及司法处置、资产处置、法人或其他组织合并或分立等"，依据其初次取得方式差异，不同类型建设用地使用权转让的前置条件与流转限制各不相同。二级市场的存在使得城市土地使用者获得土地使用权更加灵活。当一级市场的土地在位置或价格等因素上不具有优势时，城市土地使用者可以通过二级市场来进行城市土地资源的再配置，其交易价格和数量由土地使用者自行决定，交易后到政府主管部门登记备案。二级市场的交易行为必须符合规划和用途管制，并履行一级市场出让合同，或征得政府同意后调整相应合同条款。虽然我国国有建设用地市场发育较早，市场机制运行也较为成熟完善，但由于其一级市场仍处于政府垄断供给的状态，而二级市场又深受一级市场的影响，所以我国国有建设用地市场实际上仍存在着较强的政府操控与干预①。目前二级市场中住宅和商铺等经营性用地的二次转让、出租、抵押等比较活跃，但产业用地的交易因为面临国有资产处置、产权复杂、规划管制等而相对迟滞②。另外，现有存量土地中以划拨方式获得土地使用权的土地不得直接进入二级市场，除非使用权人依法补办相应的土地有偿出让手续或补交土地出让金等。基于此，党的十八届三中全会明确要求"扩大国有土地有偿使用范围，减少非公益性用地划拨"和"建立有效调节工业用地和居住用地合理比价机制，提高工业用地价格"。鉴于长期以来土地二级市场发展相对滞后的客观实际，2019年7月，《国务院办公厅关于完善建设用地使用权转让、出租、抵押二级市场的指导意见》（国办发〔2019〕34号）印发，成为新时代完善我国土地二级市场的顶层设计，在一定程度上解决了二级市场运行发展中存在的"交易规则不健全、交易信息不对称、交易平台不规范"等问题，促进了一、二级土地市场协调发展③。

---

① 周永昇. 中国城乡建设用地市场融合发展研究［D］. 成都：西南财经大学，2021.

② 谭荣. 集体建设用地市场化进程：现实选择与理论思考［J］. 中国土地科学，2018，32（8）：1-8.

③ 崔占峰，辛德嵩. 深化土地要素市场化改革推动经济高质量发展［J］. 经济问题，2021（11）：1-9.

（二）农村集体土地市场

1. 农地流转市场

农地流转市场是指农用地"三权分置"下的经营权市场。2016 年，中共中央办公厅、国务院办公厅颁布《关于完善农村土地所有权承包权经营权分置办法的意见》，将农村土地产权中的土地承包经营权进一步划分为承包权和经营权，实行所有权、承包权、经营权分置并行。在农用地"三权分置"能够保持所有权不变的前提下，土地承包权归农户，受法律保护长久不变；农户自愿流转土地经营权，经营权流转后归土地实际经营者拥有，受经营权流转合同保护。农用地"三权分置"是在依法保障集体所有权和农户承包权的基础上，平等保护经营主体的合法经营权，并保障经营主体稳定的经营预期。这有利于保护经营主体的土地经营权，提高其从事农业活动的积极性，对于发展种植大户、家庭农场、农村经济合作社等多种新型经营主体具有积极的意义，是继家庭联产承包责任制后农村改革又一重大制度创新。

农地流转市场可以分为土地经营权发包市场、土地经营权初级流转市场、土地经营权再流转市场和土地经营权担保市场[①]。土地经营权发包市场是指因承包农地而产生的农地承包经营权市场。农户通过与代表农地所有权的集体经济组织或有关政府部门签订承包经营合同，取得与承包权融合存在的土地经营权。土地经营权初级流转市场是指承包农户或农村集体经济组织与其他农业经营者签订农地流转合同、转移土地经营权的交易。土地经营权再流转市场是指已获得土地经营权的农地经营者将土地经营权再流转给其他人的交易以及后续受让人的交易。土地经营权担保市场是指土地经营权人（包括承包经营权人）以土地经营权为担保财产向银行或其他债权人提供担保，而与债权人之间发生的交易。

2. 集体经营性建设用地市场

2019 年《中共中央、国务院关于建立健全城乡融合发展体制机制和政策体系的意见》明确提出"建立集体经营性建设用地入市制度""在符合国土空间规

---

① 许明月. 论农村土地经营权市场的法律规制［J］. 法学评论，2021，39（1）：94-104.

划、用途管制和依法取得前提下，允许农村集体经营性建设用地入市，允许就地入市或异地调整入市；允许村集体在农民自愿前提下，依法把有偿收回的闲置宅基地、废弃的集体公益性建设用地转变为集体经营性建设用地入市；推动城中村、城边村、村级工业园等可连片开发区域土地依法合规整治入市；推进集体经营性建设用地使用权和地上建筑物所有权房地一体、分割转让"。2019年新修订的《土地管理法》第六十三条明确规定"土地利用总体规划、城乡规划确定为工业、商业等经营性用途，并经依法登记的集体经营性建设用地，土地所有权人可以通过出让、出租等方式交由单位或者个人使用，并应当签订书面合同，载明土地界址、面积、动工期限、使用期限、土地用途、规划条件和双方其他权利义务"。同时还规定"通过出让等方式取得的集体经营性建设用地使用权可以转让、互换、出资、赠与或者抵押"。此外，2021年，《土地管理法实施条例》修订发布，单独设立第四章第五节为"集体经营性建设用地管理"。参照城镇国有土地使用权市场法律机制及其理论界的一般标准，经营性建设用地入市并不仅限于出让这一种法律形式，还有其他法律形式。集体经营性建设用地市场可以分为集体土地所有权人将其经营性建设用地出租，或者出资合作入股、抵押的一级市场和集体经营性建设用地使用权在依法出让之后，因受让的经营性建设用地使用权再流转形成的二级市场[1]。尽管《土地管理法》《土地管理法实施条例》赋予了集体经营性建设用地与国有建设用地同等权能，但对集体建设用地二级市场的交易规则却未做规定[2]，"集体经营性建设用地的出租，集体建设用地使用权的出让及其最高年限、转让、互换、出资、赠与、抵押等，参照同类用途的国有建设用地执行"。

（三）城乡统一的建设用地市场

土地一直以来都是城乡要素流动和市场化配置的重点，长期以来的城乡二元土地制度和城市偏向性发展战略导致我国城乡土地要素在土地产权、使用限

---

① 刘俊. 新法明确集体经营性建设用地的二级市场结构［J］. 土地科学动态，2019（6）：43－46.

② 高圣平，李子乐. 论集体建设用地二级市场的法律构造［J］. 广西大学学报（哲学社会科学版），2022，44（5）：144－158.

制、交易流转、收益分配等方面明显分治，阻滞了土地要素在城乡之间的自由流通①。在城市土地市场蓬勃发展的同时，制度环境和市场限制极大地约束了农村土地要素流动和资本转化②。城市的新增建设用地需求迫使征地数量不断增加，按土地原用途进行征地补偿的同时按市场价格进行土地出让。"双轨制"的土地价格供应在导致土地收益初次分配不合理的同时，更是将农村完全排除在经济发展红利之外，无法共享后续土地利用所带来的增值收益，加剧了对乡村发展的价值剥夺。对于集体经济组织成员而言，由于用益物权的缺失，满足居住需求之外的宅基地既无法参与市场流转获得收益，也无法获得抵押贷款进行融资，资源浪费的同时拉大了城乡居民收入差距。此外，快速的城镇化和土地非农化导致农村生态空间缩减、失地农民丧失土地社会保障，容易诱发土地寻租、土地腐败、强征强拆等行为，激化了政府与农民、城市与农村之间的社会矛盾③。

城乡二元土地制度的症结不在于公有制本身的制度安排，而在于同在公有制下的城市土地和集体土地产权地位不对等，集体土地的用益物权权能缺失、土地发展权被行政剥夺，同地不同权不同价。伴随我国城乡互动不断深化，破除城乡二元结构、重构新型城乡关系、实现城乡融合发展已成为必然趋势。党的二十大报告明确指出"坚持城乡融合发展，畅通城乡要素流动"。2019 年 4 月 15 日，《中共中央、国务院关于建立健全城乡融合发展体制机制和政策体系的意见》提出"以完善产权制度和要素市场化配置为重点，坚决破除体制机制弊端，促进城乡要素自由流动、平等交换和公共资源合理配置"。2020 年 5 月 11 日，《中共中央、国务院关于新时代加快完善社会主义市场经济体制的意见》明确要求"加快建设城乡统一的建设用地市场"。2022 年 4 月 10 日，《中共中央、国务院关于加快建设全国统一大市场的意见》进一步要求"健全城乡统一

---

① 刘彦随. 中国新时代城乡融合与乡村振兴 [J]. 地理学报，2018，73（4）：637-650.

② 刘守英. 中国城乡二元土地制度的特征、问题与改革 [J]. 国际经济评论，2014（3）：9-25+4.

③ 李江涛，熊柴，蔡继明. 开启城乡土地产权同权化和资源配置市场化改革新里程 [J]. 管理世界，2020，36（6）：93-105+247.

的土地和劳动力市场"以及"完善全国统一的建设用地使用权转让、出租、抵押二级市场"。建立健全城乡统一建设用地市场能够有效破除城乡土地要素流动的制度分割、产权障碍和发展的非同步性,赋予农村集体建设用地与城市国有建设用地同等权利,遵循同样的价格形成机制,按照统一的市场规则,根据有效供求状况进行平等竞争、市场定价和公开交易,实现"同地、同权、同价、同责"。这在提升城市土地利用效率的同时,为乡村发展积累了建设资金,带动了产业升级转型和城乡就业,解决了城乡发展不平衡和农村发展不充分等问题,成为现阶段深化土地要素市场化配置改革的逻辑起点[①]。

第二节　土地要素市场管理

一、土地要素市场化配置

(一)土地要素市场

土地不仅是一种自然资源,而且是人类衣食住行及社会发展中一项最主要的生产要素。生产要素是指进行物质资料生产所必须具备的基本因素或条件[②]。从社会生产发展的客观规律来看,生产要素的构成是不断发展变化的。现代西方经济学认为生产要素主要包括土地、劳动力、资本、企业家四种。而不论在马克思主义经济学看来还是在西方经济学看来,土地都是最基本的生产要素[③]。

土地作为不可再生的生产生活要素,是任何经济活动和社会生活都必须依赖和利用的要素资源。这决定了土地要素资源的稀缺性,就如同其他稀缺资源一样,如何配置就成为经济学研究的终极议题。从基本的经济原理出发,解决土地资源配置这个供需矛盾最为有效的办法依然是市场这只看不见的手,让市

---

①　郑振源. 建立开放、竞争、城乡统一而有序的土地市场 [J]. 中国土地科学, 2012, 26 (2): 10-13.

②　桂昭明, 郭广迪. 生产要素参与分配的模式研究 [J]. 科技进步与对策, 2002, (12): 41-42.

③　尹厚俊. 我国城市建设用地市场化配置方式及其全过程管理研究. 北京: 中国社会科学院研究生院, 2014.

场在资源配置中起决定性作用，才能让生产要素流到最需要的部门去。

市场是商品交易的场所，是商品交换中发生的经济关系的总和。土地要素市场是指土地作为要素资源在流通过程中发生的经济关系的总和。在土地要素市场中，市场主体是土地的供给者、购买者和其他参与者，市场的客体为土地，但该客体严格意义并不是土地实体本身，而是各种内涵不同的土地产权。土地产权是一个以土地所有权为核心的权利束，包括土地所有权、承包权和经营权，土地要素市场中进行交易的真正商品是土地权益①。

(二) 土地要素市场化配置

配置具有分配、结合等含义，资源配置是指人类在一定的社会条件下按照一定的比例将各种资源实行组合和再组合，生产和提供出各种产品和劳务以满足各种社会需求的经济活动。要素市场化配置是指依据市场规则、市场价格、市场竞争配置要素，以实现要素使用效率最优化和效益最大化。中国土地要素市场的垄断性特征、资源盘活失效、要素跨区域流通不畅、产权保护力度不足、土地利用效率偏低、市场价格不合理等问题制约着土地要素市场化配置②③④。土地要素作为经济社会发展的禀赋基础和空间平台，土地市场的合理安排有利于推动生产要素的自由流动、供给潜力释放、经济增长和发展方式转变。当前我国企业生产经营的高成本严重削弱了企业的盈利能力，而土地要素配置效率的提升可以降低企业生产成本和交易成本，从而为企业提供良好的发展条件和环境，提升土地要素的使用效能⑤。

(三) 土地要素市场化配置的变迁逻辑

改革开放以来，市场在土地资源配置中所起的作用经历了"辅助性—基础

---

① 何芳. 城市土地经济与利用 [M]. 上海：同济大学出版社，2004：35 - 41.

② 钱文荣，朱嘉晔，钱龙，等. 中国农村土地要素市场化改革探源 [J]. 农业经济问题，2021 (2)：4 - 14.

③ 孔祥智，周振. 我国农村要素市场化配置改革历程、基本经验与深化路径 [J]. 改革，2020 (7)：27 - 38.

④ 荣晨. 土地要素市场化改革：进展、障碍、建议 [J]. 宏观经济管理，2019 (8)：25 - 31，38.

⑤ 余露. 新发展格局下土地要素市场化改革的思考及建议 [J]. 商业经济，2021 (8)：152 - 154.

性—决定性"的转变，此过程中土地发展权逐步商品化，土地要素市场化改革也迎来新征程①。伴随着国家"集权—集权与分权并存—分权"的治理体系变迁过程，土地要素也由政府主导的计划分配逐渐转变为市场化配置。中央高度集权时期，土地要素以计划形式分配，中央掌控土地所有权、使用权，并落实国民经济计划。

改革开放后，中央逐步向地方让渡权力，地方政府的主体意识逐渐加强，开始进行城市扩张，土地产权结构发生变化，城市国有建设用地使用权可以有偿流转，农地承包权和经营权也实现了两权分离，土地要素市场化程度逐渐增强。分税制改革后，地方由于事权和财权的不匹配，高度依赖土地财政，土地要素市场开始出现无序运行乱象。对此，中央开始规范建设用地管理，实施土地用途管制，以城市规划、土地利用规划等为工具引导和约束土地要素市场化配置。但由于规划部门不统一，规划内容不协调，"多规冲突"乱象频发，规划效率较低。

因此，中央通过横向的机构调整与纵向的事权改革重新搭建中央与地方之间的关系，重构国土空间规划体系，实现了由"多规冲突"向"多规合一"的国土空间规划体系蜕变②，并且通过"三权分置"、集体经营性建设用地入市等农村土地制度改革进一步还权赋能，促进土地要素市场化配置。

二、土地要素市场化配置改革的战略路径

正确认识当前土地要素市场化配置的基本特征和配置过程中的关系互动，既是深化土地要素市场化配置改革的前提，也为土地要素市场化配置改革助推国土空间治理提供支撑与参考。将土地要素市场化改革置于国土空间背景下加以审视，面向国土空间治理的内涵与重点，在土地要素市场化配置认知更新的基础上，耦合国土空间多元共治与土地要素市场治理体系、国土空间权益协调与土地要素市场产权管理、国土空间一体化治理与土地要素市场运行机制，探

---

① 刘勇，王光辉，刘洋. 京津冀土地管理一体化的现状、问题与创新机制 [J]. 经济体制改革，2020（5）：80-85.

② 张京祥，夏天慈. 治理现代化目标下国家空间规划体系的变迁与重构 [J]. 自然资源学报，2019，34（10）：2040-2050.

讨国土空间治理视域下深化土地要素市场化配置改革的战略路径。

（一）面向国土空间治理的土地要素市场化配置认知更新

新时代生态文明建设背景下，土地向国土空间的转变实现了自然资源全要素统一的空间表达和权籍管理[1]。土地要素的复合属性、功能认知与价值响应亟须重新认识，转变开发利用高速增长的行为逻辑，落实"绿水青山就是金山银山"的发展理念，拓展除经济属性主导以外的价值构成，深化土地要素市场化配置的非经济价值取向和更加广泛的公共治理内涵。在认知更新中以国土空间优化治理和高质量发展为目标，在实然和应然两个层面辨析土地要素配置过程中"利用条件由规划管控"和"配置过程由市场决定"的协同关系，进而通过治理现代化导向下要素—功能—结构—格局的协同、权衡与优化，平抑后土地财政时代的利用矛盾及利益寻租，实现国土空间价值重塑、资本增值和融合发展。

1. 要素协同

将对土地要素的单一聚焦拓展至对"山水林田湖草沙"生命共同体的整体审视，进一步对接"人地房业钱路遗[2]"社会要素的分类遴选、空间配置和开发保护。以国土空间规划战略定位对接高标准市场体系建设，探索尺度推移过程中土地要素与自然资源本底的空间适配和价值响应，以土地要素驱动下的多要素协同配置助推国土空间治理向全域、全要素、全流程、全生命周期的统筹转变。

2. 结构整合

面向经济社会高质量发展与生态文明建设的双重需求，兼顾效率与公平、发展与保护，统筹指标控制、价值传导与动态调节，以国土空间治理引领土地市场高质量发展，以市场规律促进国土空间治理体系的重塑和再平衡，通过规

---

① 冯广京，王睿，谢莹. 国家治理视域下国土空间概念内涵［J］. 中国土地科学，2021，35（5）：8－16.

② 人：人的跨地域流动、城乡转移与户籍改革。地：城市更新、基础设施与公共服务。房：房产开发、房价调控与住房保障。业：产业更替、结构升级与项目引进。钱：招商引资、税费改革与金融服务。路：路网体系、路网密度与路网建设。遗：风景名胜、历史遗迹与风土人情。

划刚性与市场弹性的交互耦合强化国土空间韧性。

3. 功能融合

跳出非"经济"即"生态"的二元论和基于行政单元的空间治理，依托自然生态系统的完整性，将土地要素市场化配置与国土空间规划"三区三线"有机融合，由土地要素功能割裂、单维突进向国土空间功能融合、多维互动转变，以国土空间功能分区彰显土地要素的多元价值，以市场活力为国土空间赋能增效。

4. 格局优化

突破社会经济活动要求与自然生态系统本底功能要求在空间上的非天然耦合，以开发适宜性评价和资源环境承载力评价为基础，将土地要素市场化配置作为保护空间范围、调解空间冲突、权衡空间利益、维持空间秩序的治理手段，统筹城镇、农业、生态空间需求，协调生产、生活、生态空间布局，弥合东部、中部、西部土地资源供需矛盾，以统一开放、竞争有序的土地要素市场服务区域重大战略、区域协调发展战略、主体功能区战略，实现国土空间格局优化与土地要素市场化改革的嵌入式协同发展。

（二）规范国土空间多元共治下的土地要素市场治理体系

不同于强调政府权威与规模管控、以用途管制为核心的土地利用管理，国土空间治理更加强调协调合作与多方参与，是一个去中心化和多元化治理的过程。目的在于破解权威体制与有效治理之间的张力，实现公共利益的最大化[1][2]。以空间资源配置为核心的国土空间多元治理对土地要素市场治理体系的规范和再平衡提出更高要求。土地要素市场化配置作为多方参与的协同性公共治理活动，在由政府调控和市场决定的同时，也需要社会、公民参与和治理手段的同步更新。通过多元共治实现国家干预下的土地市场化运作向政府主导、市场决定、多方参与的土地要素市场现代化治理体系转变，为破解城乡土地制度分割、地域环境要素分异和权域管理分治之间的不适应、不协调、不匹配提

---

① 孙佑海，王操. 国土空间治理现代化及其法治向度 [J]. 学习与实践，2022 (1)：45-55.

② 董祚继. 从土地利用规划到国土空间规划——科学理性规划的视角 [J]. 中国土地科学，2020，34 (5)：1-7.

供支撑保障①。以土地要素市场治理体系和治理能力现代化为城乡一体、配置高效、规模有度、利用集约、监管有力的国土空间高质量发展提供法治支撑与善治之道②。

1. 治理主体

强化土地要素配置的市场决定地位和政府监管地位，显化集体经济组织协同地位，广泛关注社会群体的诉求表达，并培育多样化的参与主体。在政府"自上而下"管控和市场"横纵贯通"决定的同时，体现企业"由微介入"的辅助和公众"自下而上"的参与，促使"公共权力向社会回归"。

2. 治理手段

兼顾公平与效率，统筹法治与善治。以坚持土地公有制为前提，以生态文明建设为目标，以国土空间规划为约束，以土地增值收益分配为关键，坚持"良法"先行的同时贯彻"善治"到底，把人民群众对美好生活的向往融入土地要素市场化规程制定和立法实践，以公共利益最大化回应土地要素市场化配置长效机制的持续运行。

3. 治理工具

基于国土空间基础信息平台，依托法律体系、技术标准和规划方案的系统集成，借助市场交易大数据分析、交易风险动态监测评估、人工智能预警防范、国土空间演变多情景模拟分析等现代技术，科学甄别国土空间近期、中期和长期治理目标中对于土地要素配置在时序、空间、数量和类型上的战略要求，以数字化赋能助推创新驱动下的土地要素市场治理多主体、全过程、全方位改革。

4. 治理关系

充分考虑不同区域和不同主体用地需求和发展阶段的差异，在破解纵向央地失衡与横向区域分割矛盾的基础上，处理好同一层级或区域内部在秩序维护、市场活力和社会协同方面的合作关系。在通过行政管控制定交易规则、维护市

---

① 俞可平. 没有法治就没有善治——浅谈法治与国家治理现代化 [J]. 马克思主义与现实，2014 (46)：1 - 2.

② 洪银兴. 实现要素市场化配置的改革 [J]. 经济学家，2020 (2)：5 - 14.

场秩序、约束违法行为，市场竞争协调利益诉求、解决经济冲突的同时，鼓励社会企业参与融资，缓解地方政府财政压力，拓宽第三方参与市场调查、土地估价、法律服务渠道，降低市场交易的机会成本，进而遵循共建共治共享的原则，形成贯穿国土空间治理体系，覆盖土地要素全周期配置，纵向到底、横向到边、良性互动、优势互补的土地要素市场治理共同体。

（三）加强国土空间权益协调下的土地要素市场产权管理

国土空间既是一个以地理单元为依托、有固定范围且区域特征明显的地理实体空间，同时也是一个以土地权籍为核心、有明确秩序且主权特征明显的权域抽象空间①。土地既是各类环境要素的空间载体，同时也是多种权利的作用实体。无论是基于地域、权域的独立视角还是"地域＋权域"的复合视角，土地要素市场化配置的经济学本质是运用市场化机制对固定位置和面积的土地及其附属物进行产权的赋予和流转②。尤其是在土地要素初始配置到二次配置以及后续配置的过程中，相较于指标的空间配置，产权构成了市场化配置的核心③。党的十八届三中全会以"还权能于农民、归配置于市场"为核心的系列土地制度改革同样也是以城乡土地要素权益平等为前提④。因此，作为国家主权和主权权利管辖下地域空间内部的土地要素配置，亟待从产权安排上解决资源初始配置的不均衡，破解外在限制所诱发的产权弱化、价值耗散与效率低下等问题，在坚持社会主义土地公有制的前提下，以市场化改革实现资产权益化、利益共同化、收益长期化和价值最大化⑤。

在所有权、用益物权和他项权利所构成的土地产权体系中，土地公有制之

---

① 国务院发展研究中心农村部课题组. 从城乡二元到城乡一体——我国城乡二元体制的突出矛盾与未来走向 [J]. 管理世界，2014（9）：1-12.

② 严金明，张东昇，迪力沙提·亚库甫. 国土空间规划的现代法治：良法与善治 [J]. 中国土地科学，2020，34（4）：1-9.

③ 王庆日，陈美景，仲济香. 土地要素市场化改革：产权基础、流转路径与收益分配 [J]. 中国土地科学，2021，35（12）：109-118.

④ 黄贤金. 还权能于农民　归配置于市场——论中共十八届三中全会土地制度改革设计 [J]. 土地经济研究，2014（1）：1-9.

⑤ 夏方舟，杨雨濛，严金明. 城乡土地银行制度设计：一个新型城乡土地资本化制度探索 [J]. 中国土地科学，2020，34（4）：48-57.

下所有权本身不参与土地市场化配置。用益物权（占有、使用、收益和依法转让）以使用和交换价值为核心参与市场化配置，他项权（租赁、抵押等）依附于所有权和使用权，并对其配置加以限制。

1. 产权广度

清晰的土地产权既是市场交易的前提，又是市场交易的结果[1][2]。深化土地要素市场化改革要在依托自然资源资产产权制度改革的基础上，以农村土地制度改革为切入，推进农村集体产权确权、登记和保护制度改革，赋予集体土地所有权人作为市场经济主体应享有的用益物权与担保物权，通过对同质空间下同等要素的还权赋能与同等赋值，为城乡土地要素的最大等价、有序流动和自由交易破除外部障碍。

2. 产权深度

以空间正义为导向，重新审视动态层面土地发展权公、私产权兼具的双重属性，协同公法、私法两个维度在宏观层面把握土地发展权的初始配置和要素赋权。在微观层面聚焦土地发展权的具体落实和二次配置，以规划体系的层级衔接和专项落实贯穿土地发展权在政府、市场与行为主体之间的配置转移，最终以市场化的配置方式将新时代国土空间权益协调下的改革要求和资源安排转化为土地发展权在时间和空间上的权利表述[3]。

3. 产权强度

以公共利益的最大化为前提，借助底线约束、空间分区、功能定位、指标管控等手段，通过国土空间规划和用途管制主导土地发展权初始配置的开发程度、方向、容量和边界，促进部分集体建设用地指标用于非营利性公共基础设施建设[4]。在此基础上，以效率优先为准则，赋予市场行为主体土地发展权二

---

① 周其仁. 产权界定与产权改革 [J]. 科学发展，2017 (6)：5 - 12.

② 卢现祥，李慧. 自然资源资产产权制度改革：理论依据、基本特征与制度效应 [J]. 改革，2021 (2)：14 - 28.

③ 方涧，沈开举. 土地发展权的法律属性与本土化权利构造 [J]. 学习与实践，2019 (1)：57 - 65.

④ 岳文泽，钟鹏宇，王田雨，等. 国土空间规划视域下土地发展权配置的理论思考 [J]. 中国土地科学，2021，35 (4)：1 - 8.

次配置并参与增值收益分配的权利，由市场决定供需和定价，借助征收税费、转移支付等动态调节的方式实现政府宏观调节的同时，促进土地增值收益回归和公私利益衡平。

（四）健全国土空间一体化治理下的土地要素市场运行机制

在推进国家治理体系和治理能力现代化的背景下，自然资源部的组建、国土空间规划体系的建立和"两统一"等一系列改革，在体制机制上解决了国土空间管理长期分割的问题，逐步实现了单一要素区域管理、部门职责碎片化管理向全域、全要素、全流程空间一体化治理的转变①。土地要素市场化亟待同频共振，协同国土空间专项治理、系统治理、综合治理和源头治理，探索增量与存量并重、开发与修复并举、地上与地下兼顾一体化治理下供求调节、价格形成、收益分配、市场监管的顺畅运行和交互衔接，确保在符合国土空间规划的前提下，产权明晰的土地要素能够进退有序、自由流动地参与市场交易，由市场供需决定买卖，以市场价格主导其资产价值，实现增值收益在政府、市场与社会之间的平衡再分配。

1. 供求调节

坚持供需平衡、进退有序、流转畅通与竞争自由，统筹新增建设用地开发、存量建设用地盘活与低效闲置用地退出再开发之间的关系，协调城市更新、乡村振兴与产业发展的用地需求，以国土空间规划确定市场化配置的开发底线、边界与高度，依据重点突破空间、产业基础空间、长期发展空间、后续壮大/萎缩空间预测等，合理调适供给规模与时序节点，为国土空间的永续发展预留空间，进一步完善土地征收公共利益认定机制、深化集体经营性建设用地入市、健全宅基地流转机制、探索宅基地入市途径。同步拓展市场配置土地要素的资源空间和权利边界，建立健全土地市场准入退出机制，以市场机制引导产业用地供求平衡、优胜劣汰、功能混用和指标落地，破解要素配置初始端供需不匹配以及终端公平与效率失衡的问题。

2. 价格管理

坚持等价有偿、市场决定、同权同价与公开公正，遵循市场价值规律，明

---

① 孙佑海，王操. 国土空间治理现代化及其法治向度［J］. 学习与实践，2022（1）：45-55.

确交易规则，拓展基准地价覆盖范围，建立健全政府合理调控下反映供求关系、区位差异与产权特征的城乡统一市场定价体系，以"同价"作为"同地"前提下"同权"市场化配置的结果和"同责"的客观依据，确保通过平等竞争交易，形成真实、灵敏、公开反映土地稀缺程度和功能主导的市场价格。同步搭建城乡统一的信息交易平台，积极培育市场交易中介组织，确保交易双方和产权客体信息公开、实时共享，降低机会成本，避免投机、寻租、追涨及垄断等行为。

3. 增值收益分配

坚持公私兼顾、共建共享、主体多元与公平高效，在科学评估的基础上，兼顾国家、集体和个人利益动态调整分配比例，根据权益保护系数不断进行科学修正。同时探索转移支付、税收调节等多种收益分配形式，加大公共利益倾斜力度，促使公共资源收益的社会回归、全民共享和权益普惠最大化。

4. 市场监管

坚持统一部署、机构健全、权责明确、监管有效，综合运用经济、行政和法制手段将改革发展中的动态复杂关系转换为自组织的稳定关系，健全土地市场事前、事中、事后全流程全生命周期监管，纠正土地市场中的运行偏离状态，营造健康有序的市场环境，引导土地市场化规范化运作。

三、城市土地市场价格管理

（一）城市土地市场价格管理的目的、意义和作用

随着土地使用制度改革及土地市场的建立，城市土地市场价格及其管理应运而生，其在土地资源管理及土地市场建设中发挥着越来越重要的作用。城市土地作为重要的生产要素，其价格受到一个地区的区位、社会、经济、政策等多种因素的共同影响[1]。因此，对城市土地市场价格的管理必须建立在土地数量、质量以及权属等地籍资料比较完备的基础上[2]。

城市土地市场价格管理是指政府为了规范土地市场的交易行为，保持土地市场的稳定和健康发展，保护土地交易者和国家等各方面的合法利益而采取的

---

① 刘晓宇，辛良杰. 2007—2019 年中国城市土地价格的空间分化［J］. 地理研究，2022，41（6）：1637 - 1651.

② 李宗显，张健. 谈城市土地价格管理［J］. 中国物价，1992（6）：34 - 36.

以土地价格为核心的各种调控、引导和管理措施。加强城市土地市场价格管理对优化土地资源配置、促进土地收益合理分配、实现土地资产价值、保证国有土地收益不流失、规范土地市场正常运行及促进土地集约利用等方面具有重要意义①。其作用主要包括以下几个方面：

第一，防止城市土地价格暴涨。地价的暴涨将影响各部门的经济发展，出现土地投机行为，造成土地的大量囤积和资产的浪费，给生产和生活等领域带来不利影响，因此可以通过制定一系列严格而又规范的地价管理政策和制度，加强对地价暴涨的管理。

第二，防止土地投机。城镇土地是有限、宝贵的资产，其位置的不可移动性极易造成对土地的垄断，特别是位置优越的地块。为防止单位和个人对土地的无效占用，大量闲置土地，等待地价上涨，靠囤积土地获取暴利，需要进行城市土地价格管理。

第三，防止国有土地收益流失。通过对单位和个人将划拨土地使用权进行转移的行为和协议出让土地等行为进行有效管理，可以有效防止目前各地普遍存在的国有土地收益的流失，逐步建立起规范、合法的土地使用制度。

第四，促进土地的合理利用。通过实施城市土地价格管理政策，能够让不能合理利用土地的使用者，将其使用的土地转移出去，给能发挥土地最大潜力、支付最高地价的使用者使用，以此能够促进土地资源的合理利用。

第五，规范交易双方的行为，建立规范的市场。在土地交易活动中，有的交易双方为了逃避国家税收，采取虚报、瞒报地价的非法手段，进行土地交易活动。而土地市场价格管理能够使交易双方或一方为虚报、瞒报而付出代价。

第六，规范土地估价的方法，提高土地估价精度。土地价格管理政策影响下的土地市场，可减少各种非规范交易行为的发生，使土地估价方法统一，有效数据、样本增加，提高土地估价成果的精度。

---

① 楼立明，丁永平，廖永杰.国外地价管理及对我国地价监管的借鉴［J］.中国土地，2014（12）：36-38.

（二）城市土地价格管理的依据

1. 土地利用计划与土地出让计划

自 1999 年原国土资源部首次颁布《土地利用年度计划管理办法》以来，土地利用年度计划管理制度在实际运行中不断调整优化，历经了三次修订，逐步从保护耕地的单一目标转向保护耕地、参与宏观调控和保障优势地区经济发展等多重目标[①]。城市土地价格受到供求关系的影响，因此土地利用计划及土地出让计划中关于土地利用年度计划管理、土地利用年度计划指标及土地出让收入等方面的内容将影响城市土地价格，进而作为城市土地价格管理的依据。

2. 国家有关法律

（1）1986 年国家颁布的《土地管理法》

1986 年 6 月 25 日第六届全国人民代表大会常务委员会第十六次会议通过《土地管理法》，在 2019 年 8 月 26 日第十三届全国人民代表大会常务委员会第十二次会议中对其进行了第三次修改。此次《土地管理法》的修改首次对土地征收的公共利益的情形作了规定。

新《土地管理法》第四十五条规定，为了公共利益的需要，有下列情形之一，确需征收农民集体所有的土地的，可以依法实施征收：（一）军事和外交需要用地的；（二）由政府组织实施的能源、交通、水利、通信、邮政等基础设施建设需要用地的；（三）由政府组织实施的科技、教育、文化、卫生、体育、生态环境和资源保护、防灾减灾、文物保护、社区综合服务、社会福利、市政公用、优抚安置、英烈保护等公共事业需要用地的；（四）由政府组织实施的扶贫搬迁、保障性安居工程建设需要用地的；（五）在土地利用总体规划确定的城镇建设用地范围内，经省级以上人民政府批准由县级以上地方人民政府组织实施的成片开发建设需要用地的；（六）法律规定为公共利益需要可以征收农民集体所有的土地的其他情形。

第四十八条规定，征收土地应当给予公平、合理的补偿，保障被征地农民原有生活水平不降低、长远生计有保障。征收土地应当依法及时足额支付土地

---

① 黄征学. 土地利用计划管理方式的改革思考 ［J］. 中国土地，2021（5）：10-12.

补偿费、安置补助费以及农村村民住宅、其他地上附着物和青苗等的补偿费用，并安排被征地农民的社会保障费用。征收农用地的土地补偿费、安置补助费标准由省、自治区、直辖市通过制定公布区片综合地价确定。制定区片综合地价应当综合考虑土地原用途、土地资源条件、土地产值、土地区位、土地供求关系、人口以及经济社会发展水平等因素，并至少每三年调整或者重新公布一次。征收农用地以外的其他土地、地上附着物和青苗等的补偿标准，由省、自治区、直辖市制定。对其中的农村村民住宅，应当按照先补偿后搬迁、居住条件有改善的原则，尊重农村村民意愿，采取重新安排宅基地建房、提供安置房或者货币补偿等方式给予公平、合理的补偿，并对因征收造成的搬迁、临时安置等费用予以补偿，保障农村村民居住的权利和合法的住房财产权益。

第六十三条规定，土地利用总体规划、城乡规划确定为工业、商业等经营性用途，并经依法登记的集体经营性建设用地，土地所有权人可以通过出让、出租等方式交由单位或者个人使用，并应当签订书面合同，载明土地界址、面积、动工期限、使用期限、土地用途、规划条件和双方其他权利义务。这项规定从根本上明确了集体建设用地的有偿使用。

(2) 1994 年国家颁布的《城市房地产管理法》

1994 年 7 月 5 日第八届全国人民代表大会常务委员会第八次会议通过《城市房地产管理法》，并在 2019 年 8 月 26 日第十三届全国人民代表大会常务委员会第十二次会议对其进行了第三次修改。在城镇化过程中，城市房地产开发建设用地是典型的经营性建设用地，与公共利益需要的建设用地无关。因此，无论是在城市规划区内还是在城市规划区外从事房地产开发建设，其项目建设需要使用集体土地的，必须先征收为国家所有，再由国家出让于项目建设是与公共利益需要的土地征收相悖的。但土地出让收益特别是城市规划区内房地产建设用地的出让收益是地方政府获得财政收入的主要来源，要稳定地方政府的财政收益，必须从法律上维持地方政府对房地产建设用地的垄断供应[①]。而新修

---

① 王克稳.《土地管理法》《城市房地产管理法》修改与经营性建设用集体土地征收制度改革[J]. 苏州大学学报（法学版），2019，6（4）：51-63.

订的《城市房地产管理法》则对第九条进行了修改："城市规划区内的集体所有的土地，经依法征收转为国有土地后，该幅国有土地的使用权方可有偿出让，但法律另有规定的除外。"这一修正案为缩小城市规划区内房地产建设集体土地征收的范围留下了空间。

（3）1990 年国务院颁布《城镇国有土地使用权出让和转让暂行条例》

1990 年 5 月 19 日中华人民共和国国务院令第 55 号发布《城镇国有土地使用权出让和转让暂行条例》。其中第二章有关土地使用权出让的内容主要包括以下几条规定：

第十四条规定土地使用者应当在签订土地使用权出让合同后六十日内，支付全部土地使用权出让金。逾期未全部支付的，出让方有权解除合同，并可请求违约赔偿。

第十五条规定出让方应当按照合同规定，提供出让的土地使用权。未按合同规定提供土地使用权的，土地使用者有权解除合同，并可请求违约赔偿。

第十六条规定土地使用者在支付全部土地使用权出让金后，应当依照规定办理登记，领取土地使用证，取得土地使用权。

第十七条规定土地使用者应当按照土地使用权出让合同的规定和城市规划的要求，开发、利用、经营土地。未按合同规定的期限和条件开发、利用土地的，市、县人民政府土地管理部门应当予以纠正，并根据情节可以给予警告、罚款直至无偿收回土地使用权的处罚。

第三章有关土地使用权转让的内容主要包括以下几条规定：

第二十条规定土地使用权转让应当签订转让合同。

第二十一条规定土地使用权转让时，土地使用权出让合同和登记文件中所载明的权利、义务随之转移。

第二十二条规定土地使用者通过转让方式取得的土地使用权，其使用年限为土地使用权出让合同规定的使用年限减去原土地使用者已使用年限后的剩余年限。

第二十三条规定土地使用权转让时，其地上建筑物、其他附着物所有权随之转让。

第二十四条规定地上建筑物、其他附着物的所有人或者共有人，享有该建筑物、附着物使用范围内的土地使用权。土地使用者转让地上建筑物、其他附着物所有权时，其使用范围内的土地使用权随之转让，但地上建筑物、其他附着物作为动产转让的除外。

第二十五条规定土地使用权和地上建筑物、其他附着物所有权转让，应当依照规定办理过户登记。土地使用权和地上建筑物、其他附着物所有权分割转让的，应当经市、县人民政府土地管理部门和房产管理部门批准，并依照规定办理过户登记。

第二十六条规定土地使用权转让价格明显低于市场价格的，市、县人民政府有优先购买权。土地使用权转让的市场价格不合理上涨时，市、县人民政府可以采取必要的措施。

3. 国家地价政策

国家地价政策制定的一般原则：（1）与土地利用政策一致；（2）与产业政策一致；（3）考虑地域差异性；（4）不同经济发展阶段地价政策不同；（5）不同用途土地地价不同。

4. 行业标准

《城镇土地分等定级规程》（GB/T 18507—2014）和《城镇土地估价规程》（GB/T 18508—2014）作为土地价格管理的依据，主要包括以下几个方面：

第一，严格按规程制订、更新并公布基准地价。市、县国土资源主管部门应严格按照规程，开展基准地价制订、更新和公布工作。基准地价每 3 年应全面更新一次；超过 6 年未全面更新的，在土地估价报告中不再使用基准地价系数修正法；不能以网格等形式借助计算机信息系统实时更新基准地价。基准地价以及全面更新成果应由省级国土资源主管部门组织验收后报部备案，然后由市、县国土资源主管部门及时向社会公开。省级国土资源主管部门要加强监督指导，确保基准地价及时更新、发布，对不符合规程规定的基准地价制订、更新工作及成果应及时予以纠正。部将建立全国基准地价备案系统，实行电子化备案。

第二，加强宗地地价评估管理。土地估价机构和人员开展宗地地价评估工作，应严格依照规程出具土地估价报告（含土地估价技术报告），并且履行电子化备案程序，取得电子备案号。在土地出让、土地资产处置、土地收购储备等工作中需要进行宗地地价评估的，各级国土资源主管部门应注意检查所使用的土地估价报告是否具备电子备案号；在土地市场动态监测监管系统中上传土地出让合同时，应填写土地估价报告备案号。

第三，严格执行出让地价评估有关规定。在国有建设用地使用权出让前，市、县国土资源主管部门应当按照规程和《关于发布〈国有建设用地使用权出让地价评估技术规范（试行）〉的通知》（国土资厅发〔2013〕20号）有关要求，组织对拟出让宗地的地价进行评估，出具土地估价报告。出具的土地估价报告应当在"估价结果"部分有明确底价决策建议及理由；涉及协议出让最低价标准、工业用地出让最低价标准等最低限价的，还应同时列出相应的最低限价标准。

第四，加强土地市场中介行业监管。各级国土资源主管部门要认真履行土地市场监管职责，加强对土地估价等市场中介行业的监管，对发现的不符合规程和部有关文件规定的土地估价报告，应依法追究有关机构和人员责任，同时交由行业协会予以行业自律处罚。省级国土资源主管部门要指导行业协会加强自律管理，定期开展土地估价报告备案情况检查；严格执行土地估价报告抽查评议制度，定期组织行业协会和专家，对辖区内已备案的土地估价报告进行抽查和评议，向社会公布抽查评议结果。

（三）城市土地价格管理的政策和制度

1. 土地使用权协议出让实行最低限价制度

国家对协议出让国有土地使用权采取最低限价的方法，采取双方协议方式出让土地使用权的出让金不得低于按国家规定的最低价。最低限价的主要目的是规范城镇土地使用权出让行为、加强地价管理、维护土地一级市场的正常供地秩序、保障国家土地所有权的经济收益、促进土地市场健康发展。2006年，《国务院关于加强土地调控有关问题的通知》发布，该通知决定建立工业用地出让最低价标准统一公布制度，指出"国家根据土地等级、区域土地利用政策等，统一制订并公布各地工业用地出让最低价标准。工业用地出让最低价标准不得低于土地取得成本、土地前期开发成本和按规定收取的相关费用之和。工业用地必须采用招标拍卖挂牌方式出让，其出让价格不得低于公布的最低价标准。低于最低价标准出让土地，或以各种形式给予补贴或返还的，属非法低价出让国有土地使用权的行为，要依法追究有关人员的法律责任"。

2. 土地价格定期公布制度

土地价格定期公布制度包括基准地价的评估、报上级人民政府审批、正式对外公布。

《国土资源部关于整顿和规范土地市场秩序的通知》（国土资发〔2001〕174号）指出各级土地行政主管部门要依照法律规定，建立和及时更新基准地价。基准地价原则上每三年更新一次，并根据市场变化，适时进行调整。基准地价的基本内容要以适当形式在指定场所或媒体上公布，并接受查询。要根据国家统一划定的城市土地等级和规定的地价幅度，确定基准地价，不得超过规定标准压低地价。要加强基准地价的审核工作。直辖市、省会城市、计划单列市及非农人口在 100 万以上城市的基准地价更新成果，经省级土地行政主管部门初审后，报原国土资源部审核；其他城市的基准地价报所在省、自治区、直辖市土地行政主管部门审核；建制镇的基准地价由所在县（市）土地行政主管部门审核。要加大基准地价应用力度。要依据基准地价，评定标定地价，确定协议出让国有土地使用权最低价。确定的宗地最低价，要作为考核协议出让土地时土地资产是否流失的标准。对市场交易中的土地申报价格，要依据标定地价进行审核，凡土地转让申报价格比标定地价低 20％以上的，市、县人民政府可行使优先购买权。

3. 政府按经济和城市建设的需要，提前收回出让土地的土地使用权

《城市房地产管理法》规定：国家对土地使用者依法取得的土地使用权，在出让合同约定的使用年限届满前不收回；在特殊情况下，根据社会公共利益的需要，可以依照法律程序提前收回，并根据土地使用者使用土地的实际年限和开发土地的实际情况给予相应的补偿。此规定便于政府因社会公共利益需要，适时调整不合理的土地利用结构。

4. 政府对土地使用权转移有优先购买权

《城镇国有土地使用权出让和转让暂行条例》第二十六条规定：土地使用权转让价格明显低于市场价格的，市、县人民政府有优先购买权。其主要目的是防止交易双方虚报、瞒报地价，扰乱土地市场的行为发生，以维护和形成一个稳定良好的土地市场环境。实施优先购买权主要包括三个步骤：首先，公布优先购买权实施的价格标准和政策规定；其次，交易双方申报成交价格；最后，政府实行优先购买。

5. 政府对地价上涨可采取必要行政手段进行干预

《城镇国有土地使用权出让和转让暂行条例》规定：土地使用权转让的市场价格不合理上涨时，市、县人民政府可以采取必要的措施。该规定的主要作用是防止市场地价的不合理上涨和土地投机行为不能满足社会各方面对土地的需求。

6. 征收土地增值税

1993 年，国家出台了《中华人民共和国土地增值税暂行条例》，1995 年发布《中华人民共和国土地增值税暂行条例实施细则》，目的是抑制地价的不合理上涨。2007 年 2 月 1 日《国家税务总局关于房地产开发企业土地增值税清算管理有关问题的通知》开始施行，增加开发企业的开发成本，压缩利润空间，抑制高档项目开发。

（四）城市土地价格的动态监测

1. 城市土地价格动态监测的概念

城市土地价格动态监测作为政府对土地进行管理和调控的基础，对政府在科学制定土地管理政策、合理利用城市土地等方面发挥着重要的作用。城市土地价格最能体现城市土地供需状况，从而依托土地市场价格来对城市土地资产进行优化配置。所谓城市土地价格动态监测，是根据城市土地市场的特点，通过设立土地价格监测点，收集、处理并生成系列的土地价格指标，对城市土地价格状况进行观测、描述和评价的过程[①]。

---

① 彭丽丽，王岩，王冬梅，等. 城市地价动态监测研究——以 2017 年赤峰市中心城区为例 [J]. 国土与自然资源研究，2019，181（4）：4-7.

2. 城市土地价格动态监测的内容及范围

城市土地价格动态监测的具体内容包括：（1）城市地价水平，包括城市土地级别、城市基准地价、监测点地价、交易样点地价、城市平均地价等；（2）城市地价变化趋势，包括城市地价指数、城市地价增长率等；（3）城市地价与土地供应的协调状况，包括城市地价增长率与土地年度供应计划量增长率、土地年度实际供应量增长率、土地年度闲置量增长率的比较情况等；（4）城市地价与房屋供应的协调状况，包括城市地价增长率与房屋年度开发量增长率、房屋年度实际成交量增长率、房屋年度空置量增长率的比较情况等；（5）城市地价与社会经济环境的协调状况，包括城市地价增长率与国内生产总值增长率、城市固定资产投资额增长率、房地产投资额增长率、房地产贷款余额增长率、房屋价格增长率的比较情况等；（6）城市地价与城市土地利用的协调状况，包括城市地价增长率与城市建设用地增长率、城市平均容积率增长率、城市建设占用耕地面积增长率、城市基础设施占地面积增长率的比较情况等[①]。

城市土地价格动态监测分为区域性城市地价动态监测和城市内部地价动态监测两种。就区域性城市地价动态监测而言，是对建立在一定原则上划分的宏观行政区域或经济区域的总体地价进行监测，包括国家级城市地价动态监测、省级城市地价动态监测。城市内部地价动态监测，是就城市内部区域规划为空间而进行的地价监测，即城市级地价动态监测。具体来讲，国家级城市地价动态监测范围包括全国范围内的城市地价动态监测、跨省区域的地价动态监测、重点城市地价动态监测等；省级城市地价动态监测范围包括全省范围内的城市地价动态监测、省内分区域的地价动态监测等；城市级地价动态监测范围包括城市主城区或建成区范围内的整体地价动态监测、城市各区域地价动态监测等[②]。

3. 城市土地价格动态监测的作用

建立城市土地价格动态监测系统，主要作用有以下几方面：

---

①　余晓勤. 关于当前城市地价动态监测的若干思考 [J]. 旅游纵览，2014（12）：231.

②　蔡丝佳，勾美阳. 浅谈城市地价动态检测的问题及思考 [J]. 民营科技，2016，195（6）：8.

一是城市地价动态监测可以提高城市土地管理效率。城市地价动态监测弥补了基准地价更新不及时、不能准确反映城市地价变化情况的问题，能够及时了解地价运行、土地供需状况以及土地的市场管理情况，能够为政府提供全面、及时的地价变化趋势和动态，从而有利于政府制定科学合理的土地政策，提高城市土地管理的效率。

二是提高了土地信息服务水平。城市地价动态监测结果的及时发布可以让城市居民能够在第一时间就查询到城市土地的价格，从而增加土地交易成交量，降低土地交易中的成本，从而通过地价信息服务水平的提高，保障土地交易的合法性和安全性。

三是为宏观调控提供了基础数据和依据。城市地价动态监测保证了土地市场信息的对称，从而为政府干预土地市场提供了依据，让政府在第一时间掌握城市土地市场的供需状况、土地市场的运营状况等，从而为国民经济宏观调控提供了重要的数据和依据。

四是能够让城市规划和建设更为科学合理。城市地价动态监测可以为科学的城市规划提供依据，能够促使土地资产的优化配置，能够科学地制定城市各功能区土地结构、分配房地产企业的土地使用和利用，把地价的动态监测结果传递到政府，从而得以制定或实施行之有效的土地储备或者城市拆迁政策，使城市规划建设更加合理高效①。

（五）城市土地价格评估在土地管理中的作用

土地价格评估即土地估价，是估价人员依据土地估价的原则、理论和方法，在充分掌握土地市场交易资料的基础上，根据土地的经济和自然属性，按地产的质量、等级及其在现实经济活动中的一般收益状况，充分考虑社会经济发展、土地利用方式，以及土地预期收益和土地利用政策等因素对土地收益的影响，综合评定出某块土地或多块土地在某一权利状态下某一时点的价格的过程。影响土地价格的主要因素有以下三个方面。（1）一般因素。指影响城镇

---

① 姜栋. 城市土地价格调查与地价动态监测体系建设［J］. 中国土地科学，2002（3）：26－30.

地价总体水平的自然、社会、经济和行政因素等，主要包括地理位置、自然条件、人口、行政区划、城镇性质、城镇发展过程、社会经济状况、土地制度、住房制度、土地利用规划及计划、社会及国民经济发展规划等。（2）区域因素。指影响城镇内部区域之间地价水平的商业繁华程度及区域在城镇中的位置、交通条件、公用设施及基础设施水平、区域环境条件、土地使用限制和自然条件等。（3）个别因素。指宗地自身的地价影响因素，包括宗地自身的自然条件、开发程度、形状、长度、宽度、面积、土地使用限制和宗地临街条件等①。

城市土地价格评估在土地管理中发挥着重要作用，主要体现在以下几方面：

第一，有助于土地交易的顺利进行。随着经济的发展，土地交易日趋频繁，而土地经济价值却随着经济的发展而日益变化。土地市场具有强烈的地域性，因而，在市场上不容易获得完整的价格资料。而土地交易除专业经营公司之外，其他主体在该领域往往缺乏相应经验，因此有必要事先对城市土地进行估价。只有经过专业人员搜集资料、分析评定，买卖双方才不致有上当受骗的担心，交易自然迅捷，推动土地交易的顺利进行。

第二，有助于土地市场的规范和完善。我国开始土地使用制度改革以来，城镇土地逐步由无偿使用改为有偿使用，土地市场也逐步建立。土地资源要实现市场配置，土地市场要进一步完善。目前，我国城镇国有土地的配置方式已趋多样化，有土地出让、作价入股、授权经营、国有土地租赁和行政划拨等多种形式。行政划拨范围正在逐步缩小，市场配置范围逐步扩大。市场配置的基础是土地资产的量化，而量化的基本手段是估价。另外，城镇土地使用税、土地增值税等土地税的征收，土地抵押、发行土地债券等土地融资手段，也要以土地资产的量化为前提，因此对城市土地进行价格评估，有助于土地市场的进一步规范和完善。

第三，有助于土地市场管理。土地市场管理是土地管理的一项重要内容，而土地市场管理的核心又是土地价格管理。土地价格随市场因素波动较大，同时，波动幅度又比经济增长波动幅度更大，因此，土地投机行为极易发生。为

---

① 闫先东，张鹏辉. 土地价格、土地财政与宏观经济波动［J］. 金融研究，2019（9）：1-18.

防止地价波动过大及土地投机行为，必须了解该地区的土地真实价值，把专业人员估定的有代表性的地块价格作为控制地价水平的依据，进而进行有效的土地市场管理。

第四，有助于土地投资决策。土地作为一种重要的生产要素，常常是政府和企业决策的主要目标之一。根据替代原理，在资金一定的情况下，为了达到某一生产水平，土地投资的多少直接影响其他要素的投资。若地价昂贵，则可减少土地投资而增加资本、劳动的投入；若地价低廉，则可增加土地投资而减少资本、劳动的投入。因此需要通过城市土地价格评估，了解土地的真实价格，进而帮助政府和企业做出有效益的投资决策①。

案例

2009 年 5 月，内蒙古自治区煤炭工业局下发一份《关于限期整顿某县、某旗煤炭市场的通知》，通知要求某市对路两侧的煤炭市场进行重新规划，规划要高起点、高标准，将煤炭市场建设成环保、高效的煤炭物流园区。2009 年 5 月，某旗委、旗政府在某乡启动了煤炭物流交易中心，力图打造集煤炭集运、洗选加工及外运销售的大型物流中心。某旗人民政府的部分乡镇陆续与村民签订协议，未经批准以每亩 1.2 万元的价格强行征地 14444.87 亩，后以 5.6 万元不等的价格转租给煤炭交易中心。交易中心先后与 36 家煤场、洗煤厂等企业签订入园协议，将土地交由企业建设，涉及违法建设占地 6743.7 亩，其中占用耕地 4251.51 亩，有 666.3 亩不符合土地利用总体规划。某旗政府为了扩大耕地面积，曾鼓励村民把很多荒地开拓成良田，村民们都说，开荒地至少种了十几年，如今，土地被收回，不少农民除承包地的补偿款外，开荒地补偿一分钱都没拿到。

2013 年 5 月 20 日中央人民广播电台在"新闻纵横"节目中播发了内蒙古某市某旗某煤炭物流园区在土地使用中存在问题的相关报道；5 月 20 日，央广新闻"中国之声"栏目对某旗某煤炭物流交易中心未批先建行为进行了相关报

---

① 蔡丝佳，勾美阳. 浅谈城市地价动态检测的问题及思考［J］. 民营科技，2016，195（6）：8.

道……随着媒体的陆续报道，某乡煤炭物流园区的土地违法问题引起了内蒙古自治区国土资源厅和某市市委、市政府的高度重视。某市国土资源局协调某旗旗委、旗政府对此事件开展了深入了解和调查。在媒体深入曝光后的当天上午，某旗旗委书记主持召开了由旗长以及旗纪检委、政法委、法院、检察院、宣传部、国土资源局、林业局、交通局、信访局等 14 个部门主要负责人参加的会议。同时迅速成立了由旗长任组长，旗纪检委、政法委、法院、检察院、国土资源局等部门负责人组成的专项调查组——"某煤炭物流园区土地问题调查组"，于当天下午，即 5 月 20 日下午调查组入驻园区开展调查工作。

2013 年开始，政府陆续执行一系列整改工作：严格规范交易中心用地；严肃处理相关责任人；全面规范用地秩序。具体做法如下：坚决取缔原交易中心外的非法煤炭经销摊点，某旗政府组织旗国土资源局、公安局、法院、检察院、监察局、司法局、建设规划局、环保局、林业局等部门组成联合执法队伍，对原交易中心外的非法煤炭经销摊点依法进行拆除；严厉打击违法用地、违规建设，在全旗范围内组织开展严厉打击"两违"建设专项整治行动，严肃查处一批"两违"建设案件，进一步规范土地管理和规划建设管理工作。随着"大批土地涉嫌未批先占，内蒙古某旗低买高卖赚差价"案例的发酵及后续解决，该案例的背后反映了地方政府在行使国家赋予的公共权力的过程中由于背离公共利益对土地使用者造成损害，使政府形象受损，在上级部门的高调反应下对土地违法行为及时制止和纠正的土地利用管理问题。在城市土地价格市场管理中，要深入思考如何建立地方政府与中央政府对土地管理的良好的互动合作关系、如何建立土地利用管理过程的全程有效监督与预防机制以及如何采取有效措施加强征地管理等问题，进一步提高政府关于土地管理决策的科学化水平。

四、土地储备管理

（一）土地储备制度发展历程

1. 探索阶段（1996—2001 年）

为深化国有土地有偿使用制度改革，增强政府对土地市场的调控能力，上海市于 1996 年 8 月成立了我国第一家土地储备机构——上海市土地发展中心，开展城市土地收购储备工作。1997 年 8 月，浙江杭州成立了杭州市土地储备中心。1999 年 3 月，《杭州市土地储备实施办法》出台，这是我国首部关于土地储备的地方政府规章。同年 6 月，原国土资源部向全国转发该办法，推广杭州经验。随后，江苏南通、山东青岛、湖北武汉等城市相继成立土地储备机构。2001 年 4 月，《国务院关于加强国有土地资产管理的通知》首次明确提出："为增强政府对土地市场的调控能力，有条件的地方政府要对建设用地试行收购储备制度。市、县人民政府可划出部分土地收益用于收购土地，金融机构要依法提供信贷支持。"由此，全国各地相继成立 2000 多家土地储备机构①。

2. 建立阶段（2002—2007 年）

2002 年，原国土资源部印发的《招标拍卖挂牌出让国有建设用地使用权规定》要求，严格实行经营性用地招拍挂出让，实行土地集中统一供应，并要求供应的土地应产权清晰，具备动工建设条件，这进一步加快了土地储备的发展。同时，为解决土地储备资金问题，2006 年《国务院办公厅关于规范国有土地使用权出让收支管理的通知》明确要求"为加强土地调控，由财政部门从缴入地方国库的土地出让收入中，划出一定比例资金，用于建立国有土地收益基金，……国有土地收益基金主要用于土地收购储备""国土资源部、财政部要抓紧研究制订土地储备管理办法，对土地储备的目标、原则、范围、方式和期限等作出统一规定，防止各地盲目储备土地。要合理控制土地储备规模，降低土地储备成本"。随后，《土地储备管理办法》《土地储备资金财务管理暂行办法》《土地储备资金会计核算办法（试行）》等文件相继出台，这标志着土地储备制度框架体系基本建立。土地储备制度的确立，使市、县政府土地供应和管理方式发生了重大变革：从多头供地转变为集中统一供地，从"毛地""生地"供应转变为"净地""熟地"供应，逐步形成了"一个口子进水，一个池子蓄水，一个龙头放水"的土地储备和供应机制。

---

① 杨红. 土地储备制度建设历程及思考［J］. 中国土地，2022（10）：10 - 13.

3. 发展阶段（2008—2018 年）

2008 年，《国务院关于促进节约集约用地的通知》（国发〔2008〕3 号）提出："完善建设用地储备制度。储备建设用地必须符合规划、计划，并将现有未利用的建设用地优先纳入储备。储备土地出让前，……完成必要的前期开发，……经过前期开发的土地，依法由市、县人民政府国土资源部门统一组织出让。"2012 年 9 月，《国土资源部关于规范土地登记的意见》对储备土地登记内容进行了明确规定。同年 11 月，原国土资源部、财政部、中国人民银行、中国银行业监督管理委员会联合印发《关于加强土地储备与融资管理的通知》，提出建立土地储备机构名录制和融资规模控制卡制度，规范储备机构设置，加强融资风险防控。

4. 创新阶段（2019 年至今）

2014 年 9 月，《国务院关于加强地方政府性债务管理的意见》提出，建立规范的地方政府举债融资机制，有一定收益的公益性事业发展确需政府举借专项债务的，由地方政府通过发行专项债券融资，以对应的政府性基金或专项收入偿还。该文件对土地储备融资方式产生了重大而深远的影响。2015 年 1 月 1 日起，新的《中华人民共和国预算法》实施，明确了地方政府举债只能通过发行地方政府债券方式筹措。之后，财政部、原国土资源部、中国人民银行、原银监会印发《关于规范土地储备和资金管理等相关问题的通知》，明确从 2016 年 1 月 1 日起，各地不得再向银行业金融机构举借土地储备贷款，调整土地储备机构职能和融资方式，开启土地储备重大转型期，规范土地储备运行。2017 年 5 月，《地方政府土地储备专项债券管理办法（试行）》印发，明确提出设立和发行地方政府土地储备专项债券，以合法规范的方式保障土地储备项目的合理融资需求，这是土地储备制度建设的一项创新举措。2018 年 1 月，《土地储备管理办法》《土地储备资金财务管理办法》相继修订印发。这两个办法的修订出台，分别从土地储备机构、业务和资金管理方面做出了系统性规定，推动土地储备持续健康运行。

（二）土地储备模式演变

我国土地储备模式的变化伴随着功能的调整，两者相互依赖、相互影响。

比如，实践中出现了从以单一项目为单元向以成片项目为单元的储备模式变化；从正式注册的储备机构自主做地向储备机构与各类做地主体合作做地的模式变化；从只以经营性用地为收储范畴向全地类为收储范畴的模式变化；从以直接的经济收益为主向经济、社会和生态价值并重的模式变化；等等。这些模式的变化，都与土地储备所服务的经济社会目标变化有关①。

1. 单一项目收储模式

单一项目收储模式是由储备机构主导的。土地储备作为一项"自下而上"式的地方性制度创新，其建立的初衷是推动存量划拨土地的市场化改革。20世纪90年代中后期，伴随国有企业改制，原国有企业常因需迅速应对员工安置与资产清理等紧迫任务，而选择通过协商机制，以很低的价格将原本通过划拨方式获得的土地使用权转让给改制后的企业或其他市场主体，并附条件地由接收方承担原企业职工安置等费用。此举虽暂时缓解了企业转型压力，却促成了改制企业与地方政府"多头"供地现象，进而削弱了地方政府对国有土地市场统一管理和调控的能力，加剧了国有土地资产的安全风险，甚至为权力寻租与腐败行为提供了温床。

在地方财政面临紧约束的状况下，如何高效地对困境企业积压的土地资源加以盘活，促使其资产价值达到最大化，并且处理好国有企业改制时资金欠缺与人员安排这两个难题，推动存量划拨土地成功迈向市场化，成为地方政府迫切需要解决的重要问题。在此背景下，探索并优化土地收储模式，不仅是对现行制度局限的突破，更是推动土地资源合理配置、保障经济良性发展以及社会安定的关键之举。

实践中，地方政府凭借创新收储制度，将国有建设用地集中到土地储备部门，统一开展规划设计、开发整理工作（地块内的道路、供水、供电、供气、排水、围挡等基础设施建设以及土地平整），再从一级市场进行招拍挂出让。如此，国有企业改制后的遗留用地，不仅都进入市场再次进行资源配置，而且盘活后的收益也归地方政府所有。这部分资金既能用于国有企业改制以及职工安

---

① 谭荣，孙建卫，林亮. 土地储备的模式演化及资产功能［J］. 中国土地，2022（10）：4-9.

置，又防止了因低地价或零地价而导致的国有土地资产流失，并有助于建立健全国有土地市场制度体系。

因此，"单一权属地块收储"可视为发展过程中土地储备的第一种模式，即由土地储备机构统一规划设计、自主筹资、独立运作（全权负责），完成国有存量建设用地的回购、地上建筑物及附属物的拆迁，以及公共设施配套和土地平整等工作。收储涉及的开发整理、验收、储备等环节以及成本预结算等都以项目为单位独立进行，互不影响。土地增值收益也均由地方政府独享，用于城市建设和企业改制等资金投入。

2. 成片项目收储模式

成片项目收储模式是由储备机构与做地主体合作实施的。进入 21 世纪，城镇化和工业化的快速推进凸显了土地要素的重要作用。地方政府通过旧城改造、市区企业向园区搬迁、"撤村建居"等工作建设和经营城市。如何在短时间内统筹推进这些目标实现，成为地方政府亟须破解的难题。

从国家层面看，2004 年起，国务院陆续下发《关于深化改革严格土地管理的决定》《关于加强土地调控有关问题的通知》《关于促进节约集约用地的通知》等文件，强调对地方建设用地总量的控制，要求地方充分利用现有建设用地，大力提高建设用地利用效率。从地方层面看，由于地方政府不仅在多目标上面临人力物力财力不足的问题，而且原有储备模式下的土地供给还存在后续用地项目"低、小、散"的问题，依靠土地储备机构自主筹资、独自做地的单一项目储备模式逐渐难以满足多目标的需求。为响应中央和地方两个层面上的实际要求，很多城市开始考虑统筹推进一定区域内的各类土地储备项目，即"化零为整"。这也意味着土地储备工作进入了新的阶段。如，浙江省杭州市土地储备中心在 2005 年提出了旧城区改造、城中村改造、工业用地搬迁等收储目标，这与之前围绕存量划拨土地市场化的储备目标发生了显著变化。

因此，"成片项目收储"能够被当作发展进程里土地储备的第二种模式。具体而言，土地储备机构按照发展规划以及土地利用总体规划等，明确土地储备的成片区域与具体项目。成片区域自身常常和城市重点功能区、城市更新区、低效土地再开发区等区域相契合，并且由多个项目构成。把成片区域当作工作单元，在维持具体项目独立运作的基础上，强化布局与功能的协同性，土地储备机构积极创新与各类做地主体的合作关系，一同推动成片、多目标的土地收储。这种模式不但能减轻短期地方财政的压力，而且能形成多主体的合力，较为迅速地推动城市建设中不同目标的协同达成。

3. 片区整体收储模式

片区整体收储模式由储备机构统筹、做地主体实施，这种土地储备工作能够有效保障地方政府对国有土地一级市场的调控，满足了城镇化和工业化对土地要素的需求。然而，土地储备长期以来只集中在经营性土地，而忽视了将城市基础设施建设、公共服务配套等用地纳入储备范畴。党的十八大以来，国家着力提高经济社会发展质量，地方土地储备工作需要关注与民生相关的各类公共利益用地的储备需求。

随着"控制总量、盘活存量和增大流量"等新型城镇化战略下国家对土地要素宏观调控新导向的推进，地方层面可供收储的增量土地趋紧，而存量用地再开发成本不断攀升。2014 年《中华人民共和国预算法》和《国务院关于加强地方政府性债务管理的意见》出台，禁止地方政府以土地进行抵押融资，更加大了开展土地储备的资金压力。为此，在之前"成片项目收储模式"的基础上，土地储备机构打破传统项目的基本管理单元，对一定范围内包括经营性和公益性的不同用途项目组成的片区进行统一管理、整体预结算，并统筹推进开发整理和储备，形成"片区整体收储"新模式（亦有地方称为"片区收储"），即土地储备的第二种模式，实现土地的经济价值和社会效益相统一。

4. 生态收储模式

生态收储模式由地方政府统筹推进。2019 年，中共中央办公厅、国务院办公厅印发《关于统筹推进自然资源资产产权制度改革的指导意见》，明确提出要强化自然资源整体保护、推动自然生态空间系统修复和合理补偿。这说明，地方政府要承担起对发展过程中被破坏的生态系统进行保护修复的责任。

为此，地方土地储备工作在强化土地要素对经济和社会发展的支撑作用的同时，应逐步注重生态系统的保护修复。"生态收储模式"可以视为发展过程中土地储备的第四种模式（与第三种模式并列而非替代）。即，以片区整体收储为基本模式，由更高层级政府统筹推进，鼓励社会资本参与，做好片区的生态修复工作，增强生态产品供给能力。同时，政府和社会资本后续共同推进片区内自然资源资产的综合开发，实现生态、社会和经济价值的全面提升。

（三）土地储备管理

土地储备管理能够保证土地资源的合理利用，并且规范土地市场行为。土地资源应用的目的不同，在具体操作的过程中，会涉及使用主体的变更和诸多部门。对土地展开有效的储备管理，不仅可以规范各项操作行为，还可满足各方的利益，保证土地得到有序与规范的利用。根据相关法律法规，对土地进行收购后，可将其作为储备资源，满足国民经济的发展需求。作为国土资源管理与调控的重要平台，土地市场能否顺利发展，将直接关系到土地储备与管理工作的开展。政府要进一步规范市场，严格按照土地收购储备制度的要求，对土地供应和土地盘活资金进行合理调控，打造完善的土地市场机制，提高政府的财政收益①。

1. 完善土地储备管理机制

健全的土地储备管理机制能够合理地优化和配置土地利用结构，保证土地使用可以趋向标准要求，推动土地储备管理向着规范化以及制度化的方向发展，从而保证土地利用的合理性。同时，能促使政府对土地进一步规划，整合分散土地，开展重大项目，提高土地的使用率。

首先，为建立有效的行政规章制度，强化执法力度，确保行政行为合规合法。一是，将土地储备管理并入法治轨道。充分整合专家与从业人员的经验，对当前当地发展现状进行全面的了解和掌控，并制定和实施相关法律法规。二是，借助系列法治手段，及时防控土地储备管理中存在的问题，以此维护社会环境的稳定，保护相关主体的权益。

其次，建立土地储备管理联动的管理机制。实施土地储备管理的过程中，囊括了诸多部门的积极参与与配合，其中涉及财政、建设、规划以及国土建设

---

① 王爽，胡兴帮. 规范土地储备管理的河北探索及相关建议［J］. 中国土地，2022（8）：59-60.

等，这些部门之间相互协调与配合，对其管理具有极大的影响。统一思想，树立一盘棋的观念，形成一个相互支持、协调工作的机制，构建以市级政府为核心的会议制度，引导各部门共同参与其中。由专业部门进行领导并构建科学可行的协调制度，推行制度管理措施，从而对相关部门进行更为深入的监管与制约，形成以政府为核心的土地供应主体①。

2. 保证土地储备资金

从全生命周期看，土地储备具有工作任务重、周期长、资金需求量大、周转率低等特征，如果不能结合工作进度及时有效地保障各阶段的资金需求，将会严重制约土地储备工作高质量推进。土地储备是为城乡规划建设和经济社会发展提供资源要素保障的重要手段，应逐步回归政府主导的本质。各地政府应将土地储备机构统一作为项目开发主体，具体工作可委托政府平台企业予以实施，财政部门统筹财政性资金做好土地储备资金保障，建立规范统一的实施模式和系统多元的资金保障机制②。为防范化解地方政府隐性债务和统筹使用财政性资金，应从以下四方面入手，保障土地储备资金。

第一，加大财政资金保障力度。政府应强化土地储备主体责任，加大财政资金保障力度，结合土地储备计划做好资金预算安排，衔接好资金投入与回笼的关系，确保财政资金投资效益最大化。第二，推动土地储备证券化融资。政府可以研究土地储备证券化融资路径，将融资金额纳入政府债务统一管理，确保满足各项政策规定。第三，建立土地储备基金制度。为保证政府在土地储备工作中的主导地位，完成土地储备预期目标，土地储备机构必须拥有充足资金。各地可结合财政资金状况及土地储备计划建立统一的土地储备基金制度，为土地储备工作建立系统性财政资金保障机制，推动实现土地储备自我造血功能和资金良性循环。第四，统筹区域土地储备成本。土地储备是实施区域规划建设的一种方式，政府应从区域发展的角度统筹工作推进和资金保障。实际中，以单个土地储备项目为单位考虑资金平衡和资金保障时，一般收益高的项目先实

---

① 元奇. 佛山市土地储备管理研究［D］. 江西财经大学，2018.
② 高奇. 土地储备资金保障研究［J］. 住宅与房地产，2023（21）：95－97.

施，而收益低的项目后实施甚至难以实施，也可考虑变单个项目平衡为区域统筹。

3. 规范土地储备计划编制

土地储备运作过程主要包括土地收购储备（取得）、土地整理和土地供应三个环节，与之相对应，土地储备供应计划的主要内容则包括土地储备计划、土地整理计划和土地供应计划。同时，由于土地储备运作全过程伴随着巨额资金运作，从财管理角度需要一个相对明确的资金运作计划。土地储备计划是土地储备机构依据国民经济发展计划、土地利用总体规划、城市规划和城市建设计划等，结合土地储备机构自身运作能力和市场调控的需要，合理确定一定时期城市土地收购、征用、城市改造等储备土地总体规模和结构的计划安排。广义的储备计划还包括储备土地在储备周期内的经营计划。土地整理计划是针对储备土地开展的场地平整、道路、给排水、电力等基础设施配套建设计划，主要目的在于提高储备土地市场价值，落实城市规划和城市建设计划。土地供应计划是土地储备机构依据社会经济发展对土地的供给安排和土地市场需求的科学预测，结合储备土地规模和土地储备机构运作能力合理确定一定时期储备土地供应总体规模和结构的计划安排。资金运作计划是土地储备机构为落实土地储备计划、整理计划和供应计划，提高资金使用效率，防范金融风险，在资金融通和现金流方面的预先安排。

土地储备计划是土地储备计划管理的核心内容，是规范约束土地储备行为的关键，也是测算资金需求及土地储备专项债券额度的主要依据。按照《土地储备管理办法》，各地应根据城市建设发展和土地市场调控的需要，结合当地经济社会发展规划、土地储备三年滚动计划、年度土地供应计划、地方政府债务限额等，合理制定年度土地储备计划。地方自然资源主管部门应提高对此项工作的认识，切实履行管理职责，组织土地储备机构编制完成土地储备计划并按程序报批和备案。同时，在编制年度土地储备计划和土地储备三年滚动计划时，应根据城市建设发展和土地市场调控的需要，综合考虑当地经济社会发展规划、年度土地供应计划、地方政府债务限额等因素，合理确定规划期内可收储土地资源的总量、结构、布局、时序，优先储备空闲、低效等存量建设用地，科学编制土地储备计划，确保土地储备工作有序推进。

4. 土地储备信息化

在开展土地储备管理时，要转变传统的分散式管理理念，保证各项业务流程彼此联动，对各项资料进行有效整合，提高部门与部门之间的协作性，简化工作流程。随着储备用地收储工作量不断增加，若工作人员继续采用传统的工作方式处理资料和图纸，不仅不能保证最终数据的准确性，还会降低工作效率。积极开展土地储备管理信息化建设，优化信息管理系统的功能，发挥多项先进技术的优势，对各类图形和数据进行自动化处理，实现数据高效的收集、归档、获取[①]。

开展土地储备管理信息化建设，首先，要明确信息化建设的原则。打造完善的信息化应用体系，要对各项基础设施和信息资源进行整合，保证各个部门彼此协同和交流，提高决策能力，满足人们对信息的需求，确保各项资源得到高效利用。一是，进一步创新体制，完善相关法律法规，使各部门系统的数据得到全面的整合。二是，优化信息化应用体系，对理念、管理和服务进行创新，提高社会公众政务应用水平与公共服务能力，充分发挥政府宏观调控职能，提高经济效益和社会效益。三是，需结合城市政务信息化应用建设的现状，积极开展土地系统智慧办公、监管、决策和服务一体化建设，并重视信息公开，保障信息安全。其次，要明确信息化建设的目标。即，通过开展土地储备信息化建设，打造统一的土地管理体系，并将其纳入政务基础信息资源体系，进一步公开城市的政务信息，促进地区经济实现可持续发展。最后，完善数据采集层、基础网络层、信息资源层、应用系统层等细节层，搭建信息化架构。其中，数据采集层的作用是对各类数据进行高效采集，满足系统的运行需求。基础网络层主要包括互联网、物联网和通信网络。信息资源层则是对资源进行统一调度与管理。在信息资源层中汇集多种类型的数据和资源，可为上层应用提供相应的数据支持，使各项业务操作更加便捷，提高系统与系统之间的协作度，减少

---

① 江海涛. 信息化建设背景下土地储备管理工作分析［J］. 住宅与房地产，2021（31）：17-18.

应用系统的重复建设，保证系统得到有效的开发和利用。应用系统层中包含GIS等多项技术。

第三节　"三权分置"背景下农村宅基地使用权流转管理

一、宅基地使用权及其流转概述

（一）宅基地使用权及其流转问题溯源

中华人民共和国成立以来，中国农村宅基地制度经历了"单一产权—两权分离—三权分置"的演进历程，其中，对宅基地使用权的界定与管理蕴含着社会经济发展需求不断变化及产权不断细分与明晰的演变逻辑。1962 年以前，中国农村宅基地实行单一的农民所有制，农民可以自由流转宅基地[①]。此时，宅基地的单一所有制实质上可以视作所有权与使用权的合一。1963 年发布的《中共中央关于各地对社员宅基地问题作一些补充规定的通知》中明确了农村宅基地"地随房走"的交易模式，农民对宅基地的所有权转变为使用权[②]。改革开放到 2012 年中国共产党第十八次全国代表大会期间，农村宅基地管理从"总量控制"发展到"腾退探索"阶段，真正实现了所有权归集体、使用权从农户和非农户主体无限制到仅为农户主体的"两权分离"，宅基地的流转从宽松逐渐走向限制[③]。随着中国城市化的快速发展，城镇建设用地供不应求与农村宅基地闲置浪费严重的双重矛盾逐渐成为城乡资源流动和城乡融合发展的制度阻碍[④]，

---

① 严金明，迪力沙提，夏方舟. 乡村振兴战略实施与宅基地"三权分置"改革的深化 [J]. 改革，2019（1）：5‐18.

② 李泉. 农村宅基地制度变迁 70 年历史回顾与前景展望 [J]. 甘肃行政学院学报，2018（2）：114‐125＋128.

③ 王成，徐爽. 农村宅基地"三权分置"的制度逻辑及使用权资本化路径 [J]. 资源科学，2021，43（7）：1375‐1386.

④ 吕晓，薛萍，牛善栋，等. 县域宅基地退出的政策工具与实践比较 [J]. 资源科学，2021，43（7）：1307‐1321.

加之随着经济结构的变革和城乡格局的变化，农民与村庄的黏度出现松动，许多农民意识到宅基地的市场价值，宅基地私下流转行为大量出现，这给农村宅基地管理和土地市场秩序带来冲击，也表明以往"无偿、无限期、无流转"的宅基地制度已无法适应社会经济发展需求。为此，中央政府提出开展宅基地制度改革，并于 2015 年在全国开展了宅基地制度改革试点工作。随着试点工作的不断推进，宅基地制度改革中产权残缺、长效机制不健全等问题不断暴露出来①，亟待进一步解决。2018 年中央一号文件明确提出"探索宅基地所有权、资格权、使用权'三权分置'，落实宅基地集体所有权，保障宅基地农户资格权和农民房屋财产权，适度放活宅基地和农民房屋使用权"。自此，如何适度放活宅基地使用权成为社会广泛关注的热点问题。

（二）宅基地使用权及其流转的多维检视

目前，宅基地使用权及其流转的相关问题在法律文件和政策文件中尚未得以明确，在学术界和各地实践中也尚未达成共识。在这里，我们系统梳理了当前宅基地使用权及其流转在法理、学理和实践层面的界定与认识，试图厘清宅基地使用权及其流转的应有之义。

1. 法理解读

目前，现行法律体系中有关宅基地使用权及其流转的相关法律并不具有系统性，多散见于各种法律和政策性文件之中。总体来看，相关法律对宅基地使用权内涵的界定较为模糊，且未对宅基地使用权流转问题作出禁止性规定。宅基地使用权流转的限制主要来自相关政策规定。

宅基地使用权这一概念首次出现于 1963 年 3 月 20 日中央颁布的《关于各地对社员宅基地问题作一些补充规定的通知》。为了解决部分地区在贯彻执行《六十条》②中，对政策解释不清引起群众误解这一问题，该通知对农村宅基地的归属等问题作了以下补充说明：（1）社员的宅基地，包括有建筑物和没有建

---

① 刘守英，熊雪锋. 经济结构变革、村庄转型与宅基地制度变迁——四川省泸县宅基地制度改革案例研究［J］. 中国农村经济，2018（6）：2-20.

② 指 1962 年 9 月 27 日中国共产党第八届中央委员会通过的《农村人民公社工作条例修正草案》，简称《六十条》。

筑物的空白宅基地，都归生产队集体所有，一律不准出租和买卖。但仍归各户长期使用，长期不变，生产队应保护社员的使用权，不能想收就收，想调剂就调剂。（2）宅基地上的附着物，如房屋、树木、厂棚、猪圈、厕所等永远归社员所有，社员有买卖或租赁房屋的权利。房屋出卖以后，宅基地的使用权即随之转移给新房主，但宅基地的所有权仍归生产队所有。（3）社员需新建房又没有宅基地时，由本户申请，经社员大会讨论同意，由生产队统一规划，帮助解决，但尽可能利用一些闲散地，不占用耕地，必须占用耕地时，应根据《六十条》规定，报县人民委员会批准，社员新建住宅占地无论是否耕地，一律不收地价。（4）社员不能借口修建房屋，随便扩大墙院，扩大宅基地，来侵占集体耕地，已经扩大侵占的必须退出。此后，宅基地所有权与使用权分离，农民对宅基地的认识从重归属转为重利用[1]。随后，从 1999 年的《国务院办公厅关于加强土地转让管理严禁炒卖土地的通知》，到 2004 年出台的《国务院关于深化改革严格土地管理的决定》和《关于加强农村宅基地管理的意见》，都对宅基地使用权的流转作了严格的约束，并把农村宅基地流转范围限定在集体组织成员之间。

2007 年施行的《物权法》[2] 中第一百五十二条与第一百五十三条专门对宅基地使用权的取得、行使和转让等问题做出了规定，它明确：（1）宅基地使用权人依法对集体所有的土地享有占有和使用的权利，有权依法利用该土地建造住宅及其附属设施；（2）宅基地使用权的取得、行使和转让，适用《土地管理法》等法律和国家有关规定。2014 年《关于全面深化农村改革加快推进农业现代化的若干意见》中明确，在保障农户宅基地用益物权前提下，选择若干试点，慎重稳妥推进农民住房财产权抵押、担保、转让，该政策的出台为今后修改有关法律或者调整有关政策留有余地，也为宅基地使用权的自由流转提供了契机。

2019 年，新修订的《土地管理法》第六十二条规定，农村村民出卖、出租、赠与住宅后，再申请宅基地的，不予批准。国家允许进城落户的农村村民依法自愿有偿退出宅基地，鼓励农村集体经济组织及其成员盘活利用闲置宅基

---

① 蒋晓玲，李慧英，张健. 农村土地使用权流转法律问题研究 [M]. 北京：法律出版社，2011：152 - 154.

② 《物权法》已于 2021 年 1 月 1 日废止。

地和闲置住宅。《土地管理法》第八十二条规定，擅自将农民集体所有的土地通过出让、转让使用权或者出租等方式用于非农业建设，或者违反本法规定，将集体经营性建设用地通过出让、出租等方式交由单位或者个人使用的，由县级以上人民政府自然资源主管部门责令限期改正，没收违法所得，并处罚款。以上两条规定确立了宅基地使用权的退出制度，并对农村集体土地用于非农业建设行为做出了限制，但并未明确规定宅基地流转及其相关问题。2021 年颁布实施的《民法典》中将农村宅基地使用权认定为一种用益物权，并且延续了以往《物权法》中对宅基地使用权取得、行使和转让以及重新分配等方面的相关规定。

从以上法律法规及政策规定来看，我国关于宅基地使用权及其流转的相关约束散布于《民法典》《土地管理法》等法律文件、行政法规和部门规章中。实际上，我国立法层面未对宅基地使用权流转作出限制性的法律规定，多通过限制宅基地上房屋的流转和禁止城镇居民购买宅基地上的房屋来限制宅基地使用权的流转。从《物权法》第一百五十三条内容来看，明文规定农村宅基地使用权的流转问题适用其他法律规定，事实上为改革传统宅基地使用权流转规则提供了制度留白。可见，农村宅基地使用权的流转并未被《物权法》所绝对禁止。而《土地管理法》也仅对出让、转让或者出租用于非农业建设的行为进行限制，并未禁止宅基地流转行为。因此，从"法无禁止即自由"的原则来看，农村宅基地使用权的流转并无法律障碍。但从相关政策规定来看，宅基地使用权流转又存在着诸多政策限制，导致宅基地使用权流转在实际探索中出现执行和管理难度较大、政策规范不健全等问题。

2. 学理之争

(1) 宅基地使用权流转必要性

学界对于农村宅基地流转必要性问题存在较大分歧。部分学者认为目前广大农村尚不具备直接上市流转宅基地的市场条件，因此对宅基地流转持保留态度[①]。而多数学者对此较为乐观，认为宅基地流转顺应了经济发展的客观规律，

---

① 高永生，孙奇. 农村集体建设用地直接入市宜慎行 [J]. 中国国土资源经济，2009 (5)：14-21.

符合效率和公平的双重标准，同时也可以消除隐形市场，更加有效地实现资源的合理配置①。反对宅基地使用权流转的学者认为，宅基地使用权不能完全交由市场配置，原因如下。一是，自古以来，农村宅基地便具有天然的社会保障属性，是农民安身立命的重要场所。在我国农村社会保障体系仍未完全建立的背景下，宅基地的保障功能必须保留。二是，宅基地使用权的流转可能带来土地用途的改变，不利于土地资源的高效管理。而支持宅基地使用权流转的学者认为宅基地使用权是农民的一项重要财产权利，实现宅基地的财产化既能有效提高农民的财产性收益，也有利于提升宅基地资源的配置效率②。可以看出，学界对于宅基地使用权流转的研究不断深化。虽然宅基地使用权流转目前仍受法律法规的制约，但允许流转可以抵押的发展趋势不可阻挡③。

（2）宅基地使用权流转主体

有关宅基地使用权流转主体的争议主要在于是集体还是农户更有能力成为宅基地使用权的产权和市场主体。科斯认为，鉴于市场上存在交易成本，而且不同的主体在使用相同的资源方面具有不同的效率，应当将产权赋予那些更有能力降低交易成本的人④。因此，宅基地使用权主体的归属成为影响农村宅基地资源利用效率的关键问题。关于谁更有能力成为宅基地使用权主体，学界主要有两种观点，一种观点认为农村集体应当成为宅基地使用权流转主体。由于农村宅基地市场信息不对称，将宅基地使用主体赋予更强大的农村集体可能不仅符合财产配置效率的提高，也符合发展趋势和农村宅基地改革的前提。而且实现农村集体土地所有制，也是我国农村宅基地"三权分置"改革中的主要内

---

① 诸培新，曲福田，孙卫东. 农村宅基地使用权流转的公平与效率分析 [J]. 中国土地科学，2009，23（5）：26 - 29.

② 胡建. 农村宅基地使用权有限抵押法律制度的构建与配套 [J]. 农业经济问题，2015（4）：38 - 43.

③ 陈红霞，赵振宇，李俊乐. 农村宅基地使用权流转实践与探索——基于宁波市的分析 [J]. 农业现代化研究，2016，37（1）：96 - 101.

④ COASE R H. Essays on economics and economists [M]. Chicago：The University of Chicago Press，1994.

容之一①。另一种观点则认为，农户应当成为宅基地流转的决策主体②，原因是赋予农户宅基地流转权利可以更好地显化宅基地财产价值，增加农民的财产性收入。

（3）宅基地使用权流转范围

关于宅基地使用权流转范围是否应拓展至村集体经济组织以外，学界主要存在两种对立观点。支持将宅基地使用权流转范围限制在本集体经济组织内的观点主要有以下几个方面的原因：一是，宅基地使用权是一种基于集体成员权而衍生的权利，因而只能在成员集体范围内流转；二是，宅基地使用权具有福利属性，是农民安身立命的重要保障，这种福利保障只能由集体经济组织成员享有；三是，宅基地及其房屋可能是大多数农民拥有的最重要的财产，放开宅基地流转限制可能导致农民失去最后的生活保障而变得无依无靠；四是在城乡经济社会未能实现完全融合发展的阶段，宅基地使用权自由流转的条件尚未成熟，一味追求城乡土地权利流转的自由程度或是城乡之间的自由流转不符合现实情况。支持扩大宅基地使用权流转范围的观点也有以下几方面的原因：一是，宅基地使用权是一种特殊的用益物权，在经济发展水平较高的地区，宅基地使用权流转早已成为事实并取得了较好的绩效（如"地票交易"和"宅基地置换"），这一趋势已无法回避和阻挡；二是，宅基地使用权流转范围限制的放宽意味着市场的扩大，有利于宅基地资源的有效配置；三是，随着城镇化的发展，宅基地的保障功能呈现不断弱化趋势，放开流转范围限制不会带来不可控的社会风险③。

3. 实践初探

（1）国家层面的积极探索

面对农村宅基地管理与利用的挑战，中央政府已认识到改革的必要性，并

---

① ZHAO Q Y, BAO H X H, YAO S R. Unpacking the effects of rural homestead development rights reform on rural revitalization in China [J]. Journal of Rural Studies，2024，108：103265.

② 吴郁玲，石汇，王梅，等. 农村异质性资源禀赋、宅基地使用权确权与农户宅基地流转：理论与来自湖北省的经验 [J]. 中国农村经济，2018（5）：52－67.

③ 董新辉. 新中国 70 年宅基地使用权流转：制度变迁、现实困境、改革方向 [J]. 中国农村经济，2019（6）：2－27.

在国家政策层面进行试点探索。全国范围内实施的试点项目中，"建设用地增减挂钩"政策旨在通过拆除旧建筑与新建地块，实现建设用地与耕地总量的平衡。然而，该政策以维护耕地总量为主要目标，与宅基地制度改革的目标（即激活资源、提升效率）并不一致，导致其在宅基地使用权流转方面的效果有限。自2015年起，宅基地制度改革的两轮实施反映了中央政府激活资源、增进农民福祉和推动乡村振兴的决心。随后，宅基地"三权分置"通过赋予使用权以财产属性，强化了市场交易的合法性和流转范围，提升了市场交易机制的实施性。这一产权制度改革剥离了使用权的保障属性，将其转化为具有财产性质的独立产权，为宅基地使用权的市场交易提供了产权基础[①]。

（2）地方层面的改革实践

相较于中央政府的审慎态度，部分经济发展水平较高的地区已积累了较为丰富的实践经验。地方的改革探索主要有宅基地置换模式和宅基地资本化补偿模式等。置换模式指农民以现有宅基地及农房交换新住宅，通常由政府主导，旨在整合宅基地资源，其动机主要基于对开发潜力的追求，如上海的"中心村"模式、浙江的"两分两换"模式、天津的"宅基地换房"模式等。资本化补偿模式则通过市场化手段，在维持集体所有权的前提下，探索宅基地使用权的活化，如重庆的"地票"模式、浙江义乌的"集地券"模式、四川的"土地银行"模式、江苏的"收购储备"模式等。

从中央与地方的改革探索来看，地方政府在推进流转方面表现得更为积极，而中央政府则相对保守。尽管地方实践可能存在与现行法律"打擦边球"的现象，但为宅基地制度改革的深化提供了宝贵经验。总体上，中央与地方在改革方向上保持一致，即追求宅基地资源配置的高效化，地方探索可视为对中央政策边界的测试和操作细化。2013年之前的流转探索为全面改革积累了经验，中央的宏观调控与地方的积极探索共同为宅基地使用权流转问题的解决提供了坚

---

① 郭恩泽，吴一恒，王博，等. 如何促进宅基地"三权分置"有效实现——基于产权配置形式与实施机制视角［J］. 农业经济问题，2022（6）：57-67.

实基础[①]。

(三)"三权分置"背景下宅基地使用权流转的新特点、新问题与新内涵

1. "三权分置"背景下宅基地使用权流转的新特点

在"三权分置"政策背景之下,宅基地使用权流转在实现形式等方面产生了一系列变化。自宅基地"三权分置"试点探索以来,宅基地使用权流转的对象、范围限制逐渐放宽,通过租赁、转让、抵押、置换、指标拍卖等形式实现宅基地资源的有效配置已成为宅基地制度改革的新趋势。同时,宅基地使用权流转的制度空间不断拓宽,包括市场环境营造、流转具体操作、转让与出租中制度设置差异(如年限不同,但都应有年限规定)、流转方式创新等。地方宅基地使用权流转制度不断细化与明确,使得宅基地使用权流转市场可交易性更加明显。

总体而言,宅基地使用权流转的特点包括以下几点。一是市场范围的扩大,部分试点地区已经取消了宅基地使用权流转的身份限制,允许流转范围扩展至包括本集体成员在内的更广泛群体,甚至跨越省域流转。二是市场条件的成熟,出租、转让、拍卖等契约式流转方式逐渐形成,省、市、县流转平台的建立,以及流转程序的规范化和合同的明确化,使得交易市场更加便捷,交易可得性增强。三是政府在宅基地使用权流转中的重要作用,多元主体协同共治成为新时期宅基地流转与管理的重要特征。例如,山西、重庆、四川等地通过土地交易平台,将宅基地腾退的建设用地指标进行异地流转,以支持贫困县的经济发展[②]。四是,宅基地资源差异的普遍性以及相关制度与政策安排中固有的政治经济逻辑决定了其市场化交易的"有限性",体现在产权体系、权责利对等、约束规制设计、防共谋均衡等层面。总的来说,有限市场化是介于"非市场化"与"完全市场化"之间的准入状态,有限市场化意指在守住土地公有制性质、耕地红线、农民利益等底线基础上,落实宅基地的社会保障功

---

① 董新辉. 新中国70年宅基地使用权流转:制度变迁、现实困境、改革方向 [J]. 中国农村经济,2019 (6):2-27.

② 周江梅、黄启才、曾玉荣."三权分置"背景下农户宅基地使用权流转的改革思考 [J]. 重庆社会科学,2020 (1):28-37.

能和福利功能，并遵循依法、自愿、自主、平等、有偿原则，探索宅基地所有权、资格权、使用权分置的有效实现形式，充分发挥市场机制和经济手段在宅基地改革中的资源配置功能，更好地发挥政府作用，从而创新宅基地的收益取得和使用方式①。

2.“三权分置”背景下宅基地使用权流转的新问题

随着城镇化进程的推进，农村宅基地的社会保障功能逐渐减弱，而其财产属性日益凸显。在此背景下，赋予农村居民处分宅基地的自主权成为物权立法的重要议题。在不损害公共利益的前提下，应保障其流转自由。尽管宅基地“三权分置”制度在试点地区积极探索，但受限于现有制度框架，宅基地使用权的流转仍显不足。

（1）宅基地使用权流转的法律依据不足

2018 年中央一号文件提出的宅基地“三权分置”，旨在放活宅基地使用权的流转。尽管地方试点地区积极探索相关制度，并对“三权”中的权责利进行了规定，但受限于现行法律框架，宅基地使用权的流转实践仍较为谨慎。例如，晋江市在试点改革中，除所有权有所明确外，资格权与使用权的具体规定尚不明确，产权的权责利界定仍显模糊。为推动“三权分置”的有效实施，需从法律层面对“三权”的权利内涵、宅基地使用权流转等进行清晰界定，这包括明确宅基地使用权的流转方式、条件、程序以及相关责任，确保流转过程中各方权益的保护，同时促进宅基地资源的合理配置和高效利用。

（2）宅基地使用权流转的交易环境有待提升

在当前的宅基地改革中，部分试点地区虽已将流转范围由村集体内部扩展至县域集体成员，但与市场化资源配置的需求仍有差距。宅基地使用权流转限制的放宽，一定程度上有利于提升其配置效率，但受限于现行法律和制度框架，宅基地使用权的流转仍不充分，市场价格机制作用有限，流转效率不高。此外，交易平台和机制的不完善，亦成为流转的阻碍，不利于充分发挥市场机制对宅

---

① 吕晓，牛善栋，谷国政，等. 有限市场化的农村宅基地改革：一个“人-地-房-业”分析框架［J］. 中国农村经济，2022（9）：24-43.

基地资源配置的积极作用。

（3）宅基地使用权流转的实践经验总结不足

我国宅基地"三权分置"改革仍处于探索阶段，面临的问题包括宅基地使用权流转的规范性不足、对不同流转方式的风险预估不足、机制体制不完善以及实践经验总结不足等。自 2018 年政策提出以来，试点地区虽开展了以确权为基础的改革，但在使用权的权利规定、流转内容、流转方式、流转条件以及增值收益分配等方面，仍需进一步的实践与创新[①]。由于地理位置、自然条件、社会经济状况等不同，中国农村现实情况错综复杂，不同现实情境下的农村在宅基地资源、农民对宅基地依赖度、宅基地使用权流转需求等方面存在巨大差异。当前宅基地使用权流转的经验样本尚不足以支撑中国广大农村地区的复杂化现实样态和多样化实践需求，仍需进一步总结经验，形成一批可复制、可推广的经验样本。

3. 三权分置背景下宅基地使用权流转的新内涵

根据《中华人民共和国国家标准——土地基本术语》（GB/T 19231—2003），宅基地使用权是经依法批准，由农村集体经济组织分配给其成员用于建筑住宅及其他有关附着物的、无使用期限限制的集体土地建设用地使用权。相较其他使用权，宅基地使用权具有福利保障性、主体限制性、取得无偿性等特点。而关于宅基地使用权流转的概念，目前尚未形成统一的认识。从法律意义上来讲，宅基地三权分置使得现有的使用权剥离了原法律框架所赋予的身份属性，解决了"两权分离"时期宅基地使用权难以放活的制度困境。对于宅基地使用权流转问题而言，"三权分置"既是宏观思路上的全新路径，也是微观构造上的流转模式。"三权分置"放弃了对宅基地使用权自身权能的扩展，走的是一条在"两权分离"基础上对宅基地使用权作出进一步权利分解的全新路径，通过新分解的宅基地使用权自由流转实现宅基地财产价值，通过新派生的宅基地资格权保留在农户手中继续维护宅基地的保障属性，实现了

---

① 周江梅，黄启才，曾玉荣."三权分置"背景下农户宅基地使用权流转的改革思考［J］. 重庆社会科学，2020（1）：28 - 37.

公益与私益的兼顾①。宅基地"三权分置"背景下，农村宅基地使用权流转是指在有限市场化的条件下，宅基地和其上房屋及其他地上附属设施的使用权在使用权人与他人之间转移，以提升宅基地资源配置效率、凸显宅基地资产价值、提升农民财产性收入的一种合法化宅基地盘活方式。

二、"三权分置"背景下的宅基地使用权流转管理依据与管理主体

当前，宅基地"三权分置"仍处于探索尝试阶段，宅基地使用权流转管理的标准与流程尚未固化，且在实践中仍面临着诸多问题和挑战。当前宅基地使用权流转管理的法律和政策依据具有一定的滞后性，无法充分满足实践需要和宅基地盘活的迫切需求。在中央政府的放宽管制和制度留白之下，如何引导好、管控好宅基地使用权的流转，是充分释放宅基地"三权分置"政策红利、推动乡村全面振兴和提升农民收入的关键。其中，明确流转管理依据与管理主体是宅基地流转管理的重点。

（一）管理依据

1. 法律依据

有关宅基地使用权流转的法律规定散见于多部现行法律中，并未有系统性、针对性的专门立法。可见，当前宅基地使用权流转的法律尚未健全，导致我国农村宅基地使用权流转正面临无法可依的尴尬局面。总的来看，当前涉及宅基地使用权及其流转的相关法律主要有《宪法》《土地管理法》和《民法典》。其中，2018 年新修正的《宪法》第十条规定"土地的使用权可以依照法律的规定转让"，但未明确规定农村宅基地使用权作为一种特殊的财产权利，能否作为公民的私有财产被流转或继承。2019 年第三次修正后的《土地管理法》第六十二条指出"鼓励农村集体经济组织及其成员盘活利用闲置宅基地和闲置住宅"，并规定"农村村民出卖、出租、赠与住宅后，再申请宅基地的，不予批准"，但也未对宅基地使用权流转是否有效作明确要求。总体上，《土地管理法》既没有限制宅基地使用权的流转，也没有明确支持农村宅基地使用权的流转行为。而

---

① 董新辉. 新中国 70 年宅基地使用权流转：制度变迁、现实困境、改革方向［J］. 中国农村经济，2019（6）：2 - 27.

2021 年实施的《民法典》物权编第三百六十三条和第三百六十五条规定宅基地使用权的转让，适用土地管理的法律和国家有关规定，并规定已经登记的宅基地使用权转让要做好变更登记；第三百九十九条规定明确宅基地使用权不得抵押（法律规定可以抵押的除外）。可见，《民法典》也没有针对宅基地使用权流转做出明确具体的规定，但该法承认了国家出台的有关宅基地使用权流转的政策规定，一定程度上为宅基地使用权流转提供了新的契机和空间。

2. 政策依据

自 2018 年中央一号文件发布以来，中共中央、国务院和农业农村部等部门又先后发布了《关于坚持农业农村优先发展做好"三农"工作的若干意见》《关于建立健全城乡融合发展体制机制和政策体系的意见》等政策文件，对农村宅基地制度改革、宅基地盘活方式、探索宅基地使用权流转等作出了较为全面的引导和规定，这些政策文件成为宅基地使用权流转管理的重要依据。

表 4 - 1　2018 年以来宅基地使用权流转政策依据表

发布时间	部门	文件名称	重点内容
2018 年 1 月	中共中央、国务院	《中共中央、国务院关于实施乡村振兴战略的意见》（中发〔2018〕1 号）	从国家政策层面正式提出探索宅基地所有权、资格权、使用权"三权分置"
2019 年 1 月	中共中央、国务院	《中共中央、国务院关于坚持农业农村优先发展做好"三农"工作的若干意见》（2019 年中央一号文件）	稳慎推进农村宅基地制度改革，拓展改革试点，丰富试点内容，完善制度设计
2019 年 4 月	中共中央、国务院	《中共中央、国务院关于建立健全城乡融合发展体制机制和政策体系的意见》	探索宅基地"三权分置"，鼓励盘活利用闲置宅基地和闲置房屋
2019 年 9 月	农业农村部	《农业农村部关于积极稳妥开展农村闲置宅基地和闲置住宅盘活利用工作的通知》（农经发〔2019〕4 号）	探索农村闲置宅基地和闲置住宅盘活利用路径
2020 年 1 月	中共中央、国务院	《中共中央、国务院关于抓好"三农"领域重点工作确保如期实现全面小康的意见》（2020 年中央一号文件）	以探索"三权分置"为重点，进一步深化宅基地制度改革试点

续　表

发布时间	部门	文件名称	重点内容
2020 年 3 月	中共中央、国务院	《中共中央、国务院关于构建更加完善的要素市场化配置体制机制的意见》	充分运用市场机制盘活存量土地和低效用地
2020 年 8 月	中央深改委	《深化农村宅基地制度改革试点方案》	选取了 104 个县（市、区）和 3 个设区的市开展试点；继续深化农村宅基地制度改革，允许试点地区在试点期间暂停适用有关法律条款
2020 年 11 月	农业农村部办公厅	《农村宅基地制度改革试点工作指引》	围绕"五完善、两探索、两健全"，全方位开展试点工作；探索宅基地使用权流转
2021 年 1 月	中共中央、国务院	《中共中央、国务院关于全面推进乡村振兴加快农业农村现代化的意见》（2021 年中央一号文件）	探索宅基地所有权、资格权、使用权"三权分置"改革
2022 年 1 月	中共中央、国务院	《中共中央、国务院关于做好 2022 年全面推进乡村振兴重点工作的意见》（2022 年中央一号文件）	稳慎推进农村宅基地制度改革试点
2022 年 6 月	国家发展改革委	《"十四五"新型城镇化实施方案》	探索农村集体经济组织及其成员采取自营、出租、入股、合作等方式，依法依规盘活闲置宅基地和闲置住宅
2023 年 1 月	中共中央、国务院	《中共中央、国务院关于做好 2023 年全面推进乡村振兴重点工作的意见》（2023 年中央一号文件）	探索宅基地"三权分置"有效实现形式

3. 行政法规和地方性法规

除了相关法律和政策文件，国务院还出台了《土地管理法实施条例》等行政法规，该条例对宅基地管理等工作做出了规定。例如，第三十六条提出，"禁止违背农村村民意愿强制流转宅基地，禁止违法收回农村村民依法取得的宅基地，禁止以退出宅基地作为农村村民进城落户的条件，禁止强迫农村村民搬迁退出宅基地"。但该文件仅对宅基地退出和流转行为作出了禁止性规定，并未对宅基地流转条件、程序和方式等内容进行全面规定。除此之外，各地基于社会经济发展状况、宅基地基础条件制定了适应自身发展需求且各具特色的地方性法规，这些法规往往产生于宅基地制度改革试点探索时期由于允许试点地区在试点期间暂停适用有关法律条款而出现的"窗口期"，因而并不适用于其他地区且尚未上升至全国层面形成统一的宅基地流转管理制度，无法为全国广大农村宅基地流转管理提供依据。

（二）管理主体

1. 自然资源主管部门

2019年《土地管理法》规定，国务院自然资源主管部门统一负责全国土地的管理和监督工作。具体来看，自然资源部门负责国土空间规划、土地利用计划和规划许可等工作，在国土空间规划中统筹安排宅基地用地规模和布局，满足合理的宅基地需求，依法办理农用地转用审批和规划许可等相关手续，依法办理农民住宅的不动产登记申请，统筹安排农村房地一体宅基地确权登记颁证工作等。

2. 农业农村主管部门

全国农村宅基地改革和管理有关工作是党和国家赋予国务院农业农村主管部门的重要职责，县级以上人民政府农业农村主管部门对违反农村宅基地管理法律、法规的行为进行监督检查。具体来看，农业农村部的主要职责有：一是，指导宅基地分配、使用、流转、纠纷仲裁管理和宅基地合理布局、用地标准、违法用地查处，指导闲置宅基地和闲置农房利用等工作；二是，组织开展农村宅基地现状和需求情况统计调查，及时将农民建房新增建设用地需求通报同级自然资源部门；三是，探索盘活利用闲置宅基地和闲置住宅的有效方式，引导规范转让行为；四是，做好宅基地基础工作，落实新修订的《土地管理法》规定，及时修订完善各地宅基地管理办法；五是，参与编制国土空间规划和村庄规划。

3. 住房和城乡建设部门

在农村宅基地管理方面，住房和城乡建设部门主要承担监管房屋建设质量和安全、规范村镇建设、指导全国村镇建设的责任。具体来看，住房和城乡建设部门主要负责拟定村庄和小城镇建设政策并指导实施，指导村镇规划编制、农村住房建设和安全及危房改造，指导小城镇和村庄人居生态环境的改善工作，指导全国重点镇的建设，负责组织编制和推广农村住宅图集，加强乡村建筑风貌引导，组织开展农村工匠培训，指导做好农房建设质量和安全等工作。

4. 乡（镇）人民政府

作为最接近农村宅基地管理实务的基层国家行政机关，乡（镇）人民政府承担着重要的宅基地管理职责。根据《土地管理法》，县级以上人民政府土地行政主管部门负责本行政区域内农村宅基地的管理工作，乡（镇）人民政府负责审核批准本行政区域内农村村民住宅用地、对农村宅基地进行管理和监督、指导农村集体组织开展宅基地管理等具体工作。乡（镇）人民政府应切实履行属地责任，优化审批流程，提高审批效率，加强事中事后监管，组织做好农村宅基地审批和建房规划许可有关工作，为农民提供便捷高效的服务。

5. 村集体经济组织和村民委员会

在我国，农村集体经济组织是除国家以外对土地拥有所有权的唯一的组织。农村集体经济组织以土地等集体所有财产为纽带，承担土地承包、资源开发、资本积累、资产增值等集体资产经营管理服务等职责，负责经营、管理农民集体所有的土地和其他财产（资金、资产、资源），发展集体经济，促进集体资产保值增值。依据《民法典》物权编、《土地管理法》等法律，集体经济组织成员享有依法取得宅基地、参与分配集体收益等权利，同时还享有村民的自治权利。作为村民自我管理、自我教育、自我服务的基层群众性自治组织，村民委员会承担了农村基层社会政治与管理的职能。在农村宅基地管理方面，村民委员会主要负责宅基地申请和报批、宅基地收回、宅基地退出与补偿等具体事务。

三、"三权分置"背景下的宅基地使用权流转管理内容与管理措施

（一）管理内容

当前，宅基地使用权流转管理的内容尚未固化，总结各试点地区在探索实践中的做法，可发现宅基地使用权流转管理的内容主要有明确宅基地流转管理主体权责、重构宅基地产权体系、完善宅基地使用权流转制度三大方面。

1. 明确宅基地流转管理主体权责

明确宅基地流转管理主体权责是保障宅基地流转依法依规进行的重要内容。为了避免因宅基地无序流转而导致农民流离失所，规范宅基地流转市场，提高宅基地流转的效率性和公正性，必须明确各级管理主体在宅基地使用权流转管理中的相关权责。具体来看，宅基地流转管理主体权责应由乡镇人民政府和村级组织主要负责，由农业农村、自然资源等部门负责宅基地管理、改革和监督等职责。农业农村和自然资源部门主要负责宅基地分配、使用、流转的行业指导监督和违法查处等环节，宅基地的空间规划编制、土地利用指标落实、农用地转用审批、乡村建设规划许可和确权登记颁证等方面由自然资源部负责。近年来，两部加强协作，联合印发了《农业农村部　自然资源部关于进一步规范农村宅基地审批管理的通知》（农经发〔2019〕6号）、《自然资源部　农业农村部关于保障农村村民住宅建设合理用地的通知》（自然资发〔2020〕128号）、《自然资源部　农业农村部关于农村乱占耕地建房"八不准"的通知》（自然资发〔2020〕127号）等政策文件，明确职责分工，对构建基层宅基地审批联审联办制度、保障农民宅基地合理需求、宅基地流转等发挥了重要作用。

2. 重构宅基地产权体系

明晰的产权体系是实现资源高效配置的基础，宅基地"三权分置"的前提是农户对自身宅基地权利范畴有明确的认识。以往"两权分离"时期产权残缺阻碍了宅基地资源的高效配置，在"三权分置"背景下，为了充分盘活农村闲置宅基地资源，提高农民财产性收入和满足第三方主体对宅基地的多元化需求，必须对宅基地产权体系进行重构。为此，应充分考虑多元主体对宅基地功能和价值实现的不同需求，明确界定宅基地所有权、资格权和使用权的法律内涵和权能边界，推动宅基地管理科学化、乡村治理有序化和资源利用高效化。"三权分置"制度的目标逻辑在于通过进一步明晰和细分宅基地产权赋予宅基地所有权人、资格权人与使用权人不同的权益范畴，实现宅基地的多元价值和资源有效配置。明晰产权，就需要对各农户的宅基地及房屋范围有明确规定，在确权的基础上，农户能够在宅基地合理范围内行使自身的各项权利，包括资格权与使用权，以保证宅基地使用的有效性和公平性①。

3. 完善宅基地使用权流转制度

2022 年 10 月，党的二十大报告提出要深化农村土地制度改革，赋予农民更加充分的财产权益。其中，完善宅基地使用权流转制度是增加农民财产权益的重要手段。当前，宅基地使用权流转管理仍在实践探索中，全国层面的宅基地使用权流转制度尚未构建，这也是当前宅基地使用权流转较为保守的主要原因。宅基地使用权放活，需要有法律层面的制度支撑。为保证宅基地使用权流转管理的系统性和科学性，应加快完善自上而下的宅基地使用权流转管理制度，构建包括宅基地使用权流转程序、合同签订、收益分配、风险防范等方面在内的全方位、全过程管理体系，这既是宅基地管理实践的迫切需求，也是实现共同富裕和乡村振兴的必然要求。

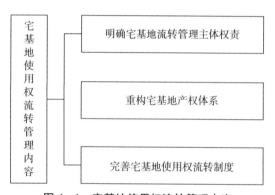

图 4-1　宅基地使用权流转管理内容

（二）管理措施

宅基地"三权分置"制度改革，重在推动宅基地使用权流转。根据当前改革情况与管理需要，应当在稳定与落实所有权与资格权的基础上，深化宅基地"三权分置"中使用权流转制度改革，围绕开展"房地一体"不动产确权登记颁证、完善宅基地使用权流转市场交易机制、建立宅基地使用权流转收益分配机

---

① 周江梅，黄启才，曾玉荣."三权分置"背景下农户宅基地使用权流转的改革思考［J］. 重庆社会科学，2020（1）：28-37.

制、推进农村宅基地数字化监管平台建设四个方面①切实推动宅基地使用权真正放活。

1. 开展"房地一体"不动产确权登记颁证

"房地一体"农村不动产确权登记发证，是指对农村宅基地和集体建设用地使用权及地上永久性存续的、结构完整的农村主要房屋（不包括简易房、棚房、农具房、圈舍、厕所等临时性建筑物和构筑物）实行统一权籍调查、统一确权登记、统一颁发"房地一体"不动产权证书。加快推进宅基地和集体建设用地使用权确权登记发证，是维护农民合法权益、促进农村社会秩序和谐稳定的重要措施，是深化农村改革、促进城乡统筹发展的产权基础，是建立实施不动产统一登记制度的基本内容，也是开展宅基地使用权流转的重要措施。

2. 完善宅基地使用权流转市场交易机制

土地资源作为农村最重要的生产要素，只有通过市场配置的决定性作用，强化宅基地流转市场的合法地位，提升市场交易的可执行性，才能实现资源的充分利用②。实践表明，在风险可控的前提下，对外来城市资本适度放开农村宅基地及房屋使用权，有利于城乡资源的多重融合，促进城乡可持续发展。当前，在实施乡村振兴战略以及农村发展转型的关键时期，中央同样看到采取市场化配置农村土地资源的积极作用，2020年3月《中共中央、国务院关于构建更加完善的要素市场化配置体制机制的意见》中提出要"推进土地要素市场化配置""充分运用市场机制盘活存量土地和低效用地……为乡村振兴和城乡融合发展提供土地要素保障"。通过拓展宅基地使用功能，鼓励和引导城市工商资本下乡，有利于激活农村闲置宅基地和闲置农房的增值潜力，实现资源配置的帕累托改进。宅基地资源市场化配置的有效实现，同样离不开市场交易平台的中介作用，通过平台及时整合流转地块资源、发布流转信息、提出交易需求，既

---

① 张勇，江学祺，李忠林. 试点地区宅基地流转的实践探索与推进路径——基于安徽省东至县的考察 [J]. 农业经济问题，2023（9）：69-80.

② 李江涛，熊柴，蔡继明. 开启城乡土地产权同权化和资源配置市场化改革新里程 [J]. 管理世界，2020（6）：93-105+247.

有助于拓宽宅基地使用权交易范围，又极大地节约了交易成本，最终使闲置的农村宅基地实现高效利用。

3. 建立宅基地使用权流转收益分配机制

制定合理完善的宅基地使用权流转收益分配机制是维护不同参与主体合法权益以及提高不同利益主体积极性的必然要求。一方面，农村集体经济组织作为宅基地所有权的行使主体，承担着发展集体经济、服务集体成员、基础设施建设等公共服务职能，农村集体经济组织理应参与宅基地使用权流转的增值收益分配；另一方面，农民作为宅基地使用权人以及房屋所有权人，是宅基地使用权收益分配的主体。农民宅基地使用权流转后取得的增值收益部分，应当由农村集体经济组织与流转方共同分享。基于此，应当民主确定收益分配方式，充分保障集体经济组织成员对收益分配情况的知情权、参与权、监督权，并合理确定收益分配标准，保证宅基地使用权流转收益在村民和集体之间的合理分配。

4. 推进农村宅基地数字化监管平台建设

"互联网＋"等新网络技术的发展，为农村宅基地管理提供了技术上的便利，当前宅基地使用权流转用途管制也可充分运用新技术手段，能够有效降低县、镇、村三级组织日常巡查的监管成本。一是可以充分利用农村宅基地管理信息平台，开发宅基地使用权流转监管模块，通过宅基地监管助手 App 实现对农村宅基地利用的全程监督管理，为开展宅基地动态巡查、宅基地使用权流转用途管制等工作提供有力保障。二是充分发挥村民自治作用。可以在监管助手 App 创设信访举报模块，鼓励村民通过 App 投诉、举报和上传宅基地使用权流转违法违规开发行为，及时发现并喊停宅基地使用权流转违规开发行为，再由乡镇人民政府组织专门核查人员实地处理信访举报事件，对宅基地使用权流转违规开发行为按照情节严重程度予以惩处[1]。

---

① 江学祺. 试点地区宅基地使用权流转实践研究［D］. 蚌埠：安徽财经大学，2023.

案例 1

安徽省东至县宅基地流转管理措施

2020 年 9 月，东至县以新一轮国家级农村宅基地制度改革试点为抓手，先后印发《东至县农村宅基地制度改革试点实施方案》《东至县农村宅基地有偿使用、流转和退出管理暂行办法》《关于进一步加强闲置宅基地和闲置住宅盘活利用工作的指导意见》《东至县继承宅基地使用权及房屋所有权管理暂行办法》等政策文件，明确从探索宅基地使用权流转方式、探索盘活利用闲置宅基地和闲置住宅发展乡村产业的有效途径及继承宅基地使用权管理措施等方面探索宅基地使用权流转制度和具体路径。

主要思路

低效闲置的宅基地资源日益成为推进乡村振兴和城乡融合发展的主要障碍。东至县以本轮宅基地制度改革为契机，紧紧围绕"确权—赋权—活权—增利"的改革思路，探索多元化的流转路径和流转模式，取得了一定成效。其改革思路具体而言：一是确权，权属清晰是宅基地健康流转的重要前提，在法律层面明晰宅基地所有权、资格权、使用权的权能归属，为探索宅基地使用权流转打下基础；二是赋权，现行的宅基地权能受限，农村宅基地使用权流转受到严格限制，通过改革试点，探索赋予宅基地使用权作为用益物权更加充分的权能，是宅基地健康流转的根本；三是活权，探索在尊重农民自愿的前提下适度放活宅基地使用权，实现宅基地使用权在法律和政策规定范围内自由流转；四是增利，宅基地具有资产属性，探索宅基地使用权流转，发挥其财产价值功能，有助于实现地方政府、村集体、农民、社会主体等多方得利增收。

具体举措

东至县探索农村宅基地使用权流转的基本做法，主要是按照县、乡镇、村、农户四级层面来开展。东至县探索宅基地使用权流转机制的目标在于：一是通过放活使用权实现土地资源集约化利用；二是以宅基地流转为突破口打通城乡资源流动通道；三是发挥宅基地财产价值，增加农民的财产性收入；四是通过探索宅基地市场化配置，完善农村土地市场机制；五是宅基地流转唤醒农村发展活力，助力宜居宜业和美丽乡村建设。

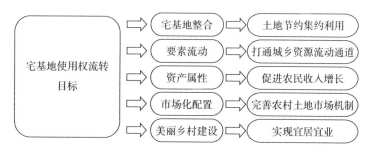

（一）县级层面做法

县级层面扮演引导者角色，主要通过创新制度设计、确权登记颁证、搭建流转平台等方面为农村宅基地流转提供制度和技术支持。一是创新制度设计。新一轮农村宅基地制度改革试点工作启动以来，东至县在落实宅基地集体所有权和保障宅基地农户资格权的基础上，围绕放活宅基地使用权，以 2020 年中央层面颁布的《深化农村宅基地制度改革试点方案》《农村宅基地制度改革试点工作指引》以及安徽省颁布的有关政策文件精神，重点探索宅基地使用权流转的制度安排和具体路径，先后在县级层面出台了 2 个实施方案、3 个指导意见、4 个暂行办法和若干相关规定，明确了试点工作总体要求及宅基地流转主体、范围、用途、模式、路径、程序、合同签订、规范管理要求与具体保障措施等，形成了"2＋3＋4＋N"的政策体系支撑，对全县探索宅基地使用权流转起到了全方位制度支持。二是确权登记颁证。产权明晰是市场交易的前提条件，在全县范围内开展房地一体不动产确权登记，在法律层面确立了宅基地权属，为探索宅基地使用权健康流转打下了重要基础。三是搭建宅基地使用权流转线上交易平台。在农村闲置宅基地流转改革探索中，东至县以宅基地线上流转为突破口，主动对接长江产权交易中心，利用其开设"宅基地流转"专栏，将信息发布、流转交易、政策咨询、项目推介等一揽子服务项目交由其规范操作；依托县级农村宅基地管理信息系统，创新设计宅基地线上管理的多功能模块，极大减少了流转双方的交易成本。

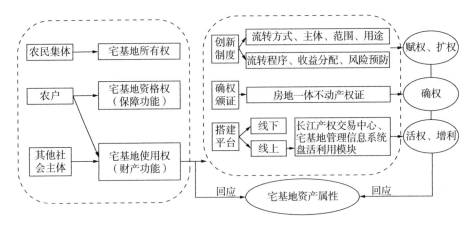

（二）乡镇级层面做法

乡镇人民政府层面扮演服务者角色，主要通过制定实施细则和加大宣传力度等方面，积极鼓励各类市场主体下乡，通过多种途径流转闲置宅基地，本小节以东至县试点乡镇张溪镇为例。一是制定实施细则。张溪镇根据县级出台的《东至县农村宅基地有偿使用、流转和退出管理暂行办法》的有关要求，制定了《张溪镇宅基地使用权流转实施细则》，该细则明确了宅基地使用权流转的主体、方式、范围、流程、合同、收益分配等，并明确探索在张溪镇范围内跨村有偿调剂宅基地使用权。二是加大宣传力度。张溪镇结合乡村旅游、亲子研学、文化体验、休闲康养等主题活动的开展，加大对宅基地使用权流转政策宣传推介力度，通过相关媒介和专门的宅基地盘活利用线上信息平台向社会推介农村闲置宅基地和闲置农房资源，积极引导城市市民和各类市场主体下乡，通过多种途径流转闲置宅基地资源。

（三）村级组织层面做法

村级组织主要通过组建村民理事会、细化流转方案、成立合作社等方面进行探索，本小节以东至县试点村张溪镇梅树亭村为例。一是组建村民理事会。梅树亭村在村党支部的领导下，由村民代表会议选举产生本村村民理事会，并由行使宅基地所有权的主体农村集体经济组织赋予村民理事会参与宅基地使用权流转的具体职权。二是细化实施方案。2021年东至县农村宅基地制度改革工作领导小组先后印发了《东至县农村宅基地有偿使用、流转和退出管理暂行办法》《关于进一步加强闲置宅基地和闲置住宅盘活利用工作的指导意见》等文件。三是成立宅基地使用权流转专业合作社。梅树亭村依据相关法律法规和政策规定，并结合《东至县农村宅基地集体所有权行使暂行办法》，根据实际需要，在广泛征求农民意见的前提下，经本集体经济组织成员会议研究通过，成立专业合作社。

（四）农户层面做法

农户作为宅基地使用权流转主体，主要通过了解流转政策、发布流转信息、签订流转合同等方面将自家闲置的宅基地及农房进行流转。一是熟悉流转政策。农户通过村级组织召开的村民理事会以及发布的宅基地流转暂行办法手册知悉自家闲置宅基地流转的方式及流转路径。二是发布流转信息。农户可以通过线上和线下两种途径发布流转宅基地信息。线上主要是农户将本人所有的闲置宅基地和闲置住宅信息发布至宅基地盘活利用管理信息平台上，通过平台发布出租、转让、合作等信息。线下主要是主动对接村级组织，委托村股份经济合作社统筹负责本村宅基地使用权流转。三是签订流转合同。按照县级宅基地流转暂行办法，依规定签订流转合同。

案例来源：张勇，江学祺，李忠林.试点地区宅基地流转的实践探索与推进路径——基于安徽省东至县的考察［J］.农业经济问题，2023（9）：69-80。

第四节　农村集体经营性建设用地入市管理

一、集体经营性建设用地入市的发展历程[1][2]

（一）严格管控集体经营性建设用地（1978—1998年）

改革开放后，1982年《宪法》第一次提出了"城市的土地属于国家所有"

---

①　马翠萍.集体经营性建设用地制度探索与效果评价——以全国首批农村集体经营性建设用地入市试点为例［J］.中国农村经济，2021（11）：35-54.

②　翁贞林，唐文苏，谌洁.乡村振兴视野下农村集体经营性建设用地直接入市：演进逻辑、现实挑战与未来展望［J］.华中农业大学学报（社会科学版），2022（3）：188-196.

"农村和城市郊区的土地，除由法律规定属于国家所有的以外，属于集体所有"的土地所有权分配形式，明确了农村土地归集体所有，不得流转上市。1986年《土地管理法》规定乡（镇）村企业建设需要使用土地的，需提出申请，由县级以上地方人民政府批准，但"必须严格控制"。1986年的《土地管理法》明确提出，任何单位和个人不得侵占、买卖、出租或者以其他形式非法转让土地。虽然1982年《宪法》允许土地的使用权可以依照法律规定转让，但没有对农村集体建设用地使用权转让做出具体规定。直到1992年，《国务院关于发展房地产业若干问题的通知》（国发〔1992〕61号）明确指出"集体所有土地，必须先行征用转为国有土地后才能出让"。1998年修订的《土地管理法》首次确立了以耕地保护为核心的土地用途管制制度，严格限制农用地转为建设用地，控制建设用地总量。虽然兴办乡镇企业可以使用本集体经济组织农民集体所有的土地，但实施严格管控，体现在：一是实施申请制，持有关批准文件，向县级以上地方人民政府土地行政主管部门提出申请，按照省、自治区、直辖市规定的批准权限，由县级以上地方人民政府批准；二是实施农地转用审批制，建设占用土地，涉及农用地转为建设用地的，应当办理农用地转用审批手续；三是按照乡（镇）村企业的不同行业和经营规模，分别设置用地标准。1998年修订的《土地管理法》首次明确规定，农民集体所有土地的使用权不得出让、转让或者出租用于非农业建设。但由于农地非农化和建设用地开发具有更高的报酬率，在经济发展较快的地区出现了隐形的土地流转市场，违法违规用地等现象仍然普遍存在。

（二）集体经营性建设用地流转初探（1999—2012年）

集体建设用地流转由禁止流转转向探索规范流转。1999年《国务院办公厅关于加强土地转让管理严禁炒卖土地的通知》颁布，进一步强化了乡镇企业用地边界。同时期原国土资源部在苏州和芜湖首先开展了集体经营性建设用地流转试点，2001年又扩大范围，在安徽省和广东顺德试点，探索农村集体经营性建设用地流转改革的有效路径。2003年《中共中央、国务院关于做好农业和农村工作的意见》（中发〔2003〕3号）就集体建设用地流转问题做了明确指导，2004年的中央一号文件《中共中央、国务院关于促进农民增加收入若干政策的意见》提出，积极探索集体非农建设用地进入市场的途径和办法。2008 年 10 月，党的十七届三中全会通过的《中共中央关于推进农村改革发展若干重大问题的决定》提出"对依法取得的农村集体经营性建设用地，必须通过统一有形的土地市场、以公开规范的方式转让土地使用权，在符合规划的前提下与国有土地享有平等权益"。2009 年原国土资源部出台《关于促进农业稳定发展农民持续增收推动城乡统筹发展的若干意见》，强调集体建设用地流转，逐步建立起城乡统一的建设用地市场。2010 年的中央一号文件明确提出"加快农村集体土地所有权、宅基地使用权、集体建设用地使用权等确权登记颁证工作"。2012 年的中央一号文件进一步提出"2012 年基本完成覆盖农村集体各类土地的所有权确权登记颁证"。

（三）集体经营性建设用地入市规范管理（2013 年至今）

2013 年的中央一号文件提出"严格规范城乡建设用地增减挂钩试点和集体经营性建设用地流转。农村集体非经营性建设用地不得进入市场"。同年，党的十八届三中全会拉开了全面深化改革的序幕，正式提出"市场在资源配置中起决定性作用"。2013 年 11 月，《中共中央关于全面深化改革若干重大问题的决定》提出建立城乡统一的建设用地市场。在合规的前提下，允许农村集体经营性建设用地出让、租赁、入股，实行与国有土地同等入市、同权同价。2014 年 12 月 31 日，中共中央办公厅、国务院办公厅印发《关于农村土地征收、集体经营性建设用地入市、宅基地制度改革试点工作的意见》，首批授予 15 个试点地区从全国层面总体推进和探索农村集体经营性建设用地和国有土地享有同等权利实践。2016 年 9 月，集体经营性建设用地试点范围扩大到 33 个试点县（市、区）。2019 年的中央一号文件指出："全面推开农村土地征收制度改革和农村集体经营性建设用地入市改革，……稳慎推进农村宅基地制度改革，拓展改革试点，丰富试点内容，完善制度设计。"2019 年新修正的《土地管理法》正式承认集体经营性建设用地入市的法律可行性，集体经营性建设用地的权能得到进一步拓展，集体经营性建设用地可以通过出让、出租等流转方式交由第三方使用。同时，土地使用者在取得使用权后还可以进行转让、互换与抵押，打破了政府长期垄断土地一级供应市场、集体建设用地只能通过征用入市的法律限制①。2020 年 3 月 30 日,《中共中央、国务院关于构建更加完善的要素市场化配置体制机制的意见》提出要建立健全城乡统一的建设用地市场,加快修改完善《土地管理法实施条例》,制定出台农村集体经营性建设用地入市指导意见。

二、集体经营性建设用地入市管理的思路和依据

(一)完善配套制度和政策体系

构建系统规范的入市制度和政策体系是集体经营性建设用地入市顺利推进的必要前提和法律保障。2019 年新修正实施的《土地管理法》删除了"任何单位和个人进行建设,需要使用土地的,必须依法申请使用国有土地"的规定,允许集体经营性建设用地在符合规划、依法登记,并经本集体经济组织成员的村民会议三分之二以上成员或者三分之二以上村民代表同意的条件下,通过出让、出租等方式交由单位或者个人使用,首次在立法层面授权允许集体经营性建设用地流转入市,为入市助推城乡融合发展破除了法律障碍,标志着我国集体经营性建设用地正式进入了法律规范入市的新阶段。此后,2020 年中央一号文件明确要求"制定农村集体经营性建设用地入市配套制度"。2020 年 3 月 30 日,《中共中央、国务院关于构建更加完善的要素市场化配置体制机制的意见》提出"制定出台农村集体经营性建设用地入市指导意见"。2021 年的中央一号文件要求"积极探索实施农村集体经营性建设用地入市制度"。2021 年 4 月 21 日国务院第 132 次常务会议修订通过的《土地管理法实施条例》中也将集体经营性建设用地管理列为单独的一节。2022 年的中央一号文件要求"稳妥有序推进农村集体经营性建设用地入市"。2022 年 9 月 6 日,中央全面深化改革委员会第二十七次会议审议通过了《关于深化农村集体经营性建设用地入市试点工作的指导意见》,会议强调要坚持同地同权同责,在符合规划、用途管制和依法取得的前提下,推进农村集体经营性建设用地与国有建设用地同等入市、同权同价,在城乡统一的建设用地市场中交易,适用相同规则,接受市场

---

① 钱文荣,朱嘉晔,钱龙,等. 中国农村土地要素市场化改革探源 [J]. 农业经济问题,2021 (2):4-14.

监管。

（二）明确入市主体与实施主体

入市主体和实施主体的明确、规范是入市顺利开展的核心基础。依据我国《宪法》《土地管理法》的相关规定，农村土地所有权的主体为农民集体，集体土地所有权分别由乡（镇）农村集体经济组织、村集体经济组织或村民委员会、村内各农村集体经济组织或村民小组代表行使。农民集体所有的土地依法属于村农民集体所有的，由村集体经济组织或者村民委员会代表集体行使所有权。已经分别属于村内两个以上农村集体经济组织的农民集体所有的，由村内各该农村集体经济组织或者村民小组代表集体行使所有权，已经属于乡（镇）农民集体所有的，由乡（镇）农村集体经济组织代表集体行使所有权。入市主体可以委托入市实施主体具体实施入市行为，农村集体经济组织以全资方式设立的土地股份合作社、土地专营公司等具有法人资格的企业，镇域内或者一定区域内各农村集体经济组织组建的具有独立法人资格的土地股份合作社或联营公司，经农村集体经济组织书面委托授权，可作为入市实施主体在授权范围内代理实施入市事项。

（三）合理确定入市条件、方式和用途

集体经营性建设用地入市的实质是农村集体经营性建设用地使用权在市场上优化配置的过程。合理确定入市条件、范围、方式、用途是开展和加快推进入市实践的重要前提和基本依据。根据 2019 年修正的《土地管理法》第二十三条、第六十三条和 2022 年 1 月 26 日《自然资源部关于加快完成集体土地所有权确权登记成果更新汇交的通知》的相关规定，集体经营性建设用地入市应当符合以下条件：① 入市的集体经营性建设用地应当符合土地利用总体规划、城乡规划，规划用途应当为工业或者商业等经营性用途；② 集体经营性建设用地入市前，应依法完成集体土地所有权确权登记；③ 集体经营性建设用地入市应经本集体经济组织成员的村民会议三分之二以上成员或者三分之二以上村民代表的同意；④ 土地利用年度计划应当对入市的集体经营性建设用地作出合理安排；⑤ 其他条件。除上述条件外，实践中，集体经营性建设用地入市通常还存在着其他限定性条件。

2019 年修正的《土地管理法》第六十三条规定"土地利用总体规划、城乡规划确定为工业、商业等经营性用途，并经依法登记的集体经营性建设用地，土地所有权人可以通过出让、出租等方式交由单位或者个人使用，并应当签订书面合同，载明土地界址、面积、动工期限、使用期限、土地用途、规划条件和双方其他权利义务""通过出让等方式取得的集体经营性建设用地使用权可以转让、互换、出资、赠与或者抵押，但法律、行政法规另有规定或者土地所有权人、土地使用权人签订的书面合同另有约定的除外""集体经营性建设用地的出租，集体建设用地使用权的出让及其最高年限、转让、互换、出资、赠与、抵押等，参照同类用途的国有建设用地执行"。因此，现阶段集体经营性建设用地入市的方式主要包括出让、出租等。其中，集体经营性建设用地出让是指集体土地所有权人将集体经营性建设用地使用权在一定年限内出让给土地使用者，由土地使用者向集体土地所有权人支付出让金的行为。集体经营性建设用地出租，是指集体土地所有权人将集体经营性建设用地出租给土地使用者使用，由使用者与集体土地所有权人签订一定年期的土地租赁合同，并支付租金的行为。

2021 年修订的《土地管理法实施条例》第三十八条规定"国土空间规划确定为工业、商业等经营性用途，且已依法办理土地所有权登记的集体经营性建设用地，土地所有权人可以通过出让、出租等方式交由单位或者个人在一定年限内有偿使用"。根据 2020 年 11 月 17 日自然资源部办公厅发布的《国土空间调查、规划、用途管制用地用海分类指南（试行）》，工业用地是指工矿企业的生产车间、装备修理、自用库房及其附属设施用地，包括专用铁路、码头和附属道路、停车场等用地，不包括采矿用地。商业用地，包括零售商业用地、批发市场用地、餐饮用地、旅馆用地和公用设施营业网点用地。

（四）规范并细化入市程序

一是，自然资源主管部门提出规划条件和相关要求。2021 年修订的《土地管理法实施条例》第三十九条规定："土地所有权人拟出让、出租集体经营性建设用地的，市、县人民政府自然资源主管部门应当依据国土空间规划提出拟出让、出租的集体经营性建设用地的规划条件，明确土地界址、面积、用途和开发建设强度等。市、县人民政府自然资源主管部门应当会同有关部门提出产业准入和生态环境保护要求。"二是，编制出让、出租方案。《土地管理法实施条例》第四十条规定："土地所有权人应当依据规划条件、产业准入和生态环境保护要求等，编制集体经营性建设用地出让、出租等方案，并依照《土地管理法》第六十三条的规定，由本集体经济组织形成书面意见，在出让、出租前不少于十个工作日报市、县人民政府。市、县人民政府认为该方案不符合规划条件或者产业准入和生态环境保护要求等的，应当在收到方案后五个工作日内提出修改意见。土地所有权人应当按照市、县人民政府的意见进行修改。集体经营性建设用地出让、出租等方案应当载明宗地的土地界址、面积、用途、规划条件、产业准入和生态环境保护要求、使用期限、交易方式、入市价格、集体收益分配安排等内容。"三是，出让并签订合同。《土地管理法实施条例》第四十一条规定："土地所有权人应当依据集体经营性建设用地出让、出租等方案，以招标、拍卖、挂牌或者协议等方式确定土地使用者，双方应当签订书面合同，载明土地界址、面积、用途、规划条件、使用期限、交易价款支付、交地时间和开工竣工期限、产业准入和生态环境保护要求，约定提前收回的条件、补偿方式、土地使用权届满续期和地上建筑物、构筑物等附着物处理方式，以及违约责任和解决争议的方法等，并报市、县人民政府自然资源主管部门备案。未依法将规划条件、产业准入和生态环境保护要求纳入合同的，合同无效；造成损失的，依法承担民事责任。合同示范文本由国务院自然资源主管部门制定。"四是，交费和办理登记。《土地管理法实施条例》第四十二条规定："集体经营性建设用地使用者应当按照约定及时支付集体经营性建设用地价款，并依法缴纳相关税费，对集体经营性建设用地使用权以及依法利用集体经营性建设用地建造的建筑物、构筑物及其附属设施的所有权，依法申请办理不动产登记。"

（五）构建城乡统一的基准地价体系

土地价格是土地经济价值的反映，是为购买土地预期收益的权利而支付的代价。基准地价是政府公布的不同用途的区域平均价格，具有反映地价水平、区域差异和政府意图的作用。开展城乡统一地价评估、管理机制研究，探索建立城乡统一建设用地基准地价体系，可为宏观调控地价和制定地价管理措施等提供科学依据，增强政府对于土地市场的管控能力，同时也是规范土地市场交易、加强地价管理和进行增值收益分配的重要依据。这有待进一步基于城市基准地价管理实践的现有基础，有序扩展基准地价覆盖范围，逐步建立城乡统一的基准地价体系，为入市地块地价评估和确定提供依据，确保入市价格有据可依，与相同或相近区位条件下的国有土地实现同地同价。

（六）健全收益分配机制

2020 年 3 月 30 日，《中共中央、国务院关于构建更加完善的要素市场化配置体制机制的意见》指出，建立健全城乡统一的建设用地市场应着力构建公平合理的集体经营性建设用地入市增值收益分配制度。2023 年的中央一号文件要求"深化农村集体经营性建设用地入市试点，探索建立兼顾国家、农村集体经济组织和农民利益的土地增值收益有效调节机制"。一是，要明确土地增值收益分配比例。按照"土地征收转用与农村集体经营性建设用地入市取得的土地增值收益在国家和集体之间分享比例大体平衡"的原则，科学合理确定土地增值收益调节金收取比例，区分入市范围、方式、用途，交易方式、土地区位、初次或再次流转等不同情况，设定不同的增值收益调节金缴纳办法，探索形成以区片为测算单元的增值收益核算方法。二是，合理分配和使用入市收益。明确土地增值收益在国家和集体之间的分配比例，探索完善土地增值收益在农民集体内部合理分配机制，建立土地增值收益在村集体内部的分配管理办法，科学确定本集体经济组织内部成员分配村级土地增值收益的比例。

（七）完善集体土地资产处置决策程序

集体土地资产处置决策程序，是集体经营性建设用地入市过程中独有的设置环节，是尊重农民知情权、参与权、决策权、监督权的重要体现，意在防止私相授受，避免集体土地资产流失。程序的设置是否合理，关系到入市活动的初端运行状况是否合乎规范、合乎实际、合乎农民权益。因此，在入市中需要按照市场经济运行和乡村治理结构改革的要求，遵循"公开透明、民主决策"的要求，建立事项民议、地价会审、结果公示、分配公开的集体经营性建设用地入市民主决策机制，健全农村集体建设用地资产管理组织机构和内部补偿机制，入市由集体经济组织或其授权的实施主体申请开展，并将入市事项纳入村级民主管理内容。

(八) 建立集体经营性建设用地市场服务体系

构建与市场经济体制相适应的市场服务体系是保障集体经营性建设用地"流转顺畅"、建立城乡统一的建设用地市场的必要条件。一是，构建城乡统一的多类型交易平台以确保市场交易信息的公开、透明和畅通。需要参照国有建设用地交易制度，研究制定农村集体经营性建设用地交易规则和服务监管制度，将农村集体经营性建设用地入市与国有经营性建设用地交易纳入统一的公共资源交易平台。尤其是，网络交易平台的开发和建设克服了集体土地用地人与所有权人"点对点""一对一"的协商用地弊端，通过面向全社会发布入市信息，能够最大限度地提升集体土地价值。二是，中介组织是土地市场的重要构成要素，中介组织是否完备关系到入市交易进程的推进速度和效率。通过积极培育农村集体经营性建设用地市场交易中介组织，引导国有建设用地市场交易中介组织参与集体经营性建设用地入市交易中介服务，可为入市交易提供地价评估、交易代理、登记发证等中介服务。三是，积极为集体经营性建设用地提供金融服务也是构建和完善服务体系中的重要一环。积极协调、规范推进金融机构开展集体经营性建设用地不动产抵押贷款工作，鼓励本地商业银行探索开展抵押试点，加大金融支持地方实体经济发展力度，有助于打消企业用地顾虑，保障项目的建设和运营。

(九) 建立健全批后监管机制

建设用地批后监管是土地行政主管部门重要的监管内容。随着集体经营性建设用地入市改革的不断深入，入市的批后监管问题有待探索完善和落实，以构成城乡统一的土地行政主管部门综合监管体系。对于农村集体经营性建设用地入市的批后监管，除重点关注批后土地是否按照规定用途开发利用外，入市后土地增值收益的分配使用情况同样也是重要的监管内容，这关系到村集体经济组织的稳定和入市的积极性。国有建设用地由国务院代表国家行使权利，并委托各级人民政府具体实施，主体地位明确，农村集体经营性建设用地入市出让主体为集体经济组织，政府监管的依据和措施有较大差别。因此，要在进一步明确监管内容和各项监管环节的责任落实、具体要求的基础上，参考国有建设用地批后监管相关办法加大监管力度，对入市后的土地收益在加强公示的同时，还要保证集体经济组织成员参与决策和公众监督，提高村民自觉监督的积极性，探索创新更加公平合理的监督管理办法。

三、集体经营性建设用地入市管理的典型案例

案例 1

湖南省浏阳市

2015 年 2 月，全国人大常委会授权国务院在北京市大兴区等 33 个试点县（市、区）暂时调整实施《土地管理法》《房地产管理法》关于农村土地征收、集体经营性建设用地入市、宅基地管理制度的有关规定，浏阳市作为湖南省唯一的试点县（市）被纳入。

入市主体方面，集体经营性建设用地所有权人分为乡镇、村、组 3 种类型，这 3 种集体经济组织均可作为入市主体，以直接或委托的方式入市。浏阳市大部分集体土地为村组所有，考虑到村组集体经济组织经营能力有限，入市工作专业性强，涉及土地调查、空间规划、确权登记、价格确定及建设、环保、产业准入等要求，因此，浏阳市明确可委托具有资质的单位作为受托方，与村组集体签订《浏阳市集体经营性建设用地入市授权委托书》，代行实施入市之举。

入市交易方面，一是出台《浏阳市农村集体经营性建设用地使用权入市管理办法》，明确集体经营性建设用地使用权可以出让、租赁、作价出资入股的方式入市，以转让、出租、抵押方式进入土地二级市场。同时，建立民主表决、入市申请、乡镇审查、部门审核、方案审批、公开交易、结果公示等入市程序，明确以招拍挂或协议方式净地出让，入市的村集体履行书面申请、制定方案、集体表决、落实方案等职责，交易双方签订合同后及时缴纳价款税费并办理不动产登记。二是出台《浏阳市农村集体经营性建设用地入市民主决策办法》，明确对于乡镇街道集体所有的土地，民主决策分为乡镇街道党（工）委提议、班子会商、村居委会审议决议、公开决议和实施结果等 5 步；对于村、组集体所有的土地，民主决策分为村"两委"提议、班子商议、村民代表大会审议和决议、公开决议和实施结果等 6 步。三是出台《浏阳市农村集体经营性建设用地

使用权入市交易规则》，明确协议出让（租赁）仅适用于同一地块只有一个意向用地者；挂牌出让、租赁缴纳保证金比例分别不低于起始价的 40％、30％。入市后，若进行转让、出租、抵押等交易，应由入市主体向交易机构递交《再次交易申请书》，以协议或公开竞买方式组织交易。四是出台《浏阳市农村集体经营性建设用地调整入市管理办法》，明确对零星分散的农村集体建设用地进行复垦验收，形成耕地和农用地指标，由平台公司统一收储，再以建设权证的方式将指标化零为整，解决就地入市项目指标不足的问题。

收益分配方面，一是在集体与个人收益上，出台《浏阳市农村集体经营性建设用地入市收益分配指导意见》，规定出让入市的收益按收入扣除成本、开发支出、税费等费用计算，租赁、作价出资入股收益应扣除管理成本、处理好债权债务关系。原则上，集体经济组织与成员的增值收益按 3∶7 分红。其中，乡镇街道收益纳入镇级财政账户，村组收益纳入村账乡镇代管账户，均统一由乡镇街道财政所统一核算管理。二是在国家收益上，出台《浏阳市农村集体经营性建设用地土地增值收益调节金和税费征收使用管理办法》，规定土地增值收益调节金因入市方式而异，全部缴入浏阳市财政局非税收入汇缴结算账户。租赁以租金的 10％、转让以转让金的 5％核定，出让或作价出资入股以成交价款为基数分地类按单价超额累进计算。其中，工矿仓储用地按成交价款的 10％核定，商服用地和其他经营性用地根据地块成交单价＜450 元/m² 标准、450～750 元/m² 标准、＞750 元/m² 标准，分别收取成交价款的 20％、30％、40％。浏阳市和乡镇街道按 4∶6 的比例分配调节金，土地受让方应按成交价款的 4％缴纳税费，调节金和税费交款凭证均为办理不动产登记手续的要件。

批后监管方面，一是围绕"用好地"，出台《浏阳市农村集体经营性建设用地入市后开发利用情况监管办法》，建立交地确认、信息公示、现场核查、竣工复核验收、违规违约责任追究制度，由市自然资源局负责入市土地开发利用情况监管，并参照《闲置土地处置办法》将土地闲置、违规违约情况纳入日常监督执法范围。二是围绕"用活地"，出台《浏阳市农村集体经营性建设用地使用权抵押登记办法》，明确抵押条件、抵押物价值评估、抵押登记及变更注销相关规定，推动浏阳市农商行、市农业银行、长沙银行等开通了农村集体经营性建设用地不动产权抵押贷款业务。截至目前，共办理抵押贷款 77 宗，有效缓解了中小微企业融资难的问题。

资料来源：李巧玲. 乡村振兴视角下集体经营性建设用地入市的浏阳探索与思考［J］. 中国土地，2023（6）：48－51。

案例 2

上海市松江区

2015 年 2 月，上海市松江区被列入全国 33 个试点地区之一，探索开展农村土地征收、集体经营性建设用地入市、宅基地制度改革。截至 2022 年 10 月底，松江区已完成 31 幅集体地块入市，出让主体涉及 12 个街镇的镇级、村级集体经济组织，出让总面积 1265 亩，入市总收入 26 亿元，平均每亩 208 万元。出让地块涵盖工业用地、商业、商办、租赁住房、科研用地等用途。

注重顶层设计。成立由区委书记任组长、有关部门负责人组成的区领导小组，区相关部门具体工作人员、试点地块所在街镇工作人员、集体经济组织代表组成的协调小组。区规资局负责编制入市试点方案，并对入市规则和配套文件开展研究。先后研究出台了《上海市松江区农村集体经营性建设用地入市管理办法》和《农村集体经营性建设用地基准地价》《土地增值收益调节金征收使用管理实施细则》《集体经营性建设用地使用权抵押贷款试行管理办法》《农村土地民主管理机制的实施意见》《农村集体经营性建设用地集体收益分配管理规定》等"1＋5"配套文件，明确了农村集体经营性建设用地入市相关工作。

明确交易规则。一是明确入市主体。镇级、村级集体经济组织作为经营性建设用地土地入市主体，行使集体土地所有权主体职责。二是明确入市范围。位于在城市规划控详规均已覆盖的城市开发边界线以内或以外周边，土地利用总体规划和城乡规划确定为工矿仓储、商服等经营性用途的存量农村集体经营性建设用地（商品住宅用地除外）。三是明确入市类型。采取就地入市、调整入市、统筹入市 3 种入市类型，复合使用低效用地减量、农民集中居住、超级增减挂钩等政策工具，实现全区范畴城乡区域间资源优化配置。四是明确入市形式。包括使用权出让、租赁、作价入股等 3 种有偿使用方式，目前入市的 31 幅地块均采取出让的形式。

规范入市流程。一是制定出让计划。区规资局根据经济社会发展规划、产业政策、城乡规划、土地利用总体规划、土地利用年度计划、土地市场状况和所有权人意向申请，统筹安排年度出让计划。二是提出入市申请。出让人向市土地交易中心提交农村集体经营性建设用地出让申请，由市土地交易中心组织出让工作。三是统一进场交易。农村集体经营性建设用地入市实行与国有建设用地同等入市制度，在上海市土地交易中心进行进场公开交易。四是形成净地。完成交易后，农村集体经济组织负责对入市的集体经营性建设用地实施动拆迁，形成净地后交用地单位使用。

强化民主决策。在集体决策过程实行"一次研判、两次汇报、两次决策、两次委托"，最大化实现集体经济组织成员的知情权、参与权和决策权。"一次研判"：每幅地块出让前，由协调小组召开研判会议。"两次汇报"：研判会议后和出让方案形成后，均须由协调小组向集体经济组织汇报。"两次决策"：入市意向和出让方案均须经集体经济组织成员或成员代表进行决议，取得 2/3 以上成员或成员代表同意。"两次委托"：入市意向和出让方案经集体经济组织民主决策同意后，分别委托具有法定资格的机构办理前期出让手续和入市申请。

实施全过程监管。入市前，征询发改、产业、规划、土地、环保、住房等13 个部门意见，确保入市地块符合规划、土地、产业、环保等准入标准要求。入市中，将相关部门征询意见纳入土地出让合同，实施社会、经济、环境等全要素和开发、建设、运营、管理、退出等全过程监管。入市后，由出让人、受让人、区规资局三方共同签订的《上海市农村集体建设用地使用权开发建设与利用监管协议》，区政府相关职能部门行使土地入市的后续监管职能，按"谁提出、谁负责、谁监管"的原则，对监管协议约定的内容、期限及使用等履行监管职责。

建立收益分配机制。为平衡国家、集体、成员三者利益，区级财政参照国有土地出让收入分配比例收取土地增值收益调节金，收取商服用地（商业、办公、租赁住房）入市收入 50％ 的调节金，收取工业用地和科研用地入市收入20％ 的调节金，用地单位取得建设用地使用权后再转让的，区财政按土地增值收益的 50%收取调节金。扣除土地增值收益调节金和出让成本的剩余部分作为集体的净收益。

打通抵押融资渠道。按照松江区《农村集体经营性建设用地使用权抵押贷款试行管理办法》，目前已有 1 幅地块项目经出让人和区人民政府同意后，向金融机构申请抵押贷款，试点地块项目总投资 4 亿元，成功贷款 3.2 亿。

资料来源：许峰，朱华平，陈晓华，等. 关于松江区集体经营性建设用地入市的调研报告 [J]. 上海农村经济，2023（2）：23－25。

【复习思考题】

1. 简述我国土地市场的基本特征和结构。

2. 中国宅基地产权体系从"两权分离"走向"三权分置"的内在逻辑是什么？

3. 简述"三权分置"背景下宅基地使用权流转管理的内容与措施。

4. 集体经营性建设用地入市管理未来应从哪些方面持续探索？

第五章　土地生态管理专题

2023 年习近平总书记在全国生态环境保护大会上指出，"要站在人与自然和谐共生的高度谋划发展""要坚持系统观念""要坚持山水林田湖草沙一体化保护和系统治理"。土地生态管理事关我国生态文明建设、国家生态安全和民生福祉。

本章主要介绍土地生态管理问题的提出背景以及主要概念、依据和目标；介绍土地生态管理的理论基础；重点介绍土地生态管理的主要内容，包括土地生态管理的原则和构成；介绍土地生态管理的实现途径；介绍生态政策，包括土地生态管理对政府的内在要求、我国主要的土地生态政策，探讨土地生态管理政策与制度建设方向；最后面向土地退化平衡探讨国土空间生态保护修复管理的相关问题。

第一节　土地生态管理概述

一、土地生态管理问题的提出

（一）土地生态管理问题的时代性[①]

土地利用活动始终伴随着生态环境问题的产生。在人类社会发展的各个阶段，土地利用都以不同的形式和程度引发了生态环境问题。在早期的原始捕猎时代，人类作为自然界的采集者和捕食者，对资源的利用和对环境的影响相对

---

① 王万茂，李俊梅. 关于土地资源持续利用问题的探讨 [J]. 中国土地科学，1999 (1)：15－19＋23.

有限，因此土地生态问题不甚明显。然而，随着人类社会生产力的进步，农业和畜牧业的兴起不断提升土地开发强度。人类为了扩大种植或养殖区域，开始大规模砍伐森林、破坏草原，这些活动不仅导致了严重的水土流失，还引发了河流泛滥、风沙侵蚀及土地的盐碱化和沼泽化等问题。进入工业化时代后，随着大型工业的发展、大城市的扩张以及化学肥料的广泛使用，环境污染和生态破坏问题变得更加严重和突出。

1988 年，Agee 和 Johnson 出版了生态系统管理的第一本专著，他们认为生态系统管理应包括生态学上定义的边界、明确强调管理目标、管理者间的合作、监测管理结果、国家政策层次上的领导和民众参与等六个方面。之后，Slocombe、Cordon、Vogt 等也都出版了关于生态系统管理的专著，并强调应当用环境科学知识满足土地资源经营的社会经济目标。2000 年，美国生态学会报告了土地利用与管理的生态系统原理和准则，第一次较系统地论述了有关土地生态管理的必要性、理论框架，以及如何进行土地生态管理的建议。至此，土地生态管理问题从实践到理论都开始得到明确，土地利用及其引发的生态问题已成为世界性的社会经济问题。

（二）生态与环境的概念及侧重点差异

现有文献常常会把"生态"和"环境"视为可相互替代的同义词，似乎有了约定俗成的"生态环境"的概念。从理论和实践来考察，生态和环境之间确有联系，但归根结底是差异较大的两个科学范畴。生态学创始人德国生态学家海克尔指出，生态就是生物与其赖以生存的环境在一定空间范围内的有机统一。环境则是一个相对的概念，即相对于某个中心事物而言。自然环境是人类赖以生存和发展的必要物质条件，是人类周围的各种自然因素的总和，即客观物质世界或自然界，是由近及远和由小到大的一个有层次的系统。当今人类的生存环境是在自然环境的基础上，经过人类活动的改造和加工而成的，随着人类对土地利用的改造的深度与广度的深入，环境问题也随之产生。

（三）土地利用所引发的生态问题及行动

随着人口持续增长和经济高速发展，我国土地生态问题日趋严峻[①]。随着

---

①　王静. 土地生态系统的综合管理问题 [J]. 中国土地，2018 (4)：19-21.

全国范围内土地利用强度不断增加，土壤污染、土地沙化、水土流失、土地盐碱化等区域性生态问题日渐突出。城市扩张和耕地占用导致森林、草原、湿地等生态用地类型持续减少并趋向破碎化，致使生态系统服务功能下降，生物多样性受到严重威胁。目前我国依然存在包括土地生态系统退化、农业面源污染、黑土地退化等在内的土地生态问题。

其一，我国国土空间生态本底相对脆弱，土壤侵蚀速率和自然灾害频率大，农业、林业、牧业、工业、水利工程、基础设施建设等发展成本，以及自然保护和生态修复成本都高于世界平均水平。国土空间先天脆弱加上生产建设活动的人为扰动，导致抵抗自然灾害能力和生态系统服务功能下降，生态退化风险和影响增大。例如，2010—2015 年，我国就有 13.03 万 km^2 的生态系统发生了变化。随着全球经济快速发展，区域生态问题日益凸显，亟须进行综合整治。据估计，如果没有生态系统提供的服务功能，或者生态系统受到破坏，人类每年需要用折合人民币 33 万亿元的资金来补偿和修复它所带来的损失，相当于全球各国 GDP 总和的 1.8 倍[1]。我国国土空间的先天脆弱性、人类经济活动的剧烈性等国情，促使我们必须实施国土空间生态保护与修复，重新思考关于土地生态屏障这一意义重大的问题。

其二，改革开放以来，我国粮食产量持续增长，解决了十几亿人的吃饭问题。然而，我国农业增长主要依赖于生产要素的集约化投入，耕地面积不到世界耕地面积的 10%，但氮肥的使用量约占世界总量的 33%，化肥农药利用率不到 33%[2]。近年来，我国的化肥使用量在全球使用总量中的占比稳居前列且不断上升，这一比例在 2016 年时高达 35%，相当于美国、印度化肥用量的总和，而我国化肥使用效率却长期低于发达国家[3]，这种生产模式虽然产量高，但投

① 白中科. 生态优先 绿色发展——生态文明理念下的国土空间生态保护与修复 [J]. 自然资源科普与文化，2021 (3)：4-11.

② 杨祁云，孙大元，刘平平，等. 信息化管理生态补偿机制在广东省农业面源污染治理中的实践与成效 [J]. 生态经济，2023，39 (11)：170-177.

③ 于果，周晓博. 农业化肥与生物有机肥对环境的影响研究 [J]. 农业经济，2022 (5)：12-14.

入高、效率低、可持续性差，并会造成严重的农业面源污染等生态问题。据《中国生态环境统计年报（2021）》显示，2021 年全国废水中化学需氧量排放量为 2531.0 万吨，其中农业源化学需氧量排放量为 1676.0 万吨，占比高达 66.2%，成为影响水环境质量的首要因素。虽然农业生产效益持续走高，但这种增长建立在高投入、高污染的基础上，不可持续问题凸显，亟须改变①。中国政府始终重视农业面源污染的防治工作，党的十八大以来，政府相继出台了《农业面源污染治理与监督指导实施方案（试行）》《农业农村污染治理攻坚战行动方案（2021—2025 年）》等一系列相关政策文件，有效推进了农业面源污染的治理，为推进绿色农业发展提供了有力支持。

其三，在东北黑土区，黑土"变薄、变瘦"问题凸显，黑土退化防控形势更为严峻。在我国东北平原，秸秆离田或焚烧后进行旋耕或犁耕是常规的耕作方式，这种耕作方式容易引起风蚀和水蚀，从而使黑土层"变薄"；同时，土壤旋耕或犁耕加速土壤有机质矿化，秸秆离田或焚烧等措施造成有机物质归还少，导致土壤有机质形成不足，加速土壤有机质损失，造成土壤"变瘦"。中国科学院海伦黑土水土保持监测研究站观测数据显示，2007—2014 年研究站 5°坡度土壤水土流失达到 2.42 mm。目前，我国吉林、辽宁、内蒙古黑土区的黑土层大多不到 30 cm，即使在开垦只有 60～80 年的黑龙江北部黑土深厚区域，也需加强保护以阻止黑土"变薄"。黑土的形成需要漫长的历史，自然条件下 1 cm 黑土层的形成需要 300～400 年。近 60 年我国黑土耕层土壤有机质含量下降了约 33%，部分地区甚至下降了 50%。东北黑土"变薄、变瘦"，严重威胁到国家粮食安全和东北地区的生态环境②。

为应对生态环境危机，20 世纪以来，很多国家都开始关注生态建设，并积极开展土地生态管理，先后实施了一批规模和投入巨大的生态工程，包括：美国"罗斯福工程"、苏联"斯大林改造大自然计划"、加拿大"绿色计划"、日本

---

① 刘明玉，肖海峰. 农业要素市场化对农业面源污染的影响效应——兼议环境规制的调节作用 [J]. 中国生态农业学报（中英文），2024，32（3）：518 - 528.

② 敖曼，张旭东，关义新. 东北黑土保护性耕作技术的研究与实践 [J]. 中国科学院院刊，2021，36（10）：1203 - 1215.

"治山计划"、北非五国"绿色坝工程"、印度"社会林业计划"、法国"林业生态工程"、韩国"治山绿化计划"、菲律宾"全国植树造林计划"等。我国自20世纪70年代末开展土地生态工程，先后开展了"三北及长江流域等防护林体系建设工程""京津风沙源治理工程""天然林资源保护工程""退耕还林还草、退田还湖工程""野生动植物保护及自然保护区建设工程""速生丰产用材林基地建设工程"等，以及进行了生态脆弱性分区、生态功能区划、主体功能区划、水环境功能区划、自然保护地体系建设等工作，并形成了"黑河流域水—生态—经济系统综合管理""江西鄱阳湖流域'山—江—湖'工程"等管理模式。

二、土地生态管理的内涵及相关概念

目前有关土地生态管理的内涵尚无统一定义，大多数学者认为土地生态管理本质上是对土地生态系统的管理。综合国内外学者研究，土地生态系统（Land Ecosystem）是指在一定地域范围内，土地上无生命（环境条件）与生命体（动植物、微生物等）之间能量流通与物质循环的综合体。土地生态系统管理即土地生态系统管理和保护。综合美国生态学会的生态系统管理定义，以及吴次芳等学者对土地生态管理的定义，可将土地生态管理（Land Ecological Management）表述为：按照土地利用的生态规律处理人地关系，把生态学的理论和方法应用于土地资源管理中，以保持土地生态系统结构和功能的可持续性、促进社会经济与生态环境的和谐为目标，以科学技术和可持续管理为手段，对土地利用行为进行引导、调整和控制的综合性活动。土地生态管理的行为主体包括所有可能影响土地生态的个人（农民）、社区、组织、政府等，应从法律法规、政策、制度、经济激励、技术等方面，多角度地构建和完善土地生态系统管理体系[1][2][3][4]。

---

① 吴次芳，徐保根，等. 土地生态学［M］. 北京：中国大地出版社，2007.

② 美国生态学会. 土地利用与管理的生态系统原理和准则［J］. 中国土地学会会刊（特刊），2005.

③ 蔡海生，张学玲，黄宏胜."湖泊—流域"土地生态管理的理念与方法探讨［J］. 自然资源学报，2010，25（6）：1049－1058.

④ 宇振荣，肖禾，张鑫. 中国土地生态管护内涵和发展策略探讨［J］. 地球科学与环境学报，2013，35（4）：83－89.

可见，土地生态系统管理实际上是强调在土地利用过程中加强对土地生态系统的管理和保护，实现各类土地资源合理永续利用[①]，其对象是土地生态系统，本质是按照土地资源可持续利用方式和土地资源的多功能综合管理模式处理人地关系。作为自然与人类活动相互作用的复合生态系统，对土地生态系统管理的重点应基于复合生态系统管理原则，强调利用科学技术和持续管理手段，对土地利用行为进行引导、调整和控制，以提升土地生态系统结构、功能和生态服务以及对社会和经济服务的可持续性，注重系统的经济生产、社会生活及自然调节功能的强弱和活力，保育"自然—经济—社会"耦合系统的弹性[②]，维护和恢复土地生态系统的健康，最终实现各类生态系统服务功能提升、不同尺度土地资源空间配置优化和土地资源利用的多功能性强化。

与土地生态管理紧密相关的若干概念进一步阐述如下：

（1）土地利用，指由人类为土地所设定的用途（如耕地区、园地区、林地区、居住区、保护区），也包括土地开发、利用、整治、保护的过程或行为。它具有生产力和生产关系两方面特征，即既有土地生产力的提高，又有土地关系的协调。后者是指人们在生产活动过程中所建立的社会关系和利益分配机制。

（2）土地管理，其一是指人类经营土地利用的方式（如传统耕作与免耕农作、森林砍伐与择伐）；其二是指对占有、使用、利用土地的过程或行为进行的协调活动。但不管是哪一种含义，其目的都是提高土地利用系统的功能和效率。土地利用系统是一个经济、生态和社会的复合系统，因此土地管理的核心任务是调节社会经济与自然生态的关系，使二者协调有序、共同发展。土地生态管理也不例外。

（3）生态可持续性，按照美国生态学会的定义，它是指生态系统或生态过程，在一定时期内被维持或保持而没有损耗或衰退。例如，可持续性林业是在一定时期内维持地区森林的结构、多样性和生产不会衰退或损耗的森林管理实

---

① 宇振荣，肖禾，张鑫. 中国土地生态管护内涵和发展策略探讨 [J]. 地球科学与环境学报，2013，35（4）：83-89.

② 傅伯杰. 我国生态系统研究的发展趋势与优先领域 [J]. 地理研究，2010，29（3）：383-396.

践。土地利用的可持续性如能在特定地区的一定时期内维持，必然依靠跨区域的生态补偿，但这种实践方式将不可避免地导致为本地区提供补偿的其他土地系统的损耗或衰退，因而从大尺度看并不可持续。可持续性广泛地被认为是经济和生态上的需求，从最终意义看，它是人类土地利用的可实行的长久模式。

三、土地生态管理的目标①

土地生态管理以土地资源可持续利用和土地生态系统可持续发展为目标，是在土地开发利用过程中，坚持"生态中心论"，寻求人口、资源、环境和发展（PRED）协调的整体发展模式。

（一）土地资源可持续利用

土地资源可持续利用是土地生态管理的首要目标，它是在土地资源开发利用过程中寻求人口、资源、环境协调，代内公平、代际公平的持续发展道路的必然选择。在保护土地资源和生态环境的前提下，土地资源可持续利用可促进土地资源的合理利用，提高人类生活质量，实现经济社会的可持续发展。对于土地生态系统的可持续发展模式，其主要内涵应该包括：① 土地生态环境的改善，生活质量的提高；② 发展不以牺牲土地生态环境为代价，在土地利用中应该实现经济、环境与资源的协调发展；③ 社会经济的发展应该与生态发展相协调一致，社会经济的发展应以土地生态承载力为基础。

（二）土地生态系统可持续发展

过去人类主要以"人类中心论"为主要发展模式，最终以土地生态系统的退化和毁灭为代价。而一味强调环境的"环境中心论"的发展模式则主要注重对环境和生物资源进行保护，最终损失了人类生存和自我表现发展的机会。对于生态型的可持续发展，应该从生态学的基本原则出发，转变过去的"人类中心论"和"环境中心论"的发展模式，坚持"生态中心论"（Eco-centric）的模式，寻求一种人类、生物、环境相互依存相互协调的整体发展模式（也可称为生态发展模式），从而实现土地生态的可持续发展。

---

① 吴次芳，徐保根，等. 土地生态学［M］. 北京：中国大地出版社，2007.

第二节　土地生态管理的理论基础

土地生态管理与生态学、地理学等学科融合较多，因此地理学、生态学和土地科学的相关理论也可以作为土地生态管理的理论基础①。因此，本节将从地理学基础理论、生态学与景观生态学理论、土地科学理论几个方面简要探讨土地生态管理的理论基础。

一、地理学基础理论

地理学是一门研究地球表面自然现象和人文现象，以及它们之间的相互关系和区域分异的学科。简单地说，地理学就是研究人与地理环境关系的学科，研究的目的是更好地开发和保护地球表面的自然资源，协调自然与人类的关系。地理学的生态化趋势越来越明显，生态学与地理学重合、融合的内容颇多，关系极为密切，因此地理学和生态学的一些基础理论可以应用于土地生态管理②。

（一）整体论

整体论作为一种理论，最初是由英国的 J. C. 斯穆茨（1870—1950 年）在其《整体论与进化》（1926）中提出。该书系统阐述了整体论思想，并提出整体是自然的本质，进化是整体的创造过程。他把整体夸大为宇宙的最终精神原则和进化的操纵因子，因而使"整体"带有神秘的色彩。现代意义的整体论强调：① 生命系统是有机整体，其组成部分不是松散的联系和同质的单纯集合，整体的各部分之间存在相互联系、相互作用；② 整体的性质多于各部分性质的总和，并有新性质出现；③ 离开整体的结构与活动不可能对其组成部分有完备的理解；④ 有机整体有历史性，它的现在包含过去与未来，未来和过去与现在相互作用。

整体论作为一种科学假设，为在对其内部功能的细节不甚了解的情况下研

① 谢俊奇，郭旭东，李双成，等. 土地生态学 [M]. 北京：科学出版社，2014.
② 白光润. 地理学导论 [M]. 北京：高等教育出版社，1993.

究某个整体或系统提供了基础。它排除了在定义整体之前必须先定义其所有要素及其相互关系的必要性。生物学、农学、林学、医学的很多成就，证明了这种认识问题的途径是有用的。整体论肯定生物有机体是多层次的结构系统，坚持整体的规律不能归结为其组成部分的规律，强调由部分组成的整体有新性质出现，这正确地反映了事物的辩证法。一个健康的土地生态系统具有功能上的整体性和连续性，从系统的整体性出发来研究土地生态系统的结构、功能与变化，将分析与综合、归纳与演绎互相补充，可以深化研究内容，使结论更具有逻辑性和精确性。

整体论为系统论的形成奠定了基础。整体性是系统科学方法论的基本出发点，它为人们从整体上研究客观事物提供了有效方法。整体性始终把研究对象作为一个整体来对待，认为世界上各种事物和过程不是孤立的、杂乱无章的偶然堆积，而是一个合乎规律的、由各要素组成的有机整体。这些整体的性质与规律只存在于组成其各要素的相互联系、相互作用之中，而且各组成部分孤立的特征和活动方式的总和，不能反映整体的特征和活动方式。这就突破了以前分析方法的局限性，它不要求人们硬把"活"的有机整体分解成"死"的许多部分，然后机械地相加，而是如实地把对象作为有机整体来考察，从整体与部分相互依赖、相互结合、相互制约的关系中揭示系统的特征和运动规律①。

（二）地域分异理论

地域分异是指地理环境各组成成分及整个景观在地表按一定的层次发生分化并按确定的方向发生有规律分布的现象②。地理系统作为一个独特的物质能量系统，一方面，其各组成要素之间相互联系、相互制约和相互渗透，具有明显的整体特征；另一方面，在这个整体的不同地区又具有显著的地域差异，这是地域分异理论产生的基础。导致地域分化和各种差异的基本因素有两个：一个是地带性分异因素（或纬度地带性分异因素），来自地球外部，即太阳能按纬度方向分布不均而引起自然地理现象和过程随纬度的变化而发生有规律的更替；

---

① 潘玉君. 地理学基础［M］. 北京：科学出版社，2001.
② 潘树荣. 自然地理学［M］. 北京：高等教育出版社，1985.

另一个是非地带性分异因素（或非纬度地带性分异因素），来自地球内部，由地球内能所引起的海陆分布、地势起伏、岩浆活动和构造作用等导致自然地理现象和过程不沿纬度方向的分异。从空间尺度来看，由于作用范围不同，地域分异规律又分为不同的等级规模。地球上的地域分异可以归并为三种尺度上的地域分异，即大尺度地域分异，包括全球性分异、全大陆和全海洋的地域分异、区域性的地域分异；中尺度地域分异，包括高地和平原内的地势地貌分异、地方气候引起的地域分异、垂直带性分异；小尺度地域分异，包括地貌部位和小气候引起的地域分异，局部的地质构造、岩性、土质和水分状况引起更次一级的地域分异①。

（三）人地共生理论

人地共生理论是人地关系理论发展的最高层次。人类活动与地理环境的关系在地理科学中被表述为人地关系论，人地关系是地理科学的核心理论和中心问题，其主要学说及观点包括：① 环境决定论认为人类的身心特征、民族特征、组织、文化发展等人文现象受自然环境特别是气候条件支配的观点，是人地关系理论的一种观点，简称决定论；② 可能论的中心思想认为人和地之间是一种相互作用关系，两者之间人是能动的积极因素；③ 适应论、协调论与和谐论，强调在意识到人对地理环境的能动性后，主动地认识、适应和利用自然；④ 人地共生论②，则是在人类过分利用自己的能力而损害自身利益后，对自己行为的反思。通过这种反思，人类将自然的地位放到和自己同样高的层次，认为人类系统和地理环境系统构成了一个更高级的系统，形成了"人与自然界的新的同盟"——共生。一方面，通过输入，人类从自然环境获得物质和能量来维持自身系统的有序结构；另一方面又通过输出来影响自然环境，使其向有利于人类的方向变化，人地共生论强调人类对自然的开发与利用必须谨慎，以保持自然的和谐与平衡，人类对长时间、大范围和大规模的能流和物流没有能力调节，而只有通过共生来实现人类与自然界的和平共处。

---

① 丁登山，汪安祥，黎勇奇，等. 自然地理学基础 [M]. 北京：高等教育出版社，1988.

② 谢俊奇，郭旭东，李双成，等. 土地生态学 [M]. 北京：科学出版社，2014.

二、生态学与景观生态学基础理论

生态学是研究生物及其环境相互关系的科学①，景观生态学（landscape ecology）是研究景观结构、功能和变化以及景观规划管理的科学②。景观生态学作为地理学和生态学的交叉学科，是当今生态学研究的核心之一。迄今为止，景观生态学已经逐渐成为生态学研究中的重点发展方向之一，景观生态学的一些理论也为土地生态管理奠定了坚实的理论基础。

（一）生态系统理论

生态系统（ecosystem）是在一定空间中共同栖居的所有生物（即生物群落）与其环境之间由于不断地进行物质循环和能量流动过程而形成的统一整体。生态系统是当代生态学中最重要的概念之一。生态系统内物种间、生物与环境间协调共生，能维持持续生存和相对稳定的系统，是地球上生物与环境、生物与生物长期共同进化的结果。按照研究对象，地球上的生态系统可以分为森林、草原、农田、荒漠、湿地、海洋、湖泊、河流、城市等生态系统。生态系统研究之所以得到很大的重视，是因为在生态系统的层次，人类有条件方便地利用和管理自然③。

近年来，生态系统的概念已经延伸到"自然—社会—经济"的复合生态系统。王如松等提出人类社会是以人类行为为主导、自然环境为依托、资源流动为命脉、社会体制为经络的复合生态系统④。向自然生态系统寻找这些协调共生、持续生存和相对稳定的机理，能给人类科学地管理好地球——这个人类生存的支持系统以启示，达到持续发展的目的⑤。可持续发展的实质是以人为主体的生命与其栖息劳作环境、物质生产环境及社会文化环境之间关系的协调发展。

---

① 李博，杨持，林鹏. 生态学 [M]. 北京：高等教育出版社，2000.
② 徐化成. 景观生态学 [M]. 北京：高等教育出版社，1996.
③ 谢俊奇，郭旭东，李双成，等. 土地生态学 [M]. 北京：科学出版社，2014.
④ 王如松，欧阳志云. 社会—经济—自然复合生态系统与可持续发展 [J]. 中国科学院院刊，2012，27（3）：337 – 345＋403 – 404＋254.
⑤ 孙儒泳. 基础生态学 [M]. 北京：高等教育出版社，2002.

（二）生物多样性理论

生物多样性（biodiversity）是一个描述自然界多样性程度的内容广泛的概念。总的来说，物种多样性是生物多样性最直观的体现，物种多样性是衡量一定地区生物资源丰富程度的一个客观指标，是生物多样性概念的中心；基因多样性是生物多样性的内在形式，一个物种就是一个独特的基因库，每一个物种就是基因多样性的载体；生态系统多样性是生物多样性的外在形式，保护生物的多样性最有效的形式是保护生态系统的多样性。近年来，有些学者还提出了景观多样性（landscape diversity），作为生物多样性的第四个层次。景观多样性是指由不同类型的景观要素或生态系统构成的景观在空间结构、功能机制和时间动态方面的多样化程度。

生物多样性的意义主要体现在生物多样性的价值。对于人类来说，生物多样性具有直接使用价值、间接使用价值和潜在使用价值。直接使用价值为人类提供了食物、纤维、建筑和家具材料、药物及其他工业原料。间接使用价值是指生物多样性具有重要的生态功能，能够维持生态平衡和稳定环境。在生态系统中，生物之间具有相互依存和相互制约的关系，它们共同维系着生态系统的结构和功能。生物一旦减少，生态系统的稳定性就要遭到破坏，人类的生存环境也就要受到影响。生物多样性还有潜在的使用价值，地球上生物种类繁多，但人类目前做出充分而详细研究的较少，对于那些目前还不了解的生物的某些功能可能对人们某些方面的研究会有帮助。

（三）生态区位论[1][2]

区位指的是在空间上具有竞争优势或被视为最佳选址，区位论因此成为一门具有方法论意义的空间竞争选择理论，并在过去半个世纪中成为经济地理学的主导理论。当代区位论正朝着宏观和微观两个层面扩展，生态区位论是其微观层面发展的重要分支。生态区位论以生态学为基础，整合生态学、地理学、经济学和系统学的方法，专注于生态规划的研究。在生态规划视角下，生态区

---

① 钟水映，简新华. 人口、资源与环境经济学［M］. 北京：科学出版社，2005.

② 任平. 城市土地资源集约利用：绩效评价与机制构建［D］. 成都：西南财经大学，2009.

位指的是对景观元素、生态单元、经济因素和生活需求进行最优化的生态配置。生态规划的目标是遵循生态规律和人类利益的结合，实施因地、因时、因产、因生、合理布局的原则，通过对环境、资源、交通、产业、技术、人口、管理、资金、市场和效益等生态经济要素进行细致的生态经济区位分析和综合，实现自然资源的合理开发、生产力的合理布局、环境的改善和生活的有序安排。因此，生态规划应遵循区域性、生态性、发展性、建设性、优化性、持续性和经济性等七大基本原则。生态区位论将生态学原理与区位论相结合，为理解和指导产业布局、资源管理和生物多样性保护提供了新的视角和工具。

三、土地科学理论

土地科学研究的核心问题是土地利用，研究对象是人地复合系统。土地科学理论体系由土地基础理论、土地应用理论以及土地技术理论组成。土地科学研究内容广泛，土地科学的一些基本原理也为土地生态学奠定了重要的理论基础。

（一）土地稀缺性原理

土地的稀缺性主要体现在有限性、不可逆性和利用的外部性。土地是一种同时具有自然和经济特性的综合体，自然特性是指土地具有不以人的意志为转移的自然属性，而经济特性是指人类在土地利用过程中，在生产力和生产关系中所体现出来的特性[①]。土地不是人类所能创造的，它在自然和经济特性方面都体现了稀缺性特征。

在自然特性上，土地的稀缺性主要表现在面积和数量的有限性，即在现有的地球表面，土地面积是一定的，只能在不同的利用方式上相互转化，总体面积不会变化。在不同的地方，不同用途的面积也是有限的，位置优良并且土质较好的土地，利用方便、效益较高，人们对其需求量必然很大，而能供给使用的这类土地的面积非常有限，这也是土地稀缺性的一个表现[②]。土地是自然的产物，它不能被人类创造，因此相对于人类的无限需求而言，数量相当有限，

---

①　束克欣. 土地管理基础［M］. 北京：地质出版社，2004.

②　王秋兵. 土地资源学［M］. 北京：中国农业出版社，2003.

从而体现出了其稀缺性。而在经济特性上，土地的稀缺性主要体现在经济供给的有限性，即在特定的地区，不同用途的土地面积的有限性不能满足人类对各类用地的需求，从而导致土地占有的垄断性等社会问题和地租、地价问题。而这些问题的出现也促使人们节约集约利用土地，努力提高土地的有效利用率和单位面积的生产能力。

（二）土地利用过程不可逆原理

广义的土地是一个生态系统，土地资源具有可更新性。但是土地的更新性并不意味着土地是可逆的，土地可逆性是很困难的。从比较利益来讲，由农地转到建设用地很容易，但从建设用地转到农用地很难。人类一旦破坏了土地生态系统的平衡，就会出现诸如水土流失、沼泽化、盐碱化和沙漠化等一系列的土地退化，使得土地的生产能力降低，经济生产复杂性下降或丧失，即造成土壤的物理、化学和生物特征或经济特征退化以及自然植被的长期丧失。当这种退化达到一定程度，土地原有的性质可能彻底破坏而不可逆转和恢复。

土地退化的不可逆性与退化土地的恢复是不同的概念，退化土地只要经过足够长的时间和足够大的投入，土地质量和生产力是可以恢复的，但并非沿原来途径恢复原来状态。张安录和毛泓也探讨了农用地与城镇用地的转换不可逆特性[①]。王秋兵等认为土地生态系统的这种特征在自然条件比较恶劣的地区表现更明显，这些地区土地可塑性小，生态系统表现出很大的脆弱性，土地生态系统一旦遭到严重破坏，其再生性丧失，不可逆转，失去应有的生产能力和价值。

（三）土地资源空间分异原理

土地资源是土壤、地貌、植被以及空气等多种要素的自然经济综合体，地球公转和自转的特点，导致这些地表要素具有一定的分布规律，土地资源也由此表现出规律性分布的特点。通常，人们将土地资源的空间分布分为纬向地带性、经向地带性以及垂直地带性分布三个方面[②]。除地带性分布外，土地资源

---

① 张安录，毛泓. 农地城市流转：途径、方式及特征 [J]. 地理学与国土研究，2000（2）：17-22.

② 王秋兵. 土地资源学 [M]. 北京：中国农业出版社，2003.

的非地带性分布也十分重要。土地资源的非地带性是受海陆分布、洋流、地形、地下水等非地带性因素的影响，破坏了地带性规律，使同一纬度地带的土地景观出现差异。呈现地带性分布规律的同时，各地也叠加非地带性规律，同时这种规律又表现在不同的尺度上，使得地球上土地资源的分布更加复杂多样。

第三节 土地生态管理的内容

一、土地生态管理的原则

（一）土地利用应以保护土地资源为前提

土地利用方式应有利于保持和提高土地资源的生产性能以及生态功能[①]。从持续利用视角看，土地资源利用所获得的财富和利益是不断增加的，至少能维持现有水平，不应是掠夺式的经营导致土地生产性能下降，造成土地生态功能的退化。土地生态资源的持续利用包含质和量两个方面。一是数量的概念，农业可持续发展必须有一定数量的农用地作为保障，如果农用地数量规模大幅度下降，会影响食物安全保障。二是质量的概念，即土地质量不退化（包括水土流失、沙漠化、盐碱化和肥力下降等各种形式的退化）。土地利用应有利于降低土地生态资源利用可能带来的风险性，使土地产出稳定。在土地资源的利用过程中，有许多因素是不确定的，一些土地开发利用的效应在当时是难以预料的，为此必须进行利用的后效分析，建立降低生态风险的土地资源利用模式。

（二）经济、生态和社会效益统筹兼顾原则

土地生态管理的实质就是用系统的观点对整个生态系统进行循环管理，以保证土地的生态功能不会退化。从开发主体的角度分析，土地利用的目的在于获得经济效益；从土地开发可行性的角度分析，每一次开发利用活动都应满足开发主体的经济利益。只有符合了这个基本条件，才会满足开发主体的利益驱

---

① 吴次芳，徐保根，等. 土地生态学 [M]. 北京：中国大地出版社，2003.

动，才具有可行性①。用可持续发展的观点去解读土地生态管理，任何一项土地开发活动仅仅考虑经济的合理可行都是片面的，"三效益"的统一是土地生态管理必须坚持的原则。所以，我们应树立科学的生态观，必须坚持以人为本，坚持全面、协调、可持续的统筹发展观。

（三）融合性原则

生态系统的自我调节能力是生态系统维持平衡所需要的最环保、最生态的方法，融合性原则就是针对生态系统的自我调节能力而言的。人类利用土地必须通过生态化途径融入自然生态系统，与生物圈的整体性相协同，而不是相抵触。

（四）尺度匹配原则

由于土地生态系统跨越微观、中观、宏观多级空间尺度，不同类型与尺度的生态系统管理所依据的数据与知识不同，土地生态管理尤其要求把长时间的可持续性作为基本目标，注意解决代际间土地资源的可持续性②。因此，需要依据土地生态系统本身的时间和空间尺度出台相应的短期、中期和长期管理措施。但在实际管理实践中，常常会出现尺度不匹配问题。土地生态管理过程中尺度不匹配造成的问题主要包括：① 管理效能低下，表现为宏观管理政策对于局部土地生态问题的针对性不强，具体的管理措施难以推广到更大范围上去；② 短期行为对资源的破坏，区域发展政策的短期效应与土地资源形成和恢复过程的长期性不匹配，造成土地资源的掠夺性利用，最终使土地生态系统趋于崩溃。

（五）分类与分区管理相结合原则

由于自然条件的差异和人类利用方式的不同，土地生态系统具有不同的类型。土地生态系统类型不同，结构、功能和空间分布也有差异，因此具体的生态管理策略和方式就不同。与此同时，各个土地生态类型及其组合又表现出区域差异，加之不同区域的社会经济发展水平各异，对土地资源及其生态功能的

---

① 黄炎和. 土地生态学 [M]. 北京：中国农业出版社，2013.
② 谢俊奇，郭旭东，李双成，等. 土地生态学 [M]. 北京：科学出版社，2014.

需求类型也有差别。因此，在管理过程中土地生态系统的地域分异特征应当受到重视。大量的土地生态管理实践表明，将分类管理与分区管制有机结合是一条有效的管理途径。

（六）自然修复与适度干预相结合原则

在自然外力和人类活动的影响下，各个类型的土地生态系统都有不同程度的退化，表现为土地生产力有所下降和土地生态系统服务功能减弱等。土地生态系统管理的一个主要目标就是恢复其状态和功能。在此过程中，必须坚持自然修复与适度干预相结合的原则，不能过度强调大规模的土地生态修复和建设，但也不能放弃人为干预，听任长时间的自然恢复①。因为土地生态系统的自然恢复一般最少需要百年以上尺度，有的甚至是千年和万年以上尺度。因而，人类不能超时间尺度地依赖于土地的自然恢复力，必须采取适当的人为干预措施，以满足人类社会对土地的生态需求。

（七）土地产权明确与分配公平原则

明晰土地产权，是解决土地利用外部不经济的有效方式，个人或组织拥有了土地的所有权，就可以排他性地利用和管理好自己的土地。分配公平原则表现为土地资源分配的代内公平和代际公平。尤其是当代人有义务保护和管理好土地资源，使得后代人能够与我们均等地享受他们应该得到的源自土地资源的权益。

二、土地生态管理的构成

土地生态管理是实施土地可持续利用、提升土地生态系统效能的重要保障。它主要是对土地生态系统的结构、功能及协调度进行管理和调控。土地生态系统是一个十分庞大而复杂的巨系统，其中可分为人口、有生命的生物环境和无生命的理化环境等子系统，每个子系统又可分为若干个次子系统。土地生态管理主要包括以下几项内容。

（一）土地数量与质量管理

一方面，土地资源的数量是有限的，持续利用土地资源必须要求保持一定

---

① 谢俊奇，郭旭东，李双成，等. 土地生态学［M］. 北京：科学出版社，2014.

的数量，特别是保证足够的耕地数量，如果非农建设大规模地占用农用地，就会影响食物安全保障。另一方面，土地质量不能退化，包括水土流失、沙漠化、盐碱化和肥力下降等各种形式的退化，要养护和提高土地质量。土地质量和土地健康基本同义，它是指土地在其生态系统界面内维持生产、保障环境质量、促进生物与人类健康行为的能力。对土地质量的管理，关键是对目前和未来土地功能正常运行能力的管理。它包括三方面的含义：一是生产力，即土地上的植物和动物的持续生产能力；二是环境质量，即土地降低环境污染物和病菌损害、调节新鲜空气和水质量的能力；三是生物和人类健康，即土地质量影响动植物和人体健康的能力。土地质量管理主要是通过动态监测和评价的方法进行的。仅有数量而没有质量保证的土地资源是不能满足经济、环境和社会协同发展的，只有质和量的统一才能保证土地生态资源被公平地留给子孙后代。

（二）土地生态利用过程管理

土地生态利用是在土地利用的基础上，对土地进行可持续利用与合理开发，根据应用生态学原理开展土地资源的合理利用。其任务就是要在高度集约化的利用中，养护土地，提高土地的生产能力，以保持土地资源处于一种不受威胁、没有危险的健康、平衡的状态①。土地生态利用是和可持续开发利用、较高强度开发利用相联系的，是实现社会、经济和环境效益有效统一的途径，并可以有效防止因土地的粗放利用而导致土地的生态功能退化，满足公共健康、公共安全和大众福利。

（三）土地覆盖变化管理

土地利用覆盖变化是指从一种土地覆盖类型到另一种土地覆盖类型的转化，而不考虑它的用途。土地利用覆盖变化的原因，从人类发生学的角度看，涉及人口及其结构、经济因素（如价格和投入成本）、技术水平、政治体系制度和政策，以及社会文化因素等（如态度、偏好和价值观等）。人口增长被看作是土地利用变化的主导性因素和主要方面。土地利用覆盖变化将会导致物种组成和多样性变化，可引起生态系统特性的改变，具体可表现为土壤侵蚀的发生、物质

---

① 张志君. 娄底市城市土地生态利用研究［J］. 商，2012（22）：102.

循环系统的紊乱或生产力的退化。土地覆盖变化管理的内容可以概括为两个方面：第一，有效地监测不同尺度范围内土地覆盖变化的趋势；第二，土地覆盖变化的生态影响评价及其动力学机制，并制定应对的措施。

（四）土地文化与历史遗迹管理

文化泛指任何社会的总体生活方式，包括社会行为、知识、艺术、宗教、信仰、道德、法律、传统、规范、风俗习惯，以及人作为社会成员所获得的任何其他能力。土地生态与文化存在着相互依赖的关系。不同时代的历史文化、不同肤色的民族文化、不同区域环境的地缘文化，都创建了不同的土地生态系统。例如原始社会、农耕时代、工业化时代的土地生态系统，无论是居住区还是农田，其文化内涵是很不相同的。土地生态系统是一个复合的生态系统，它包括自然生态系统、经济生态系统和社会生态系统。土地文化属于社会生态系统范畴。

（五）自然保护地管理

自然保护地是进行土地生态管理的核心载体，建立以国家公园为主体的自然保护地体系，对保护生物多样性，保护自然生态系统、自然遗迹和自然景观，促进人与自然和谐共生，彰显我国生态文明建设成就等具有重要意义[①]。截至2021年年底，中国已建立国家公园、自然保护区和自然公园等各级各类自然保护地近 1.18 万个，总面积约占陆域国土面积的 18%、领海的 4.1%，使中国 90% 的陆地生态系统类型和 85% 的野生动物种类得到有效保护[②]。未来需要进一步加强对自然保护地治理体系各组成因素的分析深度，进一步细化资源系统、资源单位、治理系统、行动者相互作用与产出的分析层级，为优化自然保护地生态管理提供依据。

---

① 王昌海，谢梦玲. 以国家公园为主体的自然保护地治理：历程、挑战以及体系优化 [J]. 中国农村经济，2023（5）：139-162.

② 国家林业和草原局，国家公园管理局. "关于加强生物多样性保护的提案"复文 [2021 年第 2567 号（资源环境类 289 号）] [EB/OL].（2021-11-18）[2023-11-07]. https://www.forestry.gov.cn/search/40962.

三、土地生态管理的实现途径

（一）法律与行政手段

法律作为强制性工具，在土地资源的合理利用和生态保护中扮演着关键角色，它要求我们依法进行土地开发与管理，提升土地的生态功能。广泛宣传和加速完善包括《土地管理法》《环境保护法》《森林法》《水法》《草原法》《中华人民共和国野生动物保护法》《中华人民共和国黑土地保护法》以及《中华人民共和国水土保持法》（以下简称《水土保持法》）等在内的相关法律法规，能够提高公众的法治意识，形成全社会共同保护和美化土地生态环境的共识。面对耕地量减质退、土地利用结构不合理和资源环境退化等生态问题，必须建立和执行有效的法律法规体系，实行国家对土地利用的法律管控，包括依据国土空间规划进行用途管制，设定生态保护区和保护红线，加快自然保护地体系建设，加强全域土地综合整治等。同时，行政手段的适度干预，如建立强制性的土地生态环境影响评估制度，能够充分考虑土地开发利用活动的生态环境影响。此外，决策者需要在制定社会经济发展规划时融入生态保护思维，如通过合理的城市绿地规划、景观设计等，推动土地资源的生态规划与管理，这将能够为合理制定可持续的土地利用决策提供依据[1][2]。

（二）生态经济手段

生态经济手段是一系列运用经济激励和市场机制来引导和调节土地利用行为的策略，旨在实现土地资源的可持续利用和生态环境的长期保护。通过财政激励、税收优惠、补贴政策等措施，鼓励个人和企业采取环保行动，如减少污染排放、实施土地复垦、采用清洁能源等。同时，通过排污权交易、绿色信贷、环境影响评估等市场机制，促使企业和个人在经济活动中考虑环境成本，从而达到减少对土地资源的破坏和保护生态环境的目的。此外，生态补偿、押金制度、绿色采购等政策，不仅能够为环保行为提供直接的经济支持，还能通过改变消费者和市场的需求，推动整个社会向更加环保和可持续的方向发展。生态

---

① 蔡守秋. 综合生态系统管理法的发展概况［J］. 政法论丛，2006（3）：5-18.

② 吴次芳，徐保根，等. 土地生态学［M］. 北京：中国大地出版社，2003.

经济手段的实施，需要政府、企业和公众的共同参与和协作，通过法律、政策和市场三方面的有机结合，形成一套有效的土地生态管理框架，以确保在经济发展的同时，土地资源得到合理利用，生态环境得到有效保护，实现人与自然和谐共生的目标。

（三）技术手段

土地生态管理的技术手段是实现土地资源可持续利用的关键。例如在耕地利用方面，可以通过保护性耕作、轮作和多样化种植等，提高土壤肥力、减少水土流失和增加生物多样性。生态修复技术，如土地整治和污染土壤修复等，对于改善受损土地的生态功能至关重要。同时，现代信息技术如遥感监测、地理信息系统（GIS）、物联网（IoT）和人工智能（AI）等的应用，能够实现对土地利用和生态环境变化的实时监测，如智慧生态保护系统通过采集和分析大量数据，提高了保护工作的效率。这些技术手段的结合使用，不仅能够精准识别和追踪生态环境问题，还能够推动数字经济与绿色经济的协同发展，提升生态环境治理体系和治理能力的现代化水平。

（四）宣传教育与公众参与

提高公众意识和参与度，可以促进社会各界对土地资源生态保护的重视，形成良好的社会氛围。宣传教育活动包括但不限于举办科普宣讲、组织主题研讨会、开展创意海报作品征集、实施主题直播联动等，这些活动旨在普及土地资源保护知识，提升公众对土地资源价值的认识。同时要建立公众参与机制，逐步完善公众参与管理的常态组织形式，建立公众环境投诉制度，畅通反映情况和问题的正常渠道，依法维护自身的环境权益。

现代社会，公民对影响他们生活和工作的生态与环境状况有知情权和监督权，同时他们也应对自身行为产生的生态与环境问题负有责任和义务[1]。公众参与通过鼓励公众参与环境影响评价、生态规划等过程，使公众能够对土地合理利用与管理提出意见和建议。例如，环境影响评价公众参与办法规定了公众参与环境影响评价的程序和方式，保障了公众在环境保护方面的知情权、参与权、表达权和监督权。

---

① 谢俊奇，郭旭东，李双成，等. 土地生态学 [M]. 北京：科学出版社，2014.

第四节　土地生态政策

一、土地生态管理对政府的内在要求

（一）加强法治建设，完善评价考核制度

为了确保生态文明建设的稳固推进，必须依赖于严格的制度规定和严密的法律规范，包括实施《土地管理法》等法律法规，确立耕地保护责任目标考核制度，推动生态文明建设目标评价考核，优化土地使用结构和提高利用效率。同时，针对特定土地资源如黑土地，颁布《中华人民共和国黑土地保护法》，进行特殊保护和管理。相关措施期待共同构建一个全面的法律框架，以强化地方政府和相关部门在土地生态管理中的责任，并促进土地资源的可持续利用和生态保护的实现[①]。

（二）加强经济手段对土地综合功能保护的激励机制

加大对耕地特别是基本农田保护的财政补贴力度，将耕地保有量和基本农田保护面积作为国家确定一般财政转移支付规模的重要依据，实行保护责任与财政补贴挂钩，探索建立耕地保护基金制度。根据《国务院关于全民所有自然资源资产有偿使用制度改革的指导意见》，加快建立健全全民所有自然资源资产有偿使用制度，努力提升自然资源保护和合理利用水平，切实维护国家所有者权益，为建设美丽中国提供重要制度保障。

（三）推动跨部门、跨行政区域管理

土地生态问题，有的是发生在一个行政管理单元内，有的是发生在跨行政区域。通过跨行政区域来管理土地生态系统，是其结构与功能空间异质性的必然要求[②]。土地生态系统服务的供给和需求具有区域差异性，且存在空间流动与传递特征，因而需要跨行政区域的管理机制。以水生态系统服务为例，流域

---

① 郭文华，张迪，陈静. 把生态文明融入土地管理主基调 [J]. 中国土地，2017（07）：4 - 7.

② 谢俊奇，郭旭东，李双成，等. 土地生态学 [M]. 北京：科学出版社，2014.

的上中下游常常属于不同的行政单元，只有不同行政区域协调配合，才能对其进行有效管理。一般来说，跨行政区域管理并没有一个固定模式，在实践中要根据政治体制、区域政府管理能力、文化历史背景、资源习惯利用方式和传统管理模式等多种因素进行管理机制安排，包括行政组织、法律法规和政策等方面的设计。对于一些具有特殊保护价值的跨区域土地生态系统，还可以通过设立专家委员会和生态系统合作管理委员会来处理、管理事务。

（四）推动多元主体协同治理

实施生态系统的综合治理，需遵循习近平总书记关于加速构建生态文明五大体系的指导原则，采取教育、技术、经济、行政管理、法律以及鼓励公众参与等多元化手段，对山、水、林、田、湖、草等自然生态系统进行全方位管理，其中必然涉及多元利益主体间的权衡与协同。其中，政府、企业、社会组织、公众以及专业规划机构等多方参与，共同构建了一个全面而有效的管理网络。在实践中，多元利益主体协同治理需要建立有效的沟通协调机制，确保各方的利益和诉求能够得到充分的表达和平衡，通过制度策略、信任策略、协调策略和行动策略，促进不同主体之间的良性互动，共同推进土地生态管理的有效实施。例如，通过建立生态保护红线制度，协调平衡好利益主体的行为和权益，保障生态保护红线的落地和管理，这需要多元利益主体之间的相互合作和支持①。

二、我国主要土地生态政策②

（一）人与土地生态系统的协调发展政策

人口增长是影响社会稳定和可持续发展的重要因素。要维持社会的健康发展，合理调控人口增长速度与生态环境承载力的关系是关键。土地资源是支撑人类生存和社会发展的根本，它提供了生产、生活和生态服务等多种功能。土地的生产力和承载力是有限的，一旦人口增长超出土地的承载能力，就可能导致对土地资源的过度开发和对环境的破坏。因此，维护人与土地之间的和谐关

---

① 成金华，尤喆.“山水林田湖草是生命共同体”原则的科学内涵与实践路径［J］.中国人口·资源与环境，2019，29（2）：1-6.

② 黄贤金.土地政策学［M］.北京：中国农业出版社，2023.

系对于保持土地生态系统的健康至关重要。在中国，由于人口众多而土地资源相对有限，人地矛盾日益凸显，这就要求我们在人口增长控制方面做出更多努力。

面对人口众多而土地有限的现实，中国采取了计划生育政策来控制人口增长，同时通过法律法规和技术创新提高土地资源的利用效率，确保土地的可持续管理。政府通过推动农业技术进步，优化城市规划，实施生态保护和修复工程，以增强土地的生态功能和自我修复能力。此外，从鼓励环保生活方式、减少资源消耗等多个方面加强生态文明教育，能够促进公众环保意识的提升。中国还积极参与国际合作，共享经验，共同应对全球人口和资源环境问题，致力于构建和谐社会，实现人口、资源和环境的协调发展。

综上所述，合理调控人口增长和维护人地关系的和谐是实现社会可持续发展的重要策略。这需要我们在国家政策的指导下，采取综合性措施，既考虑人口增长的合理性，也考虑土地资源的可持续利用，以确保社会、经济和环境的协调发展。通过这样的努力，我们可以为后代留下一个更加繁荣、健康和可持续的世界。

（二）耕地保护补偿政策

我国实行最严格的耕地保护政策，通过严格耕地用途管制，确保耕地总量不减少、质量不降低。2017 年发布的《中共中央、国务院关于加强耕地保护和改进占补平衡的意见》明确要求，牢牢守住耕地红线，确保实有耕地数量基本稳定、质量有提升。到 2020 年，全国耕地保有量不少于 18.65 亿亩，永久基本农田保护面积不少于 15.46 亿亩，确保建成 8 亿亩、力争建成 10 亿亩高标准农田，稳步提高粮食综合生产能力，为确保谷物基本自给、口粮绝对安全提供资源保障。耕地保护制度和占补平衡政策体系不断完善，促进形成保护更加有力、执行更加顺畅、管理更加高效的耕地保护新格局。另外，通过耕地补偿实行跨地区补充耕地的利益调节。在生态条件允许的前提下，支持耕地后备资源丰富的国家重点扶贫地区有序推进土地整治增加耕地，补充耕地指标可对口向省域内经济发达地区调剂，补充耕地指标调剂收益由县级政府通过预算安排用于耕地保护、农业生产和农村经济社会发展。省（自治区、直辖市）政府统筹耕保护和区域协调发展，支持占用耕地地区在支付补充耕地指标调剂费用基础上，通过实施产业转移、支持基础设施建设等多种方式，对口扶持补充耕地地区，调动补充耕地地区保护耕地的积极性①。

（三）防治水土流失政策

1991 年 6 月第七届全国人大常委会第二十次会议通过了《水土保持法》，规定了各种预防水土流失和治理水土流失的制度，这是进行水土保持的政策依据和法律依据。防治水土流失的主要政策措施包括：① 严禁在不合理坡度上和不合理部位上开荒，允许开荒的地方，开荒时必须经过有关部门的批准，并要同时采取水土保持措施；② 严禁滥伐林木破坏水土保持，严禁在森林地进行不合理的耕作；③ 水利、交通、工矿、砂石、电力等工程建设，必须尽量减少破坏地貌和植被工程，同时必须有创面恢复和水土保持措施；④ 禁止滥采林产品、破坏草皮、滥牧或过度放牧的各种生产经营方式；⑤ 禁止不合理的林间采挖，培育食用菌、烧炭、烧砖、开矿、采石等副业生产活动，必须符合生产规划、结合水土保持措施。

《全国水土保持规划（2015—2030 年）》要求，到 2030 年，建成与我国经济社会发展相适应的水土流失综合防治体系。全国新增水土流失治理面积 94 万平方千米，年均减少土壤流失量 15 亿吨。要以全国水土保持区划为基础，全面实施预防保护，重点加强江河源头区、重要水源地和水蚀风蚀交错区水土流失预防，充分发挥自然修复作用；以小流域为单元开展综合治理，加强重点区域、坡耕地和侵蚀沟水土流失治理。

（四）环境保护与环境生态修复政策

2014 年修订后的《环境保护法》要求，"国家在重点生态功能区、生态环境敏感区和脆弱区等区域划定生态保护红线，实行严格保护""开发利用自然资源，应当合理开发，保护生物多样性，保障生态安全，依法制定有关生态保护和恢复治理方案并予以实施""国家加大对生态保护地区的财政转移支付

---

① 韩连贵，李铁君，刘春生，等.农村土地基本经营监督管理体制改革完善、农业生产经营建设土地占用与补充平衡方略规程［J］.经济研究参考，2017（57）：18－33.

力度。有关地方人民政府应当落实生态保护补偿资金，确保其用于生态保护补偿"。

2016 年《"十三五"生态环境保护规划》提出，"贯彻'山水林田湖是一个生命共同体'理念，坚持保护优先、自然恢复为主，推进重点区域和重要生态系统保护与修复，构建生态廊道和生物多样性保护网络，全面提升各类生态系统稳定性和生态服务功能，筑牢生态安全屏障"。在加快建立多元化生态保护补偿机制方面，要"加大对重点生态功能区的转移支付力度，合理提高补偿标准，向生态敏感和脆弱地区、流域倾斜，推进有关转移支付分配与生态保护成效挂钩，探索资金、政策、产业及技术等多元互补方式。完善补偿范围，逐步实现森林、草原、湿地、荒漠、河流、海洋和耕地等重点领域和禁止开发区域、重点生态功能区等重要区域全覆盖"。

环境生态修复涵盖湿地生态修复、盐碱地生态修复、道路边坡生态修复、矿山生态修复、水利工程生态修复、沙漠化治理、森林生态修复、草原生态修复以及其他生态修复等领域。1986 年《土地管理法》中规定："采矿、取土后能够复垦的土地，用地单位或者个人应当负责复垦，恢复利用。"上述有关土地复垦的规定，是我国在法律层面上首次做出的有关生态修复的明确规定。1988 年国务院出台了《土地复垦规定》；1996 年国务院颁布了《国务院关于环境保护若干问题的决定》；2000 年，为进一步保护和改善我国生态环境，国务院发布了《全国生态环境保护纲要》；2014 年我国最新修订的《环境保护法》在第三十二条中明确提出"建立和完善相应的调查、监测、评估和修复制度"，这对我国生态修复立法而言无疑是一个重大的进步。2015 年，中共中央办公厅、国务院办公厅印发了《生态环境损害赔偿制度改革试点方案》，明确要求"通过试点逐步明确生态环境损害赔偿范围、责任主体、索赔主体和损害赔偿解决途径等，形成相应的鉴定评估管理与技术体系、资金保障及运行机制，探索建立生态环境损害的修复和赔偿制度，加快推进生态文明建设"。针对土地生态修复的规范还有《土地管理法》《土地复垦条例》《土地复垦条例实施办法》等。2016 年还发布了《土壤污染防治行动计划》，这一计划的发布可以说是整个土壤修复事业的里程碑，大大推动了土地生态修复的实践。其他的如《草原法》

《国务院关于加强草原保护与建设的若干意见》《水利部、农业部关于加强水土保持生态修复促进草原保护与建设的通知》《农业部、财政部关于 2011 年草原生态保护补助奖励机制政策实施的指导意见》等，提倡转变草原畜牧业的经营方式，实行退耕还草，对草原生态环境的修复起到了促进作用。

国土空间规划体系建设以来，国土空间生态修复作为重要专项规划，在生态环境合理保护和科学修复中发挥了重要作用。党的二十大报告指出："我们要推进美丽中国建设，坚持山水林田湖草沙一体化保护和系统治理，统筹产业结构调整、污染治理、生态保护、应对气候变化，协同推进降碳、减污、扩绿、增长，推进生态优先、节约集约、绿色低碳发展。"近年来，通过明确生态保护红线、优化生态安全格局、强化生态服务功能等政策和措施，有效提升了国土空间生态系统的多样性和稳定性。同时，实施重大生态修复工程，如退耕还林还草、湿地恢复、沙漠化治理等，显著改善了受损生态系统的结构和功能，提升了生态系统的自我修复能力。此外，国土空间生态修复还注重与经济社会发展的协调，通过促进绿色产业发展、推动生态补偿机制的建立，实现生态保护与经济发展的双赢。

（五）农业生产的合理布局政策

调整农业生产布局，是对合理利用土地资源问题认识的深化，是土地生态保护的必然要求。在生态脆弱地区，要有计划、分步骤地退耕还林、还草、还湖，发展林果业、畜牧业、水产业，改善生态环境。合理布局农业生产就是要根据区划成果，从各地自然资源优势和市场需求出发，做到宜农则农、宜林则林、宜牧则牧，实现农、林、牧、副、渔全面发展，农工商综合经营，从而突破自然经济型单一的生产结构，提高农村经济发展水平，切实改善农业生态环境，形成良性循环的土地生态系统。

《中华人民共和国国民经济和社会发展第十三个五年规划纲要》提出"推动粮经饲统筹、农林牧渔结合、种养加一体发展。积极引导调整农业种植结构，支持优势产区加强棉花、油料、糖料、大豆、林果等生产基地建设。统筹考虑种养规模和资源环境承载力，推广粮改饲和种养结合模式，发展农区畜牧业。分区域推进现代草业和草食畜牧业发展。提高畜禽、水产标准化规模化养殖水平。促进奶业优质安全发展。实施园艺产品提质增效工程。发展特色经济林和林下经济。优化特色农产品生产布局。加快现代农业示范区建设"。

（六）发展生态农业政策

生态农业是运用生态学等相关理论与方法，吸收现代农业科学成就与传统农业技术的精华，将农业生产、农村经济发展和生态环境治理与保护、农业资源培育与高效利用融为一体，形成生态合理、功能齐全、良性循环的综合农业生产体系。这种农业发展模式注重通过合理配置农业生产结构，在不断提高生产率的同时，保障农业生产与生态环境的协调发展，是高效、稳定的农业生产体系。

《全国农业现代化规划（2016—2020年）》提出"拓展农业多种功能。依托农村绿水青山、田园风光、乡土文化等资源，大力发展生态休闲农业。采取补助、贴息、鼓励社会资本以市场化原则设立产业投资基金等方式，支持休闲农业和乡村旅游重点村改善道路、宽带、停车场、厕所、垃圾污水处理设施等条件，建设魅力村庄和森林景区。加强重要农业文化遗产发掘、保护、传承和利用，强化历史文化名村（镇）、传统村落整体格局和历史风貌保护，传承乡土文化"。

三、土地生态管理政策与制度建设方向[①]

（一）建立完善国土空间规划体系和用途管制制度

强化国土空间规划的顶层设计，将土地利用作为核心内容，着重考虑区域间的协调发展以及城乡一体化，实现不同层面上的分类和分级精细化管理。统一划分功能区，以确保在同一个空间内不同功能的清晰划分，避免上下级功能区域之间的重叠和冲突，并且确保相邻区域的功能具有差异化。同时，还需完善国土空间规划的管控体系，明确国家与地方的职责分工，建立有效的规划传导和反馈机制，实现规划编制、执行和监管的统一管理。

实施国土空间用途管制，覆盖全域国土空间，对开发许可和土地转用审批

---

① 成金华，尤喆. "山水林田湖草是生命共同体"原则的科学内涵与实践路径 [J]. 中国人口·资源与环境，2019，29（2）：1-6.

进行集中管理，将管制刚性和弹性统一协调①。首先，需要明确底线，把握管制关键核心。明确设定空间规划的"三条"底线，推进生态用地和基本农田保护，倒逼城镇建设用地实现节约集约，提升空间利用效率和可持续性。此外，可将底线管控成效纳入地方政府政绩考核，并与地方政府建设指标相挂钩，建立空间底线资源负债表，对领导干部实行底线资源离任审计。其次，将用途管制覆盖全域，突出管制系统性。整合分散在国土资源、林业、农业、水利、城乡建设等各部门的自然资源用途管制职责，遵循自然资源的整体性、系统性及其内在规律，实现空间、领域、机制全覆盖。再次，优化国土空间用途管制的引导功能与差别化管理机制，不断提升稀缺性资源管制刚性，加强未来不确定性应对的管制弹性，实现管制手段刚柔并济、严肃活泼。最后，加强区域之间、要素之间、主体之间、客体之间自然资源用途管制的互动沟通和统筹协调，促进实现责任协商、利益共享和风险共担。

（二）推进生态系统保护修复与治理

多措并举加强生态保护和修复。优化生态安全屏障，建立生态廊道和生物多样性保护网络，以提升生态系统的质量和稳定性。同时，加强流域和湿地的保护，推动重要水体的休养生息。建立以国家公园为主体的自然保护地体系，改革现有的自然保护区、风景名胜区等管理体制，实施最严格的保护措施。坚持以保护优先、自然恢复为主的原则，推动人工修复更多地尊重自然规律，制定系统性和整体性的修复方案。面对国土资源开发的高强度带来的生态退化问题，国家启动了一系列生态修复和治理工程，提高了林草植被和森林覆盖率。未来的工作将更加注重工程之间的系统性和整体性，统筹考虑山水林田湖草沙生态系统的修复治理，依据区域生态环境问题和主要生态功能定位，确定生态保护与修复的重点区域。

此外，生态系统综合治理也是中国生态管理策略的重要组成部分。根据习

---

① 严金明，王晓莉，夏方舟. 重塑自然资源管理新格局：目标定位、价值导向与战略选择[J]. 中国土地科学，2018，32（4）：1-7.

近平总书记提出的生态文明五大体系的要求，综合运用教育、技术、经济、行政、法律和公众参与等多种手段，提高环境治理水平，包括完善自然环境价格机制、支持政府和社会资本合作项目、加大科技攻关力度、对重大生态环境问题进行对策性研究等。在生态系统丰富的地区，将湿地、草场、林地等纳入治理工程，对破碎化严重、功能退化的生态系统进行系统修复和综合整治，通过土地整治、植被恢复、水系连通、岸线环境整治和野生动物栖息地恢复等措施，逐步恢复生态系统的功能。

（三）构建土地生态管理法律体系

要处理好开发利用和保护的关系，就必须依法监管、依法保护、依法修复，确保开发科学、有效、可持续。首先，在现有法律法规的基础上，应当构建"1＋N＋X"土地生态管理法律体系，"1"指《自然资源法》，作为法律体系主体；"N"指土地生态单行法和管理法，包括《土地法》《矿产资源法》《森林法》《草原法》《水法》《水土保持法》《海域使用管理法》等；"X"指各项行政法规，作为法律体系配套，健全土地生态管理的法制保障。其次，要查漏补缺，稳步推进单项土地生态立法完善及修改，扭转当前相关法律制度权威不足、缺位缺失和内容陈旧等现状，特别是对于土地生态相关基础性制度也应予以立法明确，如产权制度、规划制度和市场制度。值得注意的是，立法的过程并非一蹴而就，而是长期的实践总结和理论凝练。在此过程中，应当将试点先行和整体协调推进相结合，充分发挥中央和地方的积极性，建立健全公众参与机制，最终审慎推进土地生态管理法律体系的建设和单项制度立法的修改完善①。

---

① 成金华，尤喆."山水林田湖草是生命共同体"原则的科学内涵与实践路径［J］.中国人口·资源与环境，2019，29（2）：1-6.

第五节　面向土地退化平衡的国土空间
生态保护修复管理

一、遏制土地退化是国土空间生态保护修复的重点目标

（一）遏制土地退化的重要性

生态环境问题往往起源于尖锐的人地关系矛盾，特别是高强度的开发行为叠加剧烈的气候变化所构成的外在扰动，已然超出了生态系统的自我组织、自我调节、自我恢复能力，所带来的资源消耗过度、环境代价过高、土地（生态）退化过速等不可持续问题日益显化。

据统计，我国近20％的国土面临荒漠化或石漠化，约90％可利用天然草原发生退化，超过10％的耕地被污染，湿地面积也正以约3400 km^2/a 的速度锐减。若不加以严格管制或约束，所产生的生态负效应极有可能在纵向程度持续加剧、横向范围不断蔓延，与之相伴的将是人地关系的巨大调整与重构，给人类生存发展带来严峻挑战。为此，亟须针对功能重要或受损退化的生态系统安排妥当的治理举措，这在客观上要求打造科学高效的国土空间生态保护修复机制。

（二）生态保护修复当前面临的三重矛盾

党的二十大指出，促进人与自然和谐共生是中国式现代化的核心要义与本质要求。作为促进人与自然和谐共生的具体举措，国土空间生态保护修复向来是政府关注的重点领域与学界研究的热点话题。大量学者围绕生态保护红线划定、生态修复关键技术、政策体系或管理模式等方面开展了系列探索并取得了长足进展。通常认为，国土空间生态保护修复的措施包括设立自然保护区、实施国土整治、修复退化土地等，上述措施理论上能够促进生态逐步向良性循环发展。反观现实，由于生态保护修复公益属性强、工程类型多、治理技术复杂等特点，目前仍存有一些突出问题，可归纳为多源障碍下的三重矛盾：

1. 问题具象化与目标抽象化的认知偏差

区域差异性、用途多宜性、要素多样性等特性要求因地制宜，实施上却存

有较大的弹性空间，如若缺乏有效的刚性指标，难免令生态保护修复目标抽象化或艺术化，很难保证最终实施效果。

2. 自然整体性与空间政区化的衔接难题

例如，在流域尺度实施生态保护修复的重要性被充分认知，但实践中规划方案或具体工程项目多是按照行政区划或人为圈定的方式发布或实施，致使生态保护修复在整个空间中割裂，有效衔接不足，缺乏整体性谋划。

3. 政府与市场等多部门间的协调矛盾

生态保护修复的公益属性决定了经济效益难显化，因而当下生态保护修复仍主要由政府主导投资、规划与实施，难以破解历史欠账多和资金压力大的困境，鼓励社会资本进入生态修复领域或许是一剂良方。有学者曾提出生态保护修复的终极目标是提升人类生态福祉。但社会资本是逐利的，参与者往往以工程顺利验收为最终目标，导致部分工程缺乏系统性和可持续性。

要从根本上化解上述矛盾，必须破解现行制度体系下国土空间生态保护修复的深层次瓶颈制约。具体而言，作为治理手段，如何科学高效、妥善合理地破解现实困局，进而守住自然生态安全边界、促进自然生态系统维持或改善，避免生态保护修复的空洞性与盲目性；作为政策工具，生态保护修复如何纳入整个国土空间规划与生态文明建设框架中审视、融入并服务于新发展格局等国家战略，从而发挥多重价值与作用。所以，生态保护修复不管是作为治理手段还是政策工具，都需要在技术支撑、经济激励、政策约束与管制等方面予以更多关注与探索，从而促进实践创新和理论升华。

二、SDGs 15.3：土地退化平衡

（一）土地退化平衡的溯源、命名及嬗变

2015 年，联合国防治荒漠化公约提出"Land Degradation Neutrality"（LDN）的概念，随后被列为联合国可持续发展目标（SDGs）下的具体目标之一[①]，迄

---

① COWIE A L, ORR B J, CASTILLO SANCHEZ V M, et al. Land in balance: the scientific conceptual framework for Land Degradation Neutrality [J]. Environmental Science and Policy, 2018, 79: 25 - 35.

今已有 57 个国家和地区承诺专门定制 LDN 自主贡献目标。从概念缘起看，2012 年"里约＋20"峰会首次提出"Zero Net Land Degradation"（无净土地退化）的目标，并认为 2030 年完全停止土地退化目标并不现实，但有望通过土地恢复抵消退化来实现"无净土地退化"[①]。

目前国内对 LDN 的概念比较陌生，且尚无统一明确的命名。Neutrality 具有中性、中立或中和等多重含义。此前学者将 LDN 直译为"土地退化中性"或"土地退化中和"，但"中性"是指介于两种性质之间的性质，难以表达其原有内涵，容易产生歧义；"中和"在中文语境中有化学反应中和之意，用于防治土地退化并不妥帖。以往也有"土地退化零增长"的表述，但忽视了防治措施对土地生态的恢复作用。

国外学者提出 Neutrality 等同于"A Level Balance"（平衡）或"No Net Loss"（无净损失），也认同"Balance"的表述，即通过"平衡"实现土地"零退化"目标。值得注意的是，现实中"零退化"目标是难以实现的，而通过有效的控制，如避免退化、减少退化和恢复措施，实现土地退化"净零增长"是可能的。相比之下，"平衡"既能描述"净零增长"的结果，又能表达退化与恢复间的动态过程。由此可见，LDN 以实现"净零增长"为目标，以"平衡"为核心，故建议以"土地退化平衡"命名 LDN。

LDN 虽是国际政治产物，但其科学价值已初见端倪，一经问世便在国际学界引发轰动，国外学者聚焦全球、国家、流域等尺度开展系列研究。相较之下，国内关于 LDN 的研究相对滞后，少数学者积极引进了这一概念，并开启了国内该领域研究。但目前多集中于概念内涵辨析与科学框架介绍，或归纳阐释其对中国可持续土地管理的路径启示，或定性分析 LDN 与贫困的纽带联系，或探索 LDN 与生态保护修复之间的理论框架或路径选择。因此，有必要在后续厘清 LDN 的基本观点、争论质疑与核心要义。

（二）土地退化平衡的基本观点

当前，LDN 具有目标清晰、对象明确、适用性强等多重优势，且一经问世

---

① LÜ N, FU B J, STAFFORD-SMITH M, et al. Breaking the land degradation-poverty nexus in drylands [J]. Science Bulletin, 2022, 67 (24): 2508 - 2512.

便在国际学界引发轰动，大量学者就此展开激烈讨论。其基本观点可阐释为以下 5 个方面。

（1）同类平衡原则。对象面向维持生态系统功能或保障粮食安全的土地资源，且二者不能相互抵消，也即"Like for Like"原则。

（2）无净损失目标。整体实现土地退化"No Net Loss"（无净损失）目标，允许局部发生可控退化，但需完成相近质量和数量的恢复，即"A Level Balance"。

（3）动态平衡过程。实现"无净损失"目标的平衡过程具备动态性，可通过科学管理与策略调整来提高适应性管理水平。

（4）时效长效要求。兼具时效性与长效性，要求在特定时空尺度、特定时段内完成既定目标，且恢复后的生态系统须具备一定的弹性与抵抗力。

（5）价值取向判断。价值判断为"避免退化优先于减少退化，减少退化优先于恢复退化"（Avoid＞Reduce＞Reverse），相比"恢复已发生的退化"而言，"避免退化"或"减少退化"所付出的成本更低、操作更可行。

综上，LDN 具有独到的优势，能够将原本抽象的概念具化、空洞的目标量化、感性的恢复行动理性化，具有积极的指导意义。

（三）土地退化平衡的争论质疑

任何理论都在不断质疑中发展，LDN 也不例外。相关争论大致可归纳为以下 5 个方面。

（1）指标选取合理性有待商榷。UNCCD 提出的指标包括土地覆被（Land cover）、土地生产力（Land productivity）和碳固定（Carbon stock），分别可用土地利用/覆被类型（LULC）、植被净初级生产力（NPP）和土壤有机碳（SOC）来表征。但 3 项指标对一些特殊地区并不完全适用，如俄罗斯北方森林[①]。

（2）实现动态监测难度较大。由于监测与规划能力缺位，LDN 对不同区域

---

① PTICHNIKOV A V, KARELIN D V, KOTLYAKOV V M, et al. Indicators in estimation of land degradation neutrality for Russian Boreal Forests ［J］. Doklady Earth Sciences，2019，489（1）：1345-1347.

的普适性仍然存疑，尤其在干旱地区实现 LDN 动态监测的有效性并非易事。

（3）统计口径不够清晰。标准口径的统一性难以实现，特别是不同地区指标收集口径（如 SOC 测量深度）不同，导致区域间可比性大大降低。

（4）评判标准可能过于严格。LDN 的"one out-all out"（简称"1OAO"或译为"一票否决"）原则要求 LULC、NPP、SOC 三项指标中任何一项出现负向变化，那么即便其他指标均为正向变化也将有悖于 LDN，虽然看似更为审慎，但可能高估了土地退化态势。

（5）空间格局强调不足。LDN 的恢复目标要求片面，仅强调了数量和质量实现稳定或增长，忽视了空间布局优化的重要作用，致使开展恢复行动时难以真正落地。

以上质疑反映了 LDN 的不成熟性，也彰显了其魅力所在。但目前尚未得到充分正视或关于这些争论的回答，尤其 LDN 在特定研究区（如干旱区能源基地）如何落地有待进一步探讨。

（四）土地退化平衡的核心要义

基于上述基本观点和争论质疑，LDN 是以实现"净零增长"为目标、以"平衡"为手段的土地退化防治过程[①]，旨在遏制土地退化、维持生态系统功能和保障粮食安全，确保相应土地资源数量和质量不降低，从而提高人类福祉。需要注意，LDN 并非一个简单的技术概念，而是需要借助技术支撑、经济激励、政策约束与行政管制等多种举措，以确保最终效果与预期一致甚至高于预期。因此，LDN 的重点在于如何在某一阶段、某一区域内达到土地退化与恢复之间的平衡，即"土地退化净零增长"，客观上要求在实施过程中通过量化功能或要素建立起周期性评价指标体系，其主要路径是避免退化、减少退化和恢复已发生的退化。客观地讲，LDN 是协调人地关系的重要体现，并将在全球范围内深刻影响遏制土地退化、促进生态保护修复的目标导向与模式。它的核心要义与价值取向表现为以下 4 个方面（图 5-1）：

---

① 于昊辰，卞正富，陈浮. 矿山土地生态动态恢复机制：基于 LDN 框架的分析 [J]. 中国土地科学，2020，34（9）：86-95.

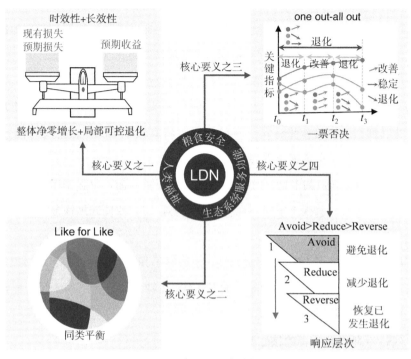

图 5‑1　土地退化平衡的核心要义

（1）明确了特定时空尺度的具体要求。LDN 在时间上要求在特定时间节点前完成既定的目标，且恢复后的生态系统能够具备一定的自我维持和自我提升的能力，突出了时效性与长效性；在空间上则强调全局尺度上实现土地退化的净零增长，过程允许局部发生可控土地退化。

（2）"Like for Like"强调了同类功能土地之间的退化平衡。LDN 以维持生态系统服务功能或保障粮食安全的土地资源为对象，大致可对应我国在国土空间规划实践中划分的农业空间与生态空间，"Like for Like"原则认为二者任何一项未实现土地退化的"净零增长"都将是违背 LDN 目标的。

（3）"one out-all out"体现了一票否决的短板效应。LDN 不以单项指标作为评判结果，而是要求在某一阶段内系统任意一项要素指标都未发生层次下滑或质量降低的情况。这一思路更加审慎，且符合"木桶理论"与"最小因子定律"，即系统内缺少任何一项关键要素，那么即便继续追加其他要素投入也难以发挥其效用。

（4）响应层次的优先序为"避免退化优先于减少退化，减少退化优先于恢复已发生退化"（Avoid＞Reduce＞Reverse）。由于事后试图恢复已发生退化的土地要依赖大量人力或财力投资，LDN更倾向于通过事先行动以预防或阻止土地退化的发生，即保护优先。但针对已发生退化的土地仍需结合实际情况采取必要的补救恢复措施，并非一味追求将生态系统完全恢复至过去的状态，而是以更可持续的适应性管理方式提升恢复的有效性，适应不可预测的变化及不断变化的目标。

三、土地资源功能拓展对国土空间生态保护修复的新要求

传统认知中土地资源功能主要体现在人类一切活动的载体、经济发展的生产要素等方面。随着中国步入新发展阶段，贯彻新发展理念、构建新发展格局等有益探索和具体实践持续向纵深推进，势必将使得土地资源的功能性质进一步拓展，这在客观上要求我们重新思考国土空间生态保护修复的改进方向（图5－2）。

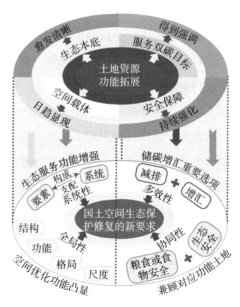

图5－2　土地资源功能拓展对国土空间生态保护修复的新要求

（一）空间载体功能日趋显化：尺度与格局

土地资源是人类一切活动的空间载体，但过去习惯于在一个区域空间范围内审视人地关系、土地开发利用和经济社会发展。随着区域协调发展理念的提出，优化区域空间开发格局使得不同区域之间的空间关系变得愈发重要。而土地资源载体功能空间特征的显现，也使得人们对土地资源的认识逐步拓展到自然资源乃至国土空间资源的范畴。现实中，土地退化具有区域性和空间溢出效应，需要谨防生态受损或土地退化范围沿着"点—线—面—网"持续扩张。相似地，所采取的生态保护修复措施也应从更大尺度和不同区域关联出发，而不仅仅是关注发生退化的区域，否则这种局部解决方案可能只会转移矛盾。

因此，在土地资源空间载体功能显化背景下，生态保护修复所关注的尺度已由局地环境改善向全局生态向好转变，必然要在原有基础上建立起国土（生态）空间的概念，并从全局性视角出发，依据形态结构、规模尺度、主体功能、配置格局等方面综合考量生态保护修复的具体实践。

（二）生态本底功能愈发清晰：要素与系统

以往讨论土地资源自然属性时，容易忽视生态系统中水文、大气、生物等资源或要素均是附着在土地之上的事实，从源头上割裂了土地资源与生态系统的关系。尤其现阶段生态系统的末端治理被过多强调、源头管控远远不足，生态保护修复工作往往事倍功半。因此，随着土地资源的生态本底属性逐渐清晰，越发要求生态保护修复重视生态系统和生态要素的本质关联。这种关联表现为：系统与要素互为条件，前者作为整体对后者起主导和支配作用，即某种程度上系统的性质决定了要素的性质；后者作为部分又能反过来影响前者，即任何一个要素变化都可能以不同方式和程度影响其他要素，甚至是整个生态系统。尽管在过去评价生态保护修复效果时强调了要素与系统的关系，但通常使用多指标加权复合的方式综合评价，忽视了可能存在的短板效应或阈值效应，致使一些关键指标质量降低或功能丧失，可能被其他因素的提升所对冲。

这就要求从系统性视角出发，既要盯紧系统中的关键要素或指标，也要把握好其他非关键要素或指标与系统的关联性，还要综合考虑生态系统状况、自我恢复能力及实施经济性等自然规律与现实问题，进而合理配置自然恢复与人工修复方式，促进各项生态要素及整个生态系统具备自维持性与正向演替趋势，最终实现生态系统修复与综合治理的目标。

（三）安全保障功能持续强化：食物和生态

随着百年未有之大变局的深化演变，包括粮食在内的食物越来越成为世界战略性资源，尤其是对一个有 14 多亿人口的大国，食物（粮食）持续的供应对国家安全的重要性不言而喻。同时，作为生态系统的本底和基础，土地资源对生态安全起着十分重要的作用和意义。但过去生态保护修复相对独立，未能站在整个国土空间与国家安全保障的需求框架下实施，致使盲目追求生态或景观、忽视耕地保护与粮食安全等做法频现，更有甚者打着"因地制宜"的幌子将良田改造为草地或湿地。近期《耕地保护法（草案）》等文件明确了耕地保护红线优先序位居三条控制线之首，强调耕地保护优先于生态保护，生态保护修复不能以牺牲耕地与食物（粮食）安全为代价。此外，"大食物观"背景下不仅要向耕地要粮食，还要向草原、森林、海洋要食物，从底层逻辑上加固了"山水林田湖草沙"生命共同体的血肉联系。

因此，随着土地资源安全保障功能强化，生态保护修复也需要从协同性视角出发，兼顾生态安全与粮食（食物）安全等多个目标。

（四）服务双碳目标功能得到强调：减排与增汇

碳达峰、碳中和是一场广泛而深刻的经济社会系统性变革，2022 年 11 月中国向联合国提交的《中国落实国家自主贡献目标进展报告（2022）》中，第四部分直接以"生态系统碳汇巩固提升"为题。因此，构建低碳国土空间格局已成为助力碳中和的重要补充手段，土地资源服务双碳目标的功能得到强调，这也将相应要求从"碳增汇"与"碳减排"视角重新思考生态保护修复的新要求。生态系统过程中，植物光合作用与生产力形成、植物自养呼吸与动物微生物异养呼吸的 CO_2 释放，植物凋落物分解与有机质腐殖质化，以及生态系统有机质输入与输出过程，决定了陆地生态系统碳收支状况及源汇动态。从碳增汇视角谈，主要体现为自然生态系统的结果增汇效用，诸如湿地、林地甚至农田、草地在有效保护后均具有稳定或持续提升碳汇的能力。从碳减排视角看，合理选择生态保护修复方式具有过程减排和结果增汇的双重效用，一味追求高强度人工干预措施进行生态保护工程会平添能源消耗与高碳排放，甚至造成二次碳库损失，得不偿失。

因此，储碳增汇功能未来将成为生态保护修复的重要选项，重视高碳汇生态系统保护与退化生态系统修复将是人为增汇的重要路径。具言之，可从提升植被固碳能力、提高土壤碳储存能力、降低生态系统碳排放的角度入手，实现节能减排与固碳增汇多重目标。

四、土地退化平衡对国土空间生态保护修复的理论意蕴

新形势下国土空间生态保护修复被赋予更高要求，其核心在于调整人与自然不和谐的相处方式，恢复生态系统的结构、功能与服务，提升生态系统的多样性、稳定性和持续性，以维护生态平衡。LDN 的核心要义大致同上述要求相契合，或许可作为科学范式指引生态保护修复的理论和实践。但在此之前，仍需要深刻地认知、阐释并把握 LDN 对国土空间生态保护修复的理论意蕴。只有弄清这些理论意蕴，才有可能更为科学地选择国土空间生态保护修复的实践路径。

（一）多尺度嵌套的动态平衡：阶段性与区域性

LDN 是需要在特定时空尺度下实现的 SDGs 之一，这种尺度性源于地球表层自然界等级组织与系统复杂性。国土空间作为一个地理空间具有完整性，而生态系统被载于这一地理空间，时间状态具有稠密性，空间又具有可分性，因此需要从时间与空间尺度分别讨论国土空间生态修复所具有的阶段性与区域性。

1. 阶段性

LDN 要求土地退化在新增与恢复之间达到动态平衡的相对稳态，这里无论是新增还是恢复都将涉及至少两个不同的时间节点。相似地，评价国土空间生态保护修复成效的关键在于，实施前后生态系统能否发生质量提升、功能改善以及正向演替。与自然界任何事物一样，土地资源及生态系统的结构与功能均处于不断运动或变化之中，任意两个时间节点都很难保证系统状态完全一致，这里就涉及"阶段性"，即时间尺度选择。

结合图 5-3，时间尺度选取宏观上要考虑扰动阶段（$t_0 \sim t_{0+n}$）、明确的起始基准参照（如未受扰动前的原始生态系统）；微观上既要结合对应指标能够显化的时间阶段（如植被指标应选植被生长季），也要保证所选时间粒度（如季

节、月份）相近，从而令不同要素指标具有可对比性。

2. 区域性

等级理论认为，系统是由若干单元组成的有序系统，每一层次均由不同的亚系统或整体元构成，不同等级镶嵌交互共同构成一个多层级复杂系统。其中，不同层级既可通过生态、地理等自然边界划分结果，也可以通过行政区划等人为划定结果。

LDN 明确了保障整体退化平衡、允许局部发生可控退化，由此意味着生态保护修复也可在构成层级基础上确定空间尺度（图 5-3）。此外，国土空间生态保护修复并非"头痛医头、脚痛医脚"，而是要置于区域自然地理条件之下，并将山水林田湖草沙视为一个生命共同体，这就要求将生态保护修复的"区域性"作为重点考虑因素，进而实现多空间尺度嵌套。

综上，阶段性是不同时段对时间粒度的分割与优选，区域性则是不同空间内的划分与整合，二者协同下构成判断能否实现 LDN 的基础前提，也为生态保护修复达成"整体动态平衡"目标提供了一个基本参照。

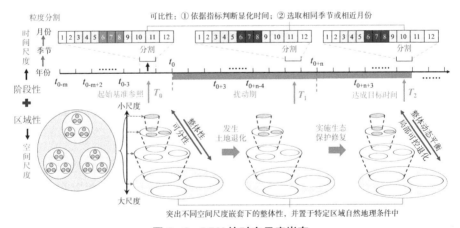

图 5-3 LDN 的时空尺度嵌套

（二）多目标权衡的系统治理："one out-all out"与"Like for Like"

1. 要素短板效应（one out-all out）

国土空间作为一个巨系统，涉及多项要素，不同要素间还可能存在差别化的互馈关系。理论而言，将全部要素作为指标纳入并通过数学语言加以表述，能更为精准地刻画生态保护修复效果。但实践中很难覆盖全部要素，这时可通过不同关键维度的"要素层"低维信息近似恢复"系统层"高维信息，进而对整个系统有一个基本判断。

因此，系统治理需要统筹各项要素自身及其相互关系，并构建科学评价体系来判断生态系统质量功能变化或修复效果。然而，以往生态保护修复的效果评价，通常是对不同要素赋予相应权重后获取多要素加权均值，但它的限定条件是所选要素对系统状态不具有决定性。若考虑一些关键要素损伤可能致使整个系统质量降低或功能受阻，那么即便强行改善其余指标也难以保证修复后的生态系统具备可持续性。

为此，需要在识别系统中的关键要素指标的基础上，分别按照"一票否决"与"系统状态"综合判断，进而获取保护或修复后的具体量化目标。可借用式1～式2表达，仅当式1与式2均不小于0时符合LDN。

$$f_1(a) = \min\left[\frac{\partial a_1}{\partial t}, \ \frac{\partial a_2}{\partial t}, \ \cdots, \ \frac{\partial a_n}{\partial t}\right] \tag{1}$$

$$f_2(a, \ b) = \frac{\partial f(a_1, \ a_2, \ \cdots, \ a_n, \ b_1, \ b_2, \ \cdots, \ b_m)}{\partial t} \tag{2}$$

式中，t 表示某一时间尺度内，$a_1 \sim a_n$ 表示各项关键指标（理论上 $n \geqslant 1$，若按国际通用 LDN 指标，则 $n=3$），$b_1 \sim b_m$ 表示非关键指标（$m \geqslant 0$），$f_1(a)$ 表示仅由关键指标构成的"一票否决"函数，$f_2(a, b)$ 则表示由全部指标构成的系统状态函数。

2. 对象同类平衡（Like for Like）

结合 LDN 的核心要义，只有当保障粮食安全与维持生态系统服务功能的土地资源的数量和质量都不降低时方符合其目标，且二者不可相互抵消。事实上，由于国土空间的整体性与生态系统的多功能性，实施生态保护修复也应兼顾多重目标。

若将 LDN 引入国土空间生态保护修复实践，在评价其成效时理论上应将保障粮食安全与维持生态系统服务功能的土地资源分别考虑。但现实中，前者也能在一定程度上提供生态系统服务或具备相应功能，若忽视它的作用，极易低估采取保护或修复措施后的生态系统服务功能；后者在"大食物观"背景下还具有提供食物的重要价值，若忽视这一作用可能也会高估粮食或食物危机。LDN 给出的解决方案是确定相应关键指标（如 LULC、NPP、SOC），这些指标可能并不会直接涉及粮食产量或某项具体的生态系统服务，但能分别表征两种不同功能的土地资源的共同性质，进而判断二者是否满足 LDN 要求。

需要注意，上述指标不仅需要从单个像元上体现，还要求在不同尺度区域、不同功能空间中分别进行核算，从而判断是否达成"同类平衡"。

（三）多手段协同的实现路径：指标提升与方法配置

由于自然恢复进程缓慢、人工修复过程复杂，我们既不能坐以待毙，毫无作为地等待漫长的自然恢复，也不能沿袭改造自然的思维惯性，过度干预自然恢复与演替过程。山水林田湖草沙作为一个生命共同体，其一体化保护与系统治理应秉承"上工治未病，中工治欲病，下工治已病"的思维。

正如 LDN 响应层次告诉我们，避免退化优先于减少退化、减少退化优先于恢复已发生的退化（Avoid＞Reduce＞Reverse），事前预防土地退化发生能够带来更多整体利益。这一表述至少包括三层含义：一是理念指向上优先序明确，强调源头保护，即以保护生态系统、遏制或减少土地退化为主，减少不必要的人工干预；二是方法配置上可以多元协同，强调以自然恢复为主、以人工修复为辅，但并非否定了人工干预的价值与意义，对于既定发生的土地退化也应及时安排妥当的恢复治理措施，防范"放任不管"或"推倒重来"等极端现象发生；三是实现目标上依赖指标提升，其中 SOC 库是全球陆地表层系统最大碳库，NPP 则是表征植物固碳能力的重要物理量，促进上述指标提升实际也是碳增汇的过程。

不难发现，LDN 导向下响应层次是对指标提升和方法配置的科学阐释，这既尊重自然规律，也具有碳增汇与碳减排的协同作用，与生态保护修复的新要求一致。因此，生态保护修复要以指标提升为导向，在充分发挥生态系统自我恢复力的同时，按照轻重缓急和难易程度等现实需求来决定是否需要进行人工干预、何时干预、干预程度如何，进而通过自然恢复与人工修复相结合的方式，科学配置生态保护、生态修复、生态重建等方法措施。

五、基于 LDN 导向的国土空间生态保护修复策略

适应生态保护修复的新要求不能仅停留于理论意蕴的表象描述，更要从现实出发，形成一套可用于指导生态保护修复实施的范式框架及具体策略。从内涵关系看，遏制土地退化是国土空间生态保护修复目标之一，国土空间生态保护修复是基于一定治理体系的逻辑结果，直观上也是促进 LDN 的实现过程，但目标、管理与制度等因素的差别将直接影响它的过程运行及实际效果。

此外，LDN 具有整体性、系统性和尺度性，契合中国"整体保护、系统修复与综合治理"的实践思路。但作为一种学界的"舶来品"，我们不能希冀完全依赖"拿来主义"在解决办法和治理经验中寻求路径支持，而是要立足本土发展、顺应中国情境，构建"中国式"的 LDN 话语体系，并在可持续发展持续推进中向全球贡献中国方案。为此，从目标函数、管理策略、保障机制三个方面着手，提出基于 LDN 导向的国土空间生态保护修复策略，以期将原本空洞的目标量化、抽象的管理具化、感性的保障机制理性化，为生态文明与美丽中国建设提供有益的参考借鉴。

（一）目标函数："要素—系统" + "功能—尺度"

土地多宜性、区域差异性等特征决定了生态保护修复目标并非唯一，也未必都可量化，由此导致恢复目标不清、路径难确，需要在"多尺度嵌套"与"多目标权衡"基础上细化延伸，从而引导生态保护修复目标的量化。为此，需要构建微观视角下"要素—系统"与宏观视角下"功能—尺度"的概念模型（图 5-4）。就"功能—尺度"而论，不同功能土地资源的生态保护修复目标应按照"Like for Like"原则分别评估，且二者间不能相互抵消，因此需要置于整个区域内加以考虑。区域性要求考虑单个像元与多尺度区域之间的衔接，由此在持续"降尺度"的分解过程中形成针对某一网格（像元）的"要素—系统"概念模型。

如图 5-4 所示，某一具体网格（像元）的系统可经由不同维度要素的向量化组合来表述，并在确定基准后以合力偏度象限隐喻不同时点变化。随后，根据"one out-all out"原则判断是否符合 LDN 要求，通过权重向量测算退化或改善程度，最终在逐网格（像元）的循环中识别不同程度退化和改善的区域。然

而，这仅是基于像元尺度的认知，未能充分体现区域性，还需通过"升尺度"来判定整个区域能否实现 LDN。具体地，特定功能（F_1、F_2）可依据 LULC 的实际类型划分，并针对不同功能分别构建数量和质量的判定法则。

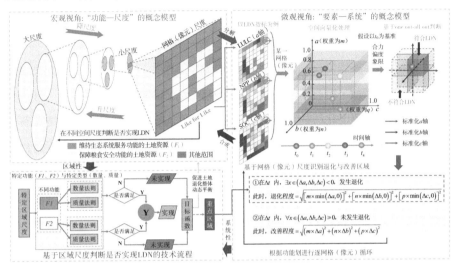

图 5-4　生态保护修复实现 LDN 的概念模型

结合图 5-4 的三项指标，数量法则可表述为：t 阶段内某一功能的土地面积不降低，即 $\sum a/t$ 不低于 0。质量法则可描述为：t 阶段内某一功能的土地范围内任意质量指标都不降低，即 $\forall (\sum b/t, \sum c/t)$ 不低于 0。只有当两种特点功能的数量和质量法则都满足时，方为实现 LDN。不难发现，"要素—系统"实质上是一定法则下不同指标综合刻画的自身性质，而"功能—尺度"则是相近功能在不同空间的外部集合，二者在"升尺度"与"降尺度"交互下构成了区域尺度 LDN 判定法则。

针对未实现 LDN 的区域，应采取积极的生态保护修复措施，但仍需一个明确的预期标准，即"目标函数"。这一目标函数可表述为弥补该区域在数量和质量双重法则中未能实现的部分，即促成整个区域内土地退化与改善之间达到动态平衡所需付出的卓绝努力。因此，目标函数是针对不同尺度区域实现 LDN 所分配的硬性指标，如何将这些硬性指标配置到具体工程之中仍是亟待解决的问题。正如医学病情诊断，普通感冒与重病癌症间的病情天差地别，即使同为癌症，也存有类型、程度之分，由此决定了其疗法差异。相似地，在明确了不同要素变化后判定系统整体变化，针对基于像元尺度识别的退化程度严重的区域，即可视为生态保护修复的重点和优先区域，进而结合硬性指标安排妥当的生态保护修复措施。

（二）管理策略：螺旋递进式"分区管控—分级治理—分类施策"

尽管生态保护修复反复强调要打破行政壁垒与限制，但实践中各级规划或具体工程仍交由某一行政单元或施工单位具体负责编制实施，构成了"自然整体性"与"空间政区化"的矛盾。事实上，二者并非绝对的矛盾，而是具有螺旋式的渐进关系。例如，我国地域分异明显，实施生态保护修复需要遵循自然规律，国家要求打造"两屏三带"生态安全格局和"三区四带"生态保护修复战略格局，这类似于"基于自然边界"的识别与划分。因而在各省（区）编制规划时既要同国家战略相契合，也要在此基础上立足实际、突出特色、细化实践。以此类推，小尺度上看似是基于"政区化"的治理，实质上却是满足更大尺度"自然整体性"的细化与延伸；反之，大尺度也为小尺度治理提供了指导与边界。

因此，不同自然或政区尺度下生态保护修复的管理策略并非相互割裂，而是在纵向上具有"自上而下"总体把控和"自下而上"具化实施的关系，二者共同构成了一种螺旋递进的耦合关系（图5-5）。这意味着，在跨行政区域的相似自然地理单元实施生态保护修复时，要从更高一级行政区域中依据自然地理单元统一谋划、明确共性标准与底线要求，确保某一行政区域具体实施时能与高一级行政区域要求相契合、与相邻行政区域相衔接，避免各自为政，从而将分散化生态保护修复转变为"螺旋递进式"的山水林田湖草沙一体化保护与系统修复。

聚焦某一具体尺度，尽管LDN传递了"保护优先"的理念，但现实中仅依靠避免或减少退化难以满足生态保护修复需求，究竟采取何种措施应依据自然生态本底、土地退化态势、保护与修复需求等进行判断，这就要求按照"分区管控—分级治理—分类施策"的管理策略。具体而言：（1）分区管控直观上是面向自然生态本底的空间分区，即依据资源禀赋与生态环境进行分区，结合不同分区类型特征实施合理管控；（2）分级治理实质上是基于生态保护修复紧迫性的等级划分，即综合考虑生态敏感性、生态系统服务重要性等内容，并按照

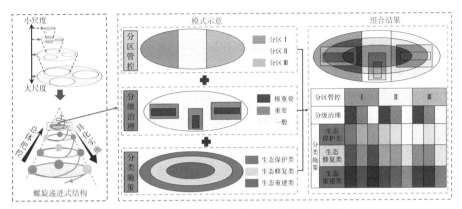

图 5-5 生态保护修复实现 LDN 的概念模型

轻重缓急确定合适时机，实施对应治理方案；（3）分类施策是根据一定空间内土地资源与生态系统的自身情况，重点针对已发生或即将发生的土地退化状态、过程与趋势实施差别化生态保护修复措施，按人为干扰的强弱大致可分为生态重建、生态修复和生态保护 3 类措施。

综上，不同尺度在纵向的螺旋递进与同一尺度在横向的管理策略交织，协同形成了螺旋递进式的"分区管控—分级治理—分类施策"管理策略。需要说明，分区管控、分级治理、分类施策在同一尺度下既不存在绝对的孰先孰后次序，也并非完全都需要并列进行，而是要依据特定空间内生态保护修复的具体需求进行筛选、排列和组合。

（三）保障机制："干预管制—激励竞争—强制倒逼—差别治理"协同

生态保护修复是良好生态制度的运行结果，涉及资金投入、技术水平、政策保障等多个环节，尤其是多元主体参与过程中的利益和行为协调问题亟须解决。在"自然—社会—政府—市场"多部门共同参与下[①]，不仅要有立竿见影的管理措施，更要有可持续的制度安排。为此，要考虑干预管制、激励竞争、强制倒逼、差别治理等不同机制的共同作用，以确保生态保护修复最终效果（图 5-6）。

---

① 李强，尚宇辰，杨开忠. 生态文明时代"自然—政府—市场—社会"四部门国土空间治理体系构建研究 [J]. 经济纵横，2022（6）：61-68.

1. 以干预管制为刚性约束

为实现国土空间生态保护修复既定目标，政府部门往往会通过直接或间接的方式，对相关责任主体加以干预、限制或约束等。无论是土地资源还是生态资源，作为一种公共产品均具有显著的空间不可分性、影响外部性。尤其对于自然本底较差的地区，仅依靠自发性难以解决这一难题，即便短期内解决了也难以保障效果的可持续性与稳定性。这是由公共利益目标与个体利益目标的相互博弈所致，需要从粮食安全、生态安全、可持续发展等多重视角设计和创新制度框架，强化源头严防、过程严管、后果严惩的干预管制，并通过规划限定、用途管制等方式对土地与生态资产等加以保护，维持关键资源存量，避免盲目开发致使生态资产过度消耗或提前透支。

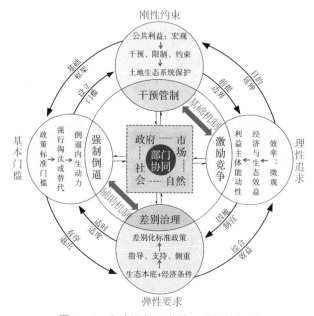

图5-6　土地退化平衡的4项保障机制

2. 以激励竞争为理性追求

现阶段生态保护修复难以发挥出真正的价值作用，本质上是因为忽视了市场在资源配置中的决定性作用，需要在管制框架下推动竞争机制的实现。例如，在经济发达、人口密集的区域，土地资源稀缺、开发需求大，经济激励驱使相关责任主体的竞争机制能够充分体现。但在一些欠发达地区难以获取直观的经济利益，加之缺乏经济增量的内生动力，往往会陷入存量博弈。因此，要引入"谁治理、谁受益"的激励机制，最大限度地激发各利益主体参与竞争的能动性与积极性。这种竞争并不限于经济价值，更要突出生态价值等综合效益，最终以良性竞争机制来促进和保障最终效果。国家已逐步探索这一机制，多份文件①均强调了吸引社会资本、充分运用市场调节机制是政策工具的具体表现。

3. 以强制倒逼为基本门槛

历史遗留或正在积累的生态欠账阻碍了区域生态文明建设与高质量发展，仅依靠刚性管制与激励竞争难以在短期内得到根本改观，需要安排强制性措施设立相应门槛并敦促严格执行，即强制倒逼。倒逼与管制具有相似性，均是通过政府的强制措施来实现。但管制机制是"由源溯流"的正向引导，而倒逼机制则是"由果问因"，通过设立针对国土空间生态保护修复的相关标准或门槛，对于履行不到位的责任主体可进行问责、强制淘汰或替代，本质上是一种底线思维。如此一来，可倒逼相关部门自发地重视国土空间生态保护修复的长效机制，激发企业加大生态修复投入与技术改造，从源头避免或减少生态退化与环境污染，最终实现国土空间利用效率及其生态效应的整体提升。

4. 以差别治理为弹性要求

管制、竞争、倒逼可提高生态修复效率、提升效益，但不能解决区域差异或公平的难题。考虑到不同地区自然资源禀赋、发展阶段与主体功能的差异性，生态保护修复具体需求也会有所区别，因而应秉承"共区原则"，即生态保护修复目的是共同的，但目标设立与实施过程可以有区别。因此，应允许不同类型区域实施差别化策略，并在生态保护修复方案编制指南、过程管控和验收标准等政策层面，给予更多的指导、支持与侧重，发挥好差别化生态保护修复政策的作用。

上述机制中，干预管制代表公共利益的初始调控，激励竞争则是基于效率

---

① 《国务院办公厅关于鼓励和支持社会资本参与生态保护修复的意见》（国办发〔2021〕40号）、《自然资源部关于探索利用市场化方式推进矿山生态修复的意见》（自然资规〔2019〕6号）、《国家林业和草原局关于印发〈全国沙产业发展指南〉的通知》（林沙发〔2022〕9号）等。

或效益的二次调控，前者可为后者提供前提和边界，后者则是前者的目的和延伸，两者协同实现了宏观利益与微观效率的统一。但仅依靠管制与竞争并不能全方位保障 LDN 最终落地，还需通过强制倒逼与差异治理，即设立基本门槛、强制淘汰的倒逼机制，顾及发展阶段与自然条件实施差异治理。四项机制并非相互独立的割裂关系，而是协同构成具有多重功能的整体机制体系，进而保障生态保护修复在经济效率、生态保护和社会秩序的统一。

六、案例应用：矿山生态修复的理论框架

2020 年 6 月，国家发展改革委、自然资源部印发了《全国重要生态系统保护和修复重大工程总体规划（2021—2035 年）》，其中超过一半的重大工程规划都将矿山生态修复列为重点工程之一。矿山生态恢复被赋予新的使命，要求更严、标准更高，但实施时仍缺乏经济激励和行动力。一些修复工程过分追求示范效应，不顾当地实际，盲目大兴绿植、大建水景，也有一些修复工程植被保有率低，重建后的生态系统缺乏可持续性。尽管各级政府明确了"恢复至可供利用状态"的目标，却未明确回答何时恢复、如何恢复、恢复到什么程度等具体要求，导致恢复目标与现实效果出现偏差。由此可见，矿山土地生态恢复的要求不明、机制不清，其解决之道也未形成共识。这些问题大大地影响了其恢复成效，那么在现行政策框架下能否为矿山土地生态恢复提供一个可操作性的范式？LDN 的理念或许可以提供一些借鉴。

（一）LDN 对矿山土地生态恢复的启示

国土空间包括生产、生活、生态三类功能空间，矿山是其中重要的生产空间之一。作为国土空间生态修复的重要一环，矿山生态修复尚存在恢复目标不一、时限未定、责任不清的问题。我国干旱半干旱区和生态脆弱区周边分布有大量矿山，历史遗留的土地损毁、污染等痼疾是不容回避的现实，若不开展有效的生态恢复，将难以保障国家生态安全。

Chappell 等曾识别了全球范围内 LDN 的关键制约区域[①]，与我国黄河流域、

---

① CHAPPELL A, WEBB N P, LEYS J F, et al. Minimising soil organic carbon erosion by wind is critical for land degradation neu-trality [J]. Environmental Science and Policy, 2019, 93: 43-52.

甘蒙内流域、新疆内流域等地区高度吻合，而我国的 9 个大型煤炭基地坐落于此，其中黄河流域的煤炭产量超过全国总产量的 60%，足见矿山生态恢复的严峻性与紧迫性。可见，LDN 与国家对绿色矿山建设的要求一致，可为矿山土地生态恢复提供新思路（图 5-7）。具体包括：

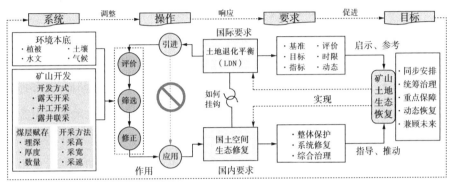

图 5-7　LDN、国土空间生态修复、矿山土地生态恢复的内在联系

（1）同步安排

允许矿山适度开发，也允许局部发生可控的土地退化，但要求在整体同比实现"采矿损毁"与"生态修复"的平衡，这与"边采边复""采排剥复一体化"等技术相类似。

（2）统筹治理

尚未退化的土地应予以充分保护，而已发生的土地退化需开展必要的恢复措施，与《土地复垦条例》中所强调的"不欠新账、快还旧账"理念具有一致性[①]。

（3）重点保障

确保区域内 LULC、NPP、SOC 三项指标均不低于原有水平，有助于深化对恢复目标的理解。

（4）动态恢复

不同开采时期的矿山生态问题迥异，而"土地退化平衡"的动态性决定了

----

① 2011 年 3 月，国务院法制办负责人就《土地复垦条例》有关问题回答了记者的提问，强调随着我国经济的快速发展，实践中出现了损毁土地"旧账未还清，新账又增加"的情况，要努力做到"新账不欠""旧账快还"。

其恢复机制必然具备动态性。

（5）兼顾未来

一方面要通过避免退化、减少退化的措施规避未来潜在退化的风险；另一方面要通过科学的生态修复措施，确保恢复后生态系统的可持续性。

（二）LDN 架构下矿山土地生态动态恢复机制

框架是一种可将复杂问题简化的工具，具有通用、开放的特征。当前普遍接受的 LDN 框架包含 5 个模块：A. 愿景；B. 基准；C. 机制；D. 实现；E. 监管。我国自然条件、经济基础、法律规范与国外截然不同，直接照搬 LDN 理论极为不妥。值得注意的是，与其他人为活动相比，采矿扰动对土地损毁更为直接，其损毁速度快、损毁程度也更为剧烈，扰动时间更是长达几十年甚至上百年。因此，必须根据恢复对象的特殊性，审慎修正 LDN 框架，进而指导矿山土地生态的动态恢复，见图 5-8。

需要说明，采矿扰动导致的土地损毁看似有界，但其损毁形态极易沿着点、线、面、网扩展，导致生态受损的负面影响范围扩大①。因此，既要关注局部的退化程度，又要兼顾整体实现 LDN 目标，这需要从矿山、矿区、区域三个尺度分析。其中，矿山是单一煤矿开采及其受到影响的范围构成的区域，主要受采矿扰动影响。矿区则是由煤炭资源正在开采或规划开采的边界而圈定的范围，一般由多个矿山共同构成，主要受采矿因素与自然因素的影响。区域尺度是指矿区所在的背景区，兼受自然因素、采矿因素与其他人为因素的共同作用。

1. 模块 A：愿景

生态恢复旨在维持自然资本并提供相应的生态系统服务，以满足人类需求。但因资源禀赋、开采方式、环境本底的差异，需根据现实确立恢复目标。结合 DPSIR 模型与 Dominati 提出的自然资本和生态系统服务的框架，矿山土地生态恢复的驱动过程可描述为：

---

① 白中科，周伟，王金满，等. 再论矿区生态系统恢复重建 [J]. 中国土地科学，2018，32 (11)：1-9.

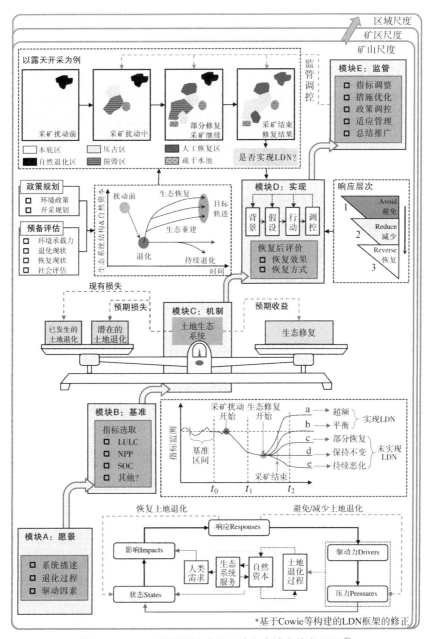

图5-8　LDN架构下的矿山土地生态动态恢复机制①

————————

　　① 于昊辰，卞正富，陈浮. 矿山土地生态动态恢复机制：基于LDN框架的分析 [J]. 中国土地科学，2020，34（9）：86-95.

（1）受采矿扰动、气候波动及其他人为扰动的驱动，诱发土地损毁、生态破坏等压力，加剧土地退化。

（2）土地退化胁迫自然资本，自然资本降低也会反作用于退化过程，并制约生态系统服务，而生态系统服务的不足也会诱发自然资本属性降低。

（3）响应包括：① 作用于压力的预防型响应，即避免或减少土地退化；② 作用于状态的治理型响应，即恢复已发生的退化。

2. 模块 B：基准

LDN 要求 LULC、NPP、SOC 三项指标均不低于初始水平，但需结合我国矿山生态恢复的实际，进一步考量其科学性、合理性及可行性。

（1）相同指标应统一测定标准，使得数据具备可比性，例如不同时期 SOC 测定要保持数据来源、反演方法、实验标准的一致性。

（2）不同指标应相互衔接，选取相同时序、相同季节，这样结果更具可信性。

（3）兼顾不同尺度下的适用性差异，特别是矿山尺度的 LULC 不能仅凭用地类型来判断，而是要以地表的实际覆被为准。例如，排土场已经通过生态修复措施形成较为稳定的草地生态系统，但 LULC 仍为工矿用地，此时排土场应被视为生态用地而非工矿用地。

根据矿山土地生态退化诊断的参考系划分[①]，对于已退化的土地应选取周边稳定生态作为基准值（t_0），而尚未损毁的土地则更适合选取历史时期状态（如开采扰动前）作为 t_0。比较监测指标的 t_0 与目标值（t_2）的状态：若 t_2 状态低于 t_0，则未实现 LDN，反之则实现 LDN。LDN 的平衡是基础要求，而超额实现是理想目标。

3. 模块 C：机制

刻画了矿山土地生态系统的预期损失与预期收益的平衡管理机制。结合模块 B，我们不难衡量 NPP 与 SOC 的变化，但判断 LULC 是否降低却是一个难

---

① 于昊辰，卞正富，陈浮，等. 矿山土地生态系统退化诊断及其调控研究 [J]. 煤炭科学技术，2020，48（12）：214-223.

题。因此，不仅要考虑 LULC 的变化方向，更应兼顾其变化幅度。其一为不同类型 LULC 的转化，这需要满足"Like for Like"原则，强调同类型 LULC 的平衡，即耕地与生态用地任何一项未实现"净零增长"都将是违背 LDN 的，例如草地的恢复不能抵消永久基本农田的损失。其二为相同类型 LULC 的退化，即某种 LULC 类型虽未发生转化，但质量已大幅降低，如井工开采导致地表沉陷诱发植被根系损伤，造成原有植被覆盖度降低。高强度开采可能导致退化程度突破其生态阈值，恢复难度大，此时可通过区域内恢复"占补平衡"，实现 LDN 目标。

4. 模块 D：实现

基于变革理论与响应价值判断，检验假设并修正行动。

（1）背景：分为政策规划、预备评估两部分，而后者是前者的决策基础。

（2）假设：基于背景获取预期结果，即创标、立标阶段。

（3）行动：对不同时期的采矿过程予以动态监测，并调整干预措施。

（4）调控：重新审视评估结果，对标原定假设。该步骤既是验证修复措施是否达标的关键，也是未来再创标、再立标的重要参考。

5. 模块 E：监管

矿山土地生态系统是一个具有适应性过程的综合环境管理系统，可针对实际反馈，循环反复地优化生态恢复措施、改进相应调控策略，提高其适应能力。正如前文提及的 LDN 的监测指标标准不一、评判准则过于保守，可结合模块 A-D 的实际结果对评判准则予以适当调整，并探索是否存在更为适宜的替代指标。

【复习思考题】

1. 概述土地生态管理的主要内容。

2. 土地生态管理的实现路径未来可以从哪些方面完善？

3. 请简要阐述国土空间生态保护修复管理的必要性和重要性。

主要参考文献

[1] 边振兴，于淼，王秋兵，等. 城乡建设用地挂钩中补充耕地质量等别确定方法 [J]. 农业工程学报，2011，27（12）：318-323.

[2] 陈美球，马文娜. 城乡建设用地增减挂钩中农民利益保障对策研究——基于江西省《"增减挂钩"试点农民利益保障》专题调研 [J]. 中国土地科学，2012，26（10）：9-14.

[3] 陈振明. 党和国家机构改革与国家治理现代化——机构改革的演化、动因与效果 [J]. 行政论坛，2023，30（5）：57-65.

[4] 成金华，尤喆."山水林田湖草是生命共同体"原则的科学内涵与实践路径 [J]. 中国人口·资源与环境，2019，29（2）：1-6.

[5] 程啸. 不动产登记法研究 [M]. 北京：法律出版社，2018.

[6] 崔占峰，辛德嵩. 深化土地要素市场化改革　推动经济高质量发展 [J]. 经济问题，2021（11）：1-9.

[7] 邓祥征，梁立，廖晓勇，等. 国际粮食贸易影响下东北黑土地生产压力变化与保护策略 [J]. 自然资源学报，2022，37（9）：2209-2217.

[8] 丁志刚，熊凯. 中国式国家治理现代化的三重逻辑分析 [J]. 中南大学学报（社会科学版），2023，29（5）：162-174.

[9] 董昕. 中国城市土地制度的百年演进、历史作用与内在逻辑 [J]. 中国软科学，2021（S1）：1-9.

[10] 董新辉. 新中国70年宅基地使用权流转：制度变迁、现实困境、改革方向 [J]. 中国农村经济，2019（6）：2-27.

［11］董祚继. 从土地利用规划到国土空间规划——科学理性规划的视角［J］. 中国土地科学，2020，34（5）：1-7.

［12］冯广京，王睿，谢莹. 国家治理视域下国土空间概念内涵［J］. 中国土地科学，2021，35（5）：8-16.

［13］付梅臣，张建军，谢苗苗. 不动产登记原理与方法［M］. 北京：地质出版社，2017.

［14］傅伯杰. 我国生态系统研究的发展趋势与优先领域［J］. 地理研究，2010（3）：14.

［15］顾汉龙，冯淑怡，曲福田. 重庆市两类城乡建设用地增减挂钩模式的比较［J］. 中国土地科学，2014，28（9）：11-16+24.

［16］国务院发展研究中心农村部课题组. 从城乡二元到城乡一体——我国城乡二元体制的突出矛盾与未来走向［J］. 管理世界，2014（9）：1-12.

［17］韩杨. 中国粮食安全战略的理论逻辑、历史逻辑与实践逻辑［J］. 改革，2022（1）：43-56.

［18］洪银兴. 实现要素市场化配置的改革［J］. 经济学家，2020（2）：5-14.

［19］黄贤金. 论构建城乡统一的建设用地市场体系——兼论"同地、同权、同价、同责"的理论圈层特征［J］. 中国土地科学，2019，33（8）：1-7.

［20］靳相木. 土地征收修法的积极效应及潜在风险［J］. 土地科学动态，2019（6）：29-35.

［21］孔祥智，周振. 我国农村要素市场化配置改革历程、基本经验与深化路径［J］. 改革，2020（7）：27-38.

［22］李江涛，熊柴，蔡继明. 开启城乡土地产权同权化和资源配置市场化改革新里程［J］. 管理世界，2020，36（6）：93-105+247.

［23］李玉恒，黄惠倩，郭桐冰，等. 多重压力胁迫下东北黑土区耕地韧性研究及其启示——以黑龙江省拜泉县为例［J］. 中国土地科学，2022，36（5）：71-79.

［24］林坚，武婷，张叶笑，等. 统一国土空间用途管制制度的思考［J］. 自然资源学报，2019，34（10）：2200-2208.

[25] 刘守英，熊雪锋. 经济结构变革、村庄转型与宅基地制度变迁——四川省泸县宅基地制度改革案例研究 [J]. 中国农村经济，2018 (6)：2-20.

[26] 刘晓宇，辛良杰. 2007—2019 年中国城市土地价格的空间分化 [J]. 地理研究，2022，41 (6)：1637-1651.

[27] 刘彦随. 中国新时代城乡融合与乡村振兴 [J]. 地理学报，2018，73 (4)：637-650.

[28] 刘勇，王光辉，刘洋. 京津冀土地管理一体化的现状、问题与创新机制 [J]. 经济体制改革，2020 (5)：80-85.

[29] 卢现祥，李慧. 自然资源资产产权制度改革：理论依据、基本特征与制度效应 [J]. 改革，2021 (2)：14-28.

[30] 陆红生，土地管理学总论（第六版）[M]. 北京：中国农业出版社，2015.

[31] 吕晓，牛善栋，谷国政，等. 有限市场化的农村宅基地改革：一个"人—地—房—业"分析框架 [J]. 中国农村经济，2022 (9)：24-43.

[32] 马欣，陈江龙，吕赛男. 中国土地市场制度变迁及演化方向 [J]. 中国土地科学，2009，23 (12)：10-15.

[33] 牛善栋，方斌. 中国耕地保护制度 70 年：历史嬗变、现实探源及路径优化 [J]. 中国土地科学，2019，33 (10)：1-12.

[34] 牛善栋，吕晓，谷国政. 感知利益对农户黑土地保护行为决策的影响研究——以"梨树模式"为例 [J]. 中国土地科学，2021，35 (9)：44-53.

[35] 牛善栋，吕晓，赵雲泰. 我国征地制度演进的政策文献量化分析 [J]. 中国农业大学学报（社会科学版），2017，34 (4)：102-110.

[36] 任平，吴涛，周介铭. 城乡建设用地增减挂钩政策对粮食安全作用机理与潜在影响研究 [J]. 农村经济，2014 (1)：26-29.

[37] 谭荣. 集体建设用地市场化进程：现实选择与理论思考 [J]. 中国土地科学，2018，32 (8)：1-8.

[38] 唐健. 从经济政策到社会政策：征地制度变迁解释 [J]. 中国土地科学，2021，35 (5)：1-7.

[39] 王庆日，陈美景，仲济香. 土地要素市场化改革：产权基础、流转路径与

收益分配［J］. 中国土地科学，2021，35（12）：109－118.

［40］王少杰，王艳松，高润爽. 完善耕地保护责任目标考核制度的思考［J］. 中国管理信息化，2020，23（11）：220－222.

［41］王振波，方创琳，王婧. 城乡建设用地增减挂钩政策观察与思考［J］. 中国人口·资源与环境，2012，22（1）：96－102.

［42］吴次芳，徐保根，等. 土地生态学［M］. 北京：中国大地出版社，2003.

［43］夏方舟，杨雨濛，严金明. 城乡土地银行制度设计：一个新型城乡土地资本化制度探索［J］. 中国土地科学，2020，34（4）：48－57.

［44］许经勇. 论土地商品的特殊属性［J］. 财经研究，1995（7）：32－35.

［45］许明月. 论农村土地经营权市场的法律规制［J］. 法学评论，2021，39（1）：94－104.

［46］严金明，迪力沙提，夏方舟. 乡村振兴战略实施与宅基地"三权分置"改革的深化［J］. 改革，2019（1）：5－18.

［47］严金明，郭栋林，夏方舟. 中国共产党百年土地制度变迁的"历史逻辑、理论逻辑和实践逻辑"［J］. 管理世界，2021，37（7）：19－31＋2.

［48］严金明，李储，夏方舟. 深化土地要素市场化改革的战略思考［J］. 改革，2020（10）：19－32.

［49］严金明，王晓莉，夏方舟. 重塑自然资源管理新格局：目标定位、价值导向与战略选择［J］. 中国土地科学，2018，32（4）：1－7.

［50］严金明，张东昇，迪力沙提·亚库甫. 国土空间规划的现代法治：良法与善治［J］. 中国土地科学，2020，34（4）：1－9.

［51］杨庆媛. 土地经济学［M］. 北京：科学出版社，2018.

［52］于昊辰，卞正富，陈浮. 矿山土地生态动态恢复机制：基于LDN框架的分析［J］. 中国土地科学，2020，34（9）：86－95.

［53］岳文泽，钟鹏宇，王田雨，等. 国土空间规划视域下土地发展权配置的理论思考［J］. 中国土地科学，2021，35（4）：1－8.

［54］张京祥，夏天慈. 治理现代化目标下国家空间规划体系的变迁与重构［J］. 自然资源学报，2019，34（10）：2040－2050.

［55］张晓玲，吕晓. 国土空间用途管制的改革逻辑及其规划响应路径［J］. 自然资源学报，2020，35（6）：1261－1272.

［56］郑俊鹏，王婷，欧名豪，等. 城乡建设用地增减挂钩制度创新思路研究［J］. 南京农业大学学报（社会科学版），2014，14（5）：84－90.

［57］郑庆宇，尚旭东，王煜. 耕地保护何以难：目标、实践及对策——来自西部粮食主产区的观察［J］. 经济学家，2023（4）：98－107.

［58］郑振源. 建立开放、竞争、城乡统一而有序的土地市场［J］. 中国土地科学，2012，26（2）：10－13.

［59］邹秀清. 土地经济学［M］. 上海：复旦大学出版社，2021.